AI AND LIFE: exploring human impact

인공지능의 길라잡이

인간에서 기술까지

박현식 · 고인석 · 김병철 · 김홍근 · 안용학 · 전수진 · 한유미 · 채동우 지음

AI

자유아카데미

서문

21세기의 기술 혁신 가운데 가장 주목받는 주제는 단연 인공지능(AI)이다. 인공지능은 더 이상 미래의 상상이 아니라, 이미 우리의 일상과 사회 구조를 변화시키는 현실이다. 스마트폰의 음성 인식, 자동 번역, 자율주행, 의료 진단, 예술 창작에 이르기까지 인공지능은 인간의 사고와 행동, 감성과 판단, 그리고 사회 질서의 형태까지 새롭게 재편하고 있다.

AI의 발전은 우리에게 편리함을 선사하지만, 동시에 깊은 질문을 던진다. "기계가 생각할 수 있다면, 인간은 무엇으로 인간인가?" 이 물음은 단순한 기술의 문제가 아니라 인간 존재의 본질과 윤리, 그리고 문명의 방향을 다시 묻게 만드는 철학적 질문이다. 기술이 인간의 능력을 확장할수록, 우리는 스스로의 존재 이유를 되묻지 않을 수 없다.

인공지능은 하루아침에 등장한 기술이 아니다. 그 뿌리는 인간이 '자신을 이해하려는 욕망'에 있다. 고대 그리스의 피그말리온 신화, 유대 전설의 골렘, 중세의 자동인형, 근대의 계산기와 기계적 논리체계는 모두 '생각하는 존재'를 만들고자 했던 인간의 오랜 꿈을 보여준다. 이 꿈은 단순한 기술적 호기심이 아니라, 인간의 이성과 의식을 재현하려는 철학적 열망의 역사였다.

20세기 중반, 앨런 튜링은 "기계는 생각할 수 있는가?"라는 질문을 제기하며 인간의 사유를 과학의 언어로 번역하려는 첫 시도를 했다. 이후 인공지능의 발전사는 인간의 지성이 외부로 확장되는 과정이자, '인간이란 무엇인가'라는 물음을 기술의 차원에서 되풀이한 지적 여정이었다. 인공지능은 알고리즘의 산물이지만, 그 본질은 인간 사유의 철학적 결과물이다. 다시 말해 인공지능의 역사는 인간이 자신을 닮은 지성을 창조하려는 문명사적 탐구의 연속이었다.

오늘날 인공지능은 사회 전반을 이끄는 핵심 인프라가 되었다. 교육, 의료, 예술, 경제, 미디어, 행정, 정치 전반에서 그 영향력은 전례 없이 확장되고 있다. 그러나 기술의 진화가 인간의 성찰을 앞지르게 된다면, 우리는 편리함 속에서 인간의 주체성과 윤리를 잃을 위험이 있다.

AI의 발전은 새로운 사회적 책임을 요구한다. 데이터와 알고리즘이 인간의 판단을 대신하고, 기계가 창작과 결정의 영역에 진입하는 지금, 인공지능을 올바르게 이해한다는 것은 곧 기술을 넘어 인간을 이해하는 일이다. 인공지능의 진보가 인류를 이롭게 하려면, 그 기반에는 인간에 대한 존중과 성찰이 있어야 한다.

이 책『인공지능의 길라잡이; 인간에서 기술까지』는 이러한 문제의식에서 출발하였다. 인공지능을 단순한 기술의 결과물이 아니라 인간의 지성, 윤리, 예술, 사회적 맥락 속에서 통합적으로 이해하고자 한다. 인공지능을 배운다는 것은 프로그램의 동작 원리를 익히는 것을 넘어, 그 기술이 인간의 사고와 가치, 관계, 문화에 어떤 영향을 미치는지를 살피는 일이다.

본 교재는 인공지능의 기본 개념과 역사, 기술의 원리를 다루는 동시에 정의(Justice), 예술, 미디어, 경영, 통계 등 다양한 영역에서 인공지능이 어떤 의미를 지니는지 탐색한다. 여러 전공의 교수진이 협력해 기술적 설명과 인문학적 사유를 조화롭게 구성했으며, 비전공자도 이해할 수 있도록 서술의 난이도를 조정하였다.

이 책은 인공지능을 '활용의 기술'이 아닌 '이해의 교양'으로 접근한다. 인공지능을 익힌다는 것은 코드나 시스템을 배우는 것이 아니라, 그 속에 담긴 인간의 철학과 사회의 구조를 읽어내는 통찰을 키우는 일이다. 기술은 인간의 손끝에서 태어나지만, 그 의미와 방향은 인간의 마음이 결정한다.

오늘날 인공지능을 모른다는 것은 곧 현대 사회의 언어를 모른다는 것과 같다. 인공지능은 이미 언어, 경제, 예술, 교육, 윤리 등 거의 모든 분야의 기본 문법이 되었기 때문이다. 따라서 인공지능에 대한 이해는 더 이상 선택이 아니라 모든 시민이 갖추어야 할 교양적 책무이다.

AI 시대의 진정한 교양은 기술의 작동 원리를 아는 능력이 아니라, 그 기술의 이면에서 인간의 의도와 철학을 읽어내는 통찰력이다. 기계가 만들어내는 결과보다, 인간이 그 기술을 통해 무엇을 꿈꾸고 어떤 사회를 지향하는지가 더 중요하다. 인공지능을 통해 우리는 인간의 본질과 한계, 그리고 인간다움의 의미를 새롭게 묻게 된다.

이 책은 인공지능이라는 기술을 매개로 인간의 사고와 감성, 사회의 구조와 윤리를 함께 이해하도록 안내하는 교양 교재이다. 학생들이 기술에 대한 비판적 사고와 창의적 상상력을 함께 키워, 인공지능을 단순히 '활용하는 존재'가 아니라 '이해하고 성찰하는 인간'으로 성장하길 바라는 마음으로 집필되었다.

인공지능은 인간의 손끝에서 태어났지만, 그 방향은 인간의 사유가 결정한다. 이 책이 인공지능의 세계로 들어가는 독자들에게 기술을 넘어 인간을 바라보는 사유의 나침반이 되길 바란다. 그리고 이 교재가 대학 교양교육의 현장에서 학생들에게 기술과 인간, 과학과 철학을 잇는 지적 여정을 열어주는 작은 출발점이 되기를 기대한다.

좋은 책을 위해 최선을 다했으나 부족한 부분이 있을 수 있다. 이 점은 양해를 바라며, 추후 수정사항이 있을 경우에는 자유아카데미 홈페이지 자료실(www.freeaca.com)을 통해 제공할 예정이니 참고해 주기 바란다. 끝으로, 이 책의 출간에 도움을 주신 자유아카데미 여러분께 감사드린다.

2025년 어느 겨울날, 태조산 자락에서

대표저자 박현식

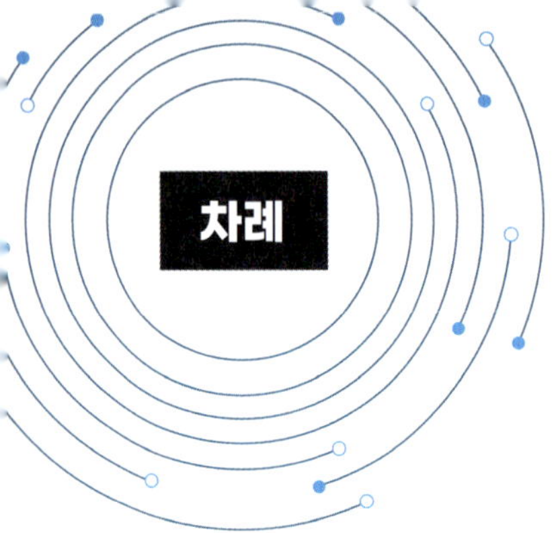

차례

3장 인공지능 시대의 그림책

4장 인공지능 시대의 경영과 스타트업

5장 인공지능과 통계

6장 인공지능과 예술

7장 인공지능과 컴퓨터

8장 인공지능과 미디어

9장 인공지능과 기술

10장 인공지능 활용법

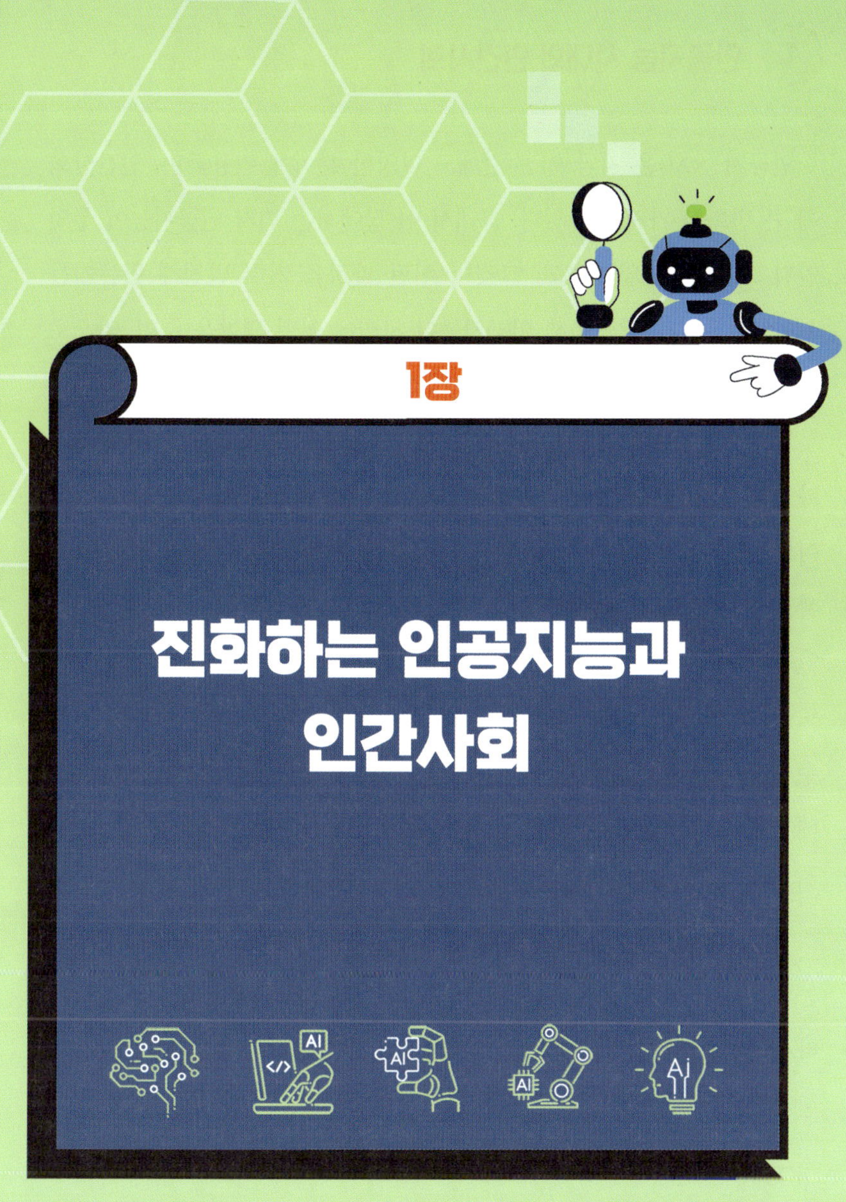
1장
진화하는 인공지능과
인간사회

1 인공지능 시대와 인간사회

인공지능(AI)은 지금 이 순간에도 다양한 분야에 활용되며, 인간사회에 큰 변화를 가져오고 있다. 그래서 이 장에서는 먼저 인공지능이 무엇인지 그 개념을 알아보고, 그것이 어떤 과정을 거쳐 발전해 왔는지를 살펴보려 한다. 이를 통해 인공지능이 사회에 어떤 영향을 주며, 앞으로 어떤 방향으로 흘러갈지를 함께 생각해 보고자 한다.

또한, 현재 인공지능이 실제로 어떻게 활용되고 있는지를 살펴보고, 다양한 전공과 분야에서 이를 어떻게 적용할 수 있을지에 대한 아이디어도 제시할 것이다. 지금 우리가 살고 있는 세상이 기술을 중심으로 빠르게 바뀌고 있다는 점에서, 이러한 논의는 의미 있는 시도라 할 수 있다. 이와 더불어 인공지능이 발전하면서 등장하는 여러 가지 논쟁들도 함께 살펴볼 예정이다. 과연 인공지능은 인류에게 어떤 도움을 줄 수 있을까? 그리고 우리는 그 기술을 어떻게 받아들이고, 어떤 준비를 해야 할까? 이러한 질문들을 통해, 단순한 기술적 진보가 아닌 인간 중심의 방향성을 고민해 보고자 한다.

무엇보다 중요한 건 "누구를 위한 인공지능인가?"라는 물음이다. 인공지능의 발전이 산업구조를 바꾸어 놓는 지금, 그 변화 속에서 인간의 자리를 다시 생각해 보게 된다. 기술은 분명히 삶을 더 편리하게 만들 수 있지만, 한편으로는 사회적 불평등이나 인간성의 상실 같은 문제도 안고 있다.

그렇기 때문에 우리는 기술이 인간의 가치를 해치지 않도록 균형을 잡아야 하며, 인간이 자연과 함께 살아가는 존재임을 늘 기억해야 한다. 인류는 지구나 우주의 주인이 아니라, 함께 살아가야 할 존재라는 점을 자각하며, 다시 한번 인간다움이 무엇인지를 돌아보아야 할 때다.

2 인공지능과 휴머니즘

인공지능이란 무엇일까? 이 질문에 답하기 위해서는, 현대사회에서 시대의 물결처럼 회자되는 4차 산업혁명의 핵심 영역인 인공지능의 등장 배경을 살펴볼 필요가 있다. 그 기원을 되짚어 보면, 문명의 발달 과정에서 도구의 개발과 활용이 과학이라는 이름으로 자리 잡아 온 흐름을 알 수 있다. 과학은 본질적으로 이러한 정의에 기반하며 두 가지 정신을 지녀야 한다. 첫째, 모든 공학은 사물에 이미 내재된 조물주가 부여한 특성을 발견하는 과정이라는 점에서 학문적 겸손이 필요하고, 둘째, 모든 물질과 요소의 가치를 존중해야 한다. 눈에 보이는 모든 사물과 물질은 인간의 삶에 유용하게 활용될 수 있다는 창조성을 인식해야 한다.[1]

고대 문명의 발전 역시 인간의 필요에 의해 이루어졌으며, 이는 인류에게 편리함과 즐거움을 가져다주었다. 다시 말해, 인간의 한계를 극복하고자 했던 노력이 문명을 이루었고, 그것은 과거 기술의 계승을 통해 자연을 극복하는 방향으로 발전해 왔다.

인공지능 시대는 컴퓨터의 발견, IT 기술의 진보, 그리고 알파고와 인간의 바둑 대결과 같은 사건을 계기로 시작되었다. 전 세계는 이를 통해 미래 사회를 전망하며, 새로운 삶이 다가올 것이라는 기대와 동시에 우려를 함께 가지게 되었다. 인공지능은 현시대가 안고 있는 문제를 해결할 수 있는, 지구를 위한 대안으로 받아들여졌고, 그 발전은 불과 60여 년 만에 이룩한 위대한 성취라 할 수 있다. 따라서 인공지능은

본 원고는 호서대학교 인문사회과학연구소 「AI와 인간사회」 2021년 제2권 1호 "인공지능과 휴머니즘에 대한 담론"을 근거로 재구성하였음.

1 노년공학 개발론, 박현식 외, 2009.

미래 사회를 예측할 수 있게 해주는 도구가 되었다. 하지만 긍정적인 전망만을 내세우기에는 아직 많은 것이 불확실하며, 우리는 한 번도 가보지 않은 길 위에서 너무 빠르게 변해가는 사회를 맞이하고 있다.[2]

현대에 이르러 컴퓨터와 인공지능의 등장은 인류의 삶을 획기적으로 변화시켰다. 그러나 그와 동시에 인공지능이 가져온 부작용, 그리고 전통적 가치의 상실과 같은 부정적인 현상도 함께 나타나고 있다. 이제는 단순히 미래에 대한 막연한 기대를 넘어서, 진정한 인간성의 회복을 위한 인공지능 담론이 필요할 때다.

3 인공지능의 개념과 유형

컴퓨터가 인간의 지능 활동을 모방할 수 있도록 하는 것을 인공지능(AI)이라고 한다. 즉, 인간의 지능이 수행하는 사고, 학습, 모방, 자기계발 등의 기능을 컴퓨터가 수행할 수 있도록 연구하는 컴퓨터공학 및 정보기술 분야를 의미한다.

인공지능은 1950년대에 실험적 학문으로 출발하였으며, 1959년에는 매사추세츠공과대학교(MIT)에 AI 연구소가 설립되었다. 이 연구소는 존 맥카시(John McCarthy)와 마빈 민스키(Marvin Minsky) 등 인공지능 분야의 선구자들에 의해 운영되었고, 동시에 앨런 뉴웰(Allen Newell)과 허버트 사이먼(Herbert A. Simon)도 카네기멜런대학교에서 인공지능 연구소를 세우며 AI 연구의 기반을 마련했다.[3]

2 노년공학 개발론, 박현식 외, 2009.

3 네이버 지식백과, 인공지능(Artificial Intelligence).

한편, 인공지능의 개념은 1980년에 존 설(John R. Searle) 교수가 소개한 이론을 통해 '강한 인공지능'과 '약한 인공지능'으로 구분되었다. 강한 인공지능은 인간의 마음을 복잡한 정보처리 과정을 통해 구현하려는 접근을 의미하며, 인간의 내면적 사고와 감정 구조까지 컴퓨터 소프트웨어로 모방할 수 있다고 본다. 반면, 약한 인공지능은 인간의 지능 중 일부 기능만을 시뮬레이션하거나, 특정 작업을 수행할 수 있는 도구를 개발하는 데 초점을 맞춘 개념이다.

즉, 강한 인공지능은 인간의 마음 그 자체를 구현하려는 시도이고, 약한 인공지능은 인간의 마음과는 분리된, 유용한 기술적 도구로서의 인공지능을 의미한다. 이러한 분류는 단순한 과학 기술의 진보를 넘어, 인간의 정신과 마음에 대한 철학적 이해를 전제로 하는 비판적 관점과도 연결된다. 요약하면, 강한 인공지능은 인간을 완벽하게 모방하는 AI, 약한 인공지능은 특정 기능을 수행하도록 설계된 유용한 도구로서의 AI로 정의할 수 있다.

표 1.1 진화 단계에 따른 인공지능의 종류

종류	특징
약한 인공지능 (Weak AI)	• 스스로 사고하여 문제를 해결할 수 있는 능력이 없는 컴퓨터 기반의 AI를 말한다. • 구글의 AlphaGo, IBM의 Watson 등과 같이 지능적인 행동을 수행한다.
강한 인공지능 (Strong AI)	• 스스로 사고하여 문제를 해결할 수 있는 능력이 있는 컴퓨터 기반의 AI를 말한다. • 스스로를 인식할 수 있고, 지각력과 독립성을 갖추었다.
초인공지능 (Super AI)	• 인간보다 1,000배 이상의 뛰어난 지능을 가진 AI를 말한다. • 효율성, 자기보존, 자원획득, 창의성 등의 원초적인 욕구를 바탕으로 끊임없이 자가 발전을 수행한다.

자료: 김대식의 인간 vs 기계, 김대식, 동아시아, 2016.

4 인공지능의 역사

인공지능의 역사는 20세기 초반보다 더 거슬러 올라가, 이미 17~18세기부터 그 싹이 트이기 시작했다. 물론 이 시기의 논의는 오늘날의 인공지능 자체보다는, 인간의 뇌와 마음 사이의 관계에 대한 철학적 논쟁 수준에 머물러 있었다.

이후 시간이 흐르면서, 20세기 중반부터 본격적으로 컴퓨터 기술의 혁신이 시작되었고, "컴퓨터로 인간의 두뇌를 만들어 우리가 하는 일을 대신하게 할 수 있지 않을까?"라는 발상이 제시되었다. 이러한 아이디어는 빠르게 발전하며, 인공지능이 하나의 학문 영역으로 자리 잡기 시작했다.

20세기 이전, 인공지능이라는 개념은 산업혁명과 컴퓨터 과학의 발달을 계기로 서서히 구체화되기 시작했다. 처음에는 인간의 사고 과정을 기계적으로 모방하려는 시도로 나타났고, 이는 곧 인공지능이라는 용어와 함께 개념적으로 정립되기 시작했다.

특히, 제2차 산업혁명은 전기, 화학, 석유, 철강 등 새로운 에너지 자원과 기술의 발전을 기반으로 대량 생산과 효율성을 크게 향상시켰다. 이 중에서도 전기의 발명과 상용화는 인공지능 개념의 형성에 결정적인 영향을 주었다. 전기는 '켜짐(1)'과 '꺼짐(0)'이라는 이진법(binary system)으로 정보를 표현하고 전달할 수 있는 기반을 마련해주었고, 이는 훗날 인공지능의 논리적 구조에 핵심적인 기초가 되었다.

1943년, 신경생리학자 워렌 맥컬록(Warren McCulloch)과 월터 피츠(Walter Pitts)는 인간의 뇌를 뉴런으로 이루어진 전기적 네트워크로 바라보고, 그 작동 원리를 이진법(0과 1)으로 설명하는 논문을 발표했다.

이 논문은 특정 자극에만 반응하는 신경세포의 활동을 논리 명제로 표현할 수 있다는 주장을 담고 있었고, 이후 퍼셉트론(perceptron) 모델을 비롯한 초기 인공신경망 이론의 토대를 제공하게 되었다.

비슷한 시기, 영국의 수학자 앨런 튜링(Alan Turing)은 제2차 세계대전 중 독일의 암호 기계인 '에그니마(Enigma)'를 해독하기 위해 '튜링 봄브(Turing Bombe)'라는 기계를 개발하며 전쟁을 단축하는 데 기여했다. 이후 튜링은 「Computing Machinery and Intelligence」라는 논문에서 "기계가 생각할 수 있는가?"라는 질문을 제기하며, 이른바 튜링 테스트(Turing Test) 개념을 처음으로 제안했다. 그는 인간과 기계가 동일한 질문에 답했을 때, 그 응답을 듣고 어느 쪽이 사람인지 구분할 수 없다면, 기계 또한 지능을 갖고 있다고 볼 수 있다고 주장했다. 또한, 튜링은 기계가 학습과 보상을 통해 행동을 강화하는 방식, 즉 강화학습의 가능성까지도 내다보았다. 그는 기계가 인간과 유사한 방식으로 의사결정을 내리게 될 경우, 그로 인해 발생할 수 있는 사회적 문제와 이에 대한 통제 방안의 필요성도 함께 언급했다.

1956년, 미국 다트머스 대학에서 열린 '다트머스 회의(Dartmouth Conference)'는 '인공지능(Artificial Intelligence)'이라는 용어가 처음 제안되고, 인공지능의 개념이 정립된 역사적 순간이었다. 존 매카시(John McCarthy), 마빈 민스키(Marvin Minsky), 클로드 섀넌(Claude Shannon) 등 당대의 대표적인 학자들이 이 회의에 참석했다. 이들은 인간의 사고를 기호 체계로 모방함으로써 인공지능을 구현할 수 있다는 '기호주의적 접근'에 대해 논의하였으며, 논리 연산과 기호 조작을 통해 기계가 논리적 추론을 수행할 수 있도록 만드는 방향을 모색했다.

이후 인공지능에 대한 '연결주의적 접근'이 등장하게 된다. 1957년,

신경생물학자 프랭크 로젠블랫(Frank Rosenblatt)은 맥컬록과 피츠의 신경망 모델에서 영감을 받아 '퍼셉트론(perceptron)' 이론을 제안했다. 퍼셉트론은 입력과 출력 사이의 가중치를 조정하는 단순한 신경망 구조를 바탕으로, 기계가 데이터로부터 스스로 학습할 수 있는 가능성을 보여주었다. 이러한 모델은 기계가 인간의 학습 방식을 어느 정도 모방할 수 있다는 점을 입증하면서, 인공지능에 대한 기대감을 크게 높이는 계기가 되었다.

1960년대에 들어서면서 컴퓨터 기술은 급격한 발전을 이루었다. IBM 701등 고성능 컴퓨터의 등장은 연산 능력을 크게 향상시켰고, 트랜지스

표 1.2 인공지능의 역사

시기	내용
1943년	워렌 맥컬록과 월터 피츠가 전기 스위치처럼 켜고 끄는 기초 기능의 인공신경을 그물망의 형태로 연결하면 사람의 뇌에서 일어나는 아주 간단한 기능을 흉내 낼 수 있다는 것을 증명하였다.
1950년	앨런 튜링이 기계가 인간과 얼마나 비슷하게 대화할 수 있는지를 판별하는 튜링 테스트를 제안하였다.
1956년	다트머스 회의에서 인공지능이라는 용어를 처음으로 사용하였다.
1958년	프랭크 로젠블랫이 뇌신경을 모사한 인공신경 뉴런 '퍼셉트론(percepton)'을 제시하였다.
1970년대	AI 연구가 기대했던 결과를 보여주지 못하자, 대규모 투자가 중단되어 AI 연구의 암흑기(AI 겨울)가 도래하였다.
1980년대	전문가들의 지식과 경험을 데이터베이스화하여 의사결정 과정을 프로그래밍한 '전문가시스템'을 도입하였으나, 관리의 비효율성과 유지 · 보수의 어려움으로 한계를 맞이하였다.
1997년	IBM의 딥블루가 체스 챔피언과의 체스 대결에서 승리하였다.
2006년	토론토 대학교의 제프리 힌턴 교수가 딥러닝 알고리즘을 발표하였다.
2012년	국제 이미지 인식 경진대회인 '이미지넷'에서 딥러닝을 활용한 팀이 우승하여 획기적인 전환점을 맞이하였다.
2014년	구글이 딥마인드를 인수하였다.
2016년	구글이 인수한 딥마인드의 알파고가 한국의 바둑기사 이세돌에게 4:1로 승리하였다.

자료: AI 활용 어디까지 왔나, 주간경향, 2019.

터의 개발은 컴퓨터를 더욱 작고 빠르며 에너지 효율적으로 발전시켰다. 또한, 1969년 냉전 시기에 등장한 아르파넷(ARPANET)은 여러 컴퓨터 간의 네트워크 통신을 가능하게 하여 오늘날 인터넷의 기초를 마련하였다. 이러한 컴퓨터 기술의 비약적인 발전은 인공지능 연구에 필수적인 연산 성능을 강화했고, 본격적인 인공지능 연구의 기반을 다지는데 중요한 역할을 했다.

이처럼 전기와 컴퓨터 기술이 발전하기 이전의 인공지능 역사는, 기계가 인간의 사고를 모방하고 학습할 수 있다는 가능성을 탐색하며 인공지능 연구의 초석을 마련한 시기였다.

20세기 중반 인공지능 연구는 자연어 처리, 복잡한 수학 문제 해결 등 기존에는 인간만이 가능하다고 여겨졌던 문제들을 컴퓨터로 해결할 수 있다는 혁신적인 가능성에서 출발했다. 인공지능 산업은 이미 1980년대에 10억 달러 규모에 이르며 실용화 단계에 접어들었다. 그러나 당시 정보처리 능력의 한계, 충분하지 않은 데이터 양, 연구 자금 지원 중단, 단일 계층 신경망의 한계 등 여러 요인으로 인해 1970년대에 이르러 1차 AI 겨울(AI Winter)을 겪으며 위기를 맞게 된다.

1980년대에는 다층 신경망의 도입으로 다시금 가능성이 제기되었으나, 여전히 정보처리 능력의 한계에 부딪혔고, 본격적인 도약으로 이어지진 못했다. 하지만 1974년에 제시된 역전파 알고리즘(Backpropagation)과 전문가 시스템의 발전, 그리고 다층 퍼셉트론의 등장은 단층 신경망의 한계를 극복할 수 있는 가능성을 보여주었다. 이로 인해 전문가 시스템이 산업 현장에 응용되기 시작하면서 다시 한번 인공지능이 주목을 받게 되었다.

그러나 이 시기 역시 하드웨어 성능의 제약과 대규모 데이터를 처리할 수 있는 환경의 부재로 인해 인공지능 기술의 확산에는 한계가 있었다. 1986년에는 제프리 힌튼(Geoffrey Hinton)이 역전파 알고리즘을 도입하여 신경망의 학습 효율을 높였고, 이로 인해 신경망 연구가 일시적으로 활기를 띠었으나, 예상만큼의 성과를 내지 못하면서 1980년대 후반에는 2차 AI 겨울에 접어들게 되었다.

이처럼 두 차례의 AI 겨울은 모두 당시 기술의 한계, 학습 데이터의 부족, 그리고 대규모 학습을 뒷받침할 하드웨어 성능 부족 등 복합적인 요인에 의해 촉발되었다. 이 시기에는 연구자들 사이에서도 AI에 대한 회의적인 시각이 퍼졌고, 대중과 산업계에서도 인공지능에 대한 관심이 급속히 줄어들었다.

그러나 1990년대 이후 컴퓨터 연산 능력이 비약적으로 발전하면서 상황이 점차 바뀌기 시작했다. 특히 2000년대 중반부터 GPU의 병렬 연산 능력이 본격적으로 활용되면서 인공지능 연구는 다시 활기를 되찾았다. 여기에 빅데이터와 딥러닝 기술이 결합되면서 오늘날의 AI 호황기로 이어지는 기반이 마련되었다.

최근 마케팅 분야에서 AI가 도입되면서 이에 대한 신뢰도가 급격히

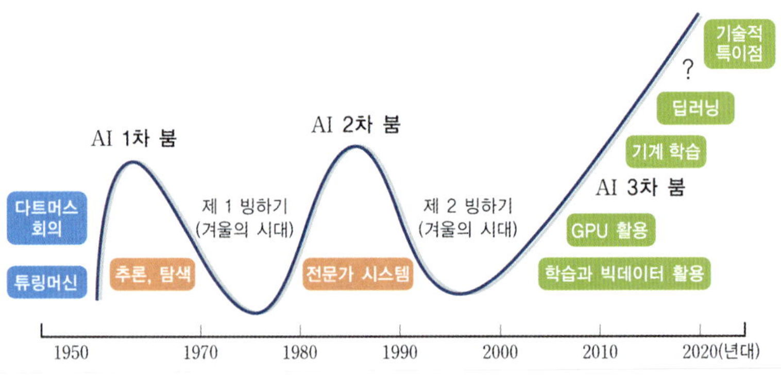

그림 1.1 인공지능의 발전 역사

상승하고 있다. 그러나 현재의 인공지능은 일반적인 지능을 가진 강 인공지능이 아니라, 막대한 컴퓨팅 파워를 기반으로 데이터와 환경에 의존하는 약 인공지능에 불과하다. AI를 학습시키기 위해서는 매우 많은 양의 데이터가 필요하며, 이로 인해 높은 비용이 발생한다. 그리고 AI가 내놓는 결과는 모두 주어진 데이터에 기반한 것으로, 데이터를 초월한 일반 지능이나 창의적인 사고는 발생하지 않는다. 만약 새로운 행동을 원한다면, 다시 많은 비용을 들여 새로운 데이터를 수집하고 재학습을 시켜야 한다.

현재의 인공지능은 단지 방대한 데이터를 빠르게 기억하고 활용할 수 있는 능력을 가진 것이며, 이는 지성에 기반한 사고나 판단과는 거리가 있다. 데이터와 환경이 지속적으로 입력될 때만 일정 수준의 약 인공지능 구현이 가능하며, 단순 반복이나 계산 작업을 제외하면 여전히 인간이 더 높은 성능과 효율을 보인다. AI 학습에 필요한 데이터 자체가 곧 자산이며, 약 인공지능은 이 데이터를 마치 석유처럼 끊임없이 공급

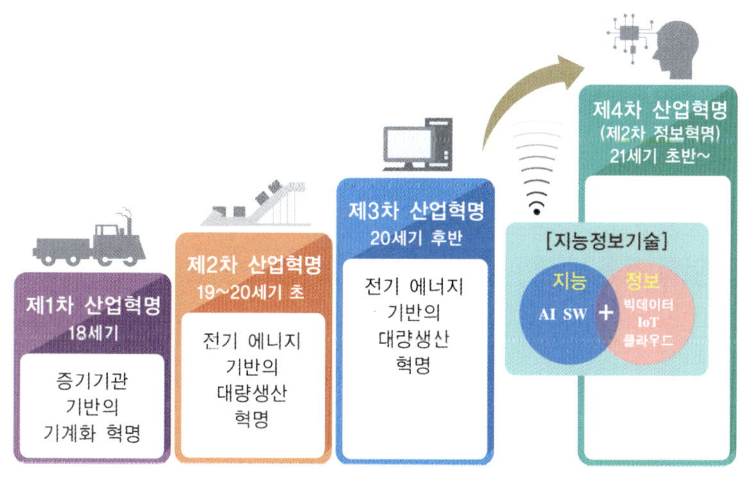

그림 1.2 산업혁명의 변화

받아야만 유지된다.

이러한 상황에서 만약 또다시 AI 겨울이 도래한다면, 인공지능 분야는 수십 년 이상 정체기를 겪을 가능성이 있다. 한편, 인간사회는 지금 정보화라는 새로운 프레임으로 급속히 변화하고 있으며, 이 변화를 3차 산업혁명이라고 부를 수 있을 것이다. 특히 주목할 점은 1차 산업혁명에서 3차 산업혁명까지 이르는 시간 간격이 매우 짧아지고 있다는 것이다. 1차 산업혁명 이후 불과 200여 년 만에 3차 산업혁명에 도달한 것은, 그 이전 7만 년 동안 거의 변화 없이 이어져 온 인류의 역사와는 전혀 다른 양상을 보여주고 있다.

 인공지능의 쟁점과 미래

(1) 인공지능의 논란

기존의 패러다임에서 완전히 새로운 혁신이 일어난 것이라기보다는, 기존에 존재하던 기술이 우수하게 개량되어 실용화된 수준이라는 시각도 존재한다. 이는 인공지능의 본래 목표였던 인간의 의식과 두뇌 구현에 관한 연구가 제한적으로 진행되고 있으며, 여전히 뚜렷한 성과 없이 정체된 상태이기 때문이다. 현재까지 뇌의 작동 원리를 파악하는 수준은 뉴런의 작동 방식이나 뇌 부위별 기능, 또는 이들 간의 상관관계를 밝히는 수준에 머물고 있다. 인공신경망의 모티브가 되었다는 점을 제외하면, 뇌를 구성하는 신경 회로에 대한 이해조차 아직 미흡한 실정이며, 인공지능과의 실질적인 연계는 크지 않다.

최근에는 마케팅에서 'AI'라는 단어만 들어가도 소비자의 신뢰가 급격히 높아지는 현상이 나타나고 있다. 그러나 실제로 현재의 인공지능은 인간 수준의 일반 지능을 갖춘 강 인공지능이 아니라, 단지 방대한 데이터를 무차별적으로 학습해 작동하는 약 인공지능에 불과하다. 학습에는 수억 건의 데이터가 필요하며, 이로 인해 높은 비용이 든다. 하지만 그 결과물 역시 데이터에 기반한 답변에 그칠 뿐, 이를 뛰어넘는 일반 지성을 발휘하지 못한다. 다른 행동을 기대한다면 또다시 막대한 비용을 들여 새로운 데이터를 수집하고 재학습을 시켜야만 한다.

이러한 현실을 고려할 때, 약 인공지능이 할 수 없는 영역을 명확히 인지하고, 인공지능의 한계를 있는 그대로 받아들이는 자세가 필요하다. 과도한 기대를 거두고 현실적인 접근이 이루어질 때만 인공지능은 지속적인 성장을 도모할 수 있다. 그러나 지금처럼 인공지능에 대한 기대가 과도하게 부풀려진 상태에서, 실제로는 기술이 그 기대를 충족하지 못한다는 사실이 드러날 경우, 제3의 AI 겨울이 도래할 수 있다. 과거에도 인공지능이 모든 것을 해결해 줄 것이라는 낙관론이 팽배했지만, 현실이 뒤따르지 못하자 연구와 투자, 재단의 지원이 중단되며 수십 년간 AI 분야가 침체를 겪은 전례가 있다. 이는 컴퓨터가 등장하던 60여 년 전이나, 영상 학습이 거의 불가능했던 30여 년 전에도 마찬가지였다. 실제로 AI 기술이 활발했던 시기도 대부분 10년을 넘지 못했다.

현재도 음성이나 문맥 이해와 같은 영역에서는 인공지능이 인간, 특히 유아 수준조차도 뛰어넘지 못하는 경우가 많다. 엄청난 연산 능력과 방대한 데이터, 긴 학습 기간이 주어져도 여전히 학습이 어려운 분야가 많다는 것이다. 따라서 인공지능이 곧 인간을 넘어설 것이라거나, 인간의 모든 직업을 대체할 것이라는 식의 장밋빛 전망은 지양해야 한다. 인공지능은 단지 방대한 데이터를 빠르게 기억하고 반응하는 능력을 가졌을 뿐, 이는 지성에 기반한 행동이 아니다.

현시점에서 인공지능은 데이터와 환경의 지속적인 입력을 통해 최대한 약 인공지능 수준에 도달할 수 있을 뿐이다. 단순 반복이나 계산 작업을 제외하면 여전히 인간이 더 높은 성능과 효율을 보여주며, 예기치 못한 상황에도 유연하게 대응할 수 있다. 특히 인공지능 학습에 필요한 데이터는 곧 비용이며, 약 인공지능이 유지되기 위해서는 마치 석유처럼 지속적으로 데이터라는 연료가 공급되어야 한다.

(2) 인공지능의 분야

인공지능 분야에는 여러 가지 주요 기술이 있다. 기계 학습은 기본적인 규칙만 주어진 상태에서 입력된 정보를 바탕으로 스스로 학습하는 기술이다. 인공 신경망은 인간의 뉴런 구조를 모방해 만든 기계 학습 모델이며, 딥러닝은 입력과 출력 사이에 여러 개의 인공 뉴런 층을 쌓아 구성된 신경망 기법을 다루는 연구 분야다. 즉, 단일 층이 아닌, 실제 인간의 뇌처럼 여러 계층 구조를 갖춘 것이 특징이다.

인지 컴퓨팅은 기계 학습을 활용해 특정한 인지 과제를 해결하는 프로그램이나 솔루션을 말하며, 뉴로모픽 컴퓨팅은 인공 신경망 구조를 하드웨어 수준에서 구현한 기술이다.

인공지능은 인간의 사고, 학습, 자기개발 등 지적 활동을 컴퓨터가 수행할 수 있도록 연구하는 컴퓨터공학 및 정보기술의 한 분야다. 즉, 컴퓨터가 인간의 지능적 행동을 모방하도록 하는 기술을 인공지능이라 할 수 있다.

또한, 인공지능은 독립적으로 존재하는 기술이 아니라 컴퓨터 과학의 다양한 분야와 밀접하게 연계되어 있다. 오늘날에는 정보기술의 여러 영역에서 인공지능적 요소를 도입하여 각 분야의 문제 해결에 적용하려는 시도가 활발히 이루어지고 있다. 예를 들어,

① 자연어처리(Natural Language Processing) 분야에서는 자동번역 시스템이 이미 실용화되었으며, 연구가 더욱 발전하면 사람과 컴퓨터 간의 대화가 가능해져 컴퓨터 사용 방식에 혁신적인 변화가 일어날 것으로 기대된다.

② 전문가 시스템(Expert System) 분야에서는 컴퓨터가 인간이 수행하던 전문적 업무(예: 의사의 진단, 광물 매장량 평가, 화합물 구조 추정, 손해배상 보험료 산정 등)를 대체할 수 있도록 연구가 진행되고 있으며, 이는 비교적 일찍 발전한 분야이다.

③ 컴퓨터가 TV 카메라로 촬영한 영상을 분석해 사물을 인식하거나, 사람의 목소리를 문장으로 변환하는 작업은 매우 복잡하고, 인공지능 이론 없이는 불가능한 영역이다. 이러한 영상 및 음성 인식 기술은 문자 인식, 로봇공학 등 다양한 분야에서 핵심 기술로 작용한다.

④ 이론 증명(Theorem Proving)은 수학적인 정리를 이미 알려진 사실로부터 논리적으로 유도해 증명하는 과정으로, 인공지능 분야에서 폭넓게 사용되며, 그 자체로도 높은 가치를 가진다.

⑤ 신경망(Neural Network)은 비교적 최근에 주목받기 시작한 분야로, 수학적 논리가 아닌 인간의 두뇌 구조를 모방해 수많은 간단한 처리기들이 연결된 네트워크 구조로 작동하는 방식이다.

인공지능의 역사는 20세기 초반보다 더 거슬러 올라가면, 이미 17~18세기부터 그 씨앗이 존재해 왔다. 다만 이 시기에는 인공지능 자체보

다는 인간의 뇌와 마음의 관계에 대한 철학적 논의 수준에 머물러 있었고, 당시에는 인간의 뇌 외에 정보 처리 기계가 존재하지 않았기 때문에 실질적 진전은 어려웠다.

그러나 20세기 중반부터 컴퓨터 기술이 본격적으로 발전하면서, "컴퓨터로 두뇌를 만들어 인간이 하는 일을 대신할 수 있지 않을까?"라는 발상이 등장했고, 많은 이들이 이 가능성에 주목하면서 인공지능은 학문적 영역으로 빠르게 확산되기 시작했다.

한편, 인공지능 분야가 완전히 새로운 패러다임의 혁신이라기보다는, 기존에 존재하던 기술이 개량되어 실용화된 수준이라는 평가도 있다. 왜냐하면 인공지능의 근본 목표였던 인간의 의식이나 두뇌 구현에 관한 연구는 아직까지도 제한적으로만 이루어지고 있으며, 뚜렷한 성과 없이 지연되고 있기 때문이다.

현재 뇌 과학 연구 수준은 뉴런의 동작 원리나 뇌 부위별 역할, 혹은 그 상호관계를 파악하는 데 그치고 있으며, 신경 회로 자체에 대한 연구도 여전히 초기 단계에 머물고 있다. 인공신경망이 인간의 뇌를 모방했다는 점 외에는, 인공지능과 실제 두뇌 과학 간의 실질적인 접점은 아직 많지 않다.

(3) 인공지능과 노동

경제학자 타일러 코웬은 "평균의 시대는 끝났다(Average Is Over)"라는 말로 현대사회의 핵심 화두 두 가지로 '양극화'와 '4차 산업혁명(AI)'을 지목하며, 이 둘이 결합된 미래상을 제시한다. 그는 제4차 산업혁명 시대에는 단순히 1% 대 99%의 극단적인 불균형이 아니라, '평균'으로 대표되던 중간층이 사라지는 양극화가 진행될 것이라고 본다. 기계 지능이 대체할 수 있는 '평범한 능력'을 가진 사람들의 일자리는 점차 사라질 것이며, 반면 AI를 활용해 자신의 노동 가치를 높이는 사람들은 고소득층으로 올라설 것이다. 그렇지 못한 사람들은 상대적으로 빈곤층으로 밀려날 수밖에 없다.[4]

산업혁명 초기, 기존 노동자들은 기계가 자신들의 일자리를 빼앗는다며 기계를 파괴하고 저항했지만, 결국 기계의 확산을 막지는 못했다. 예를 들어 마부의 일자리는 사라졌지만, 그 대신 자동차 산업이 성장하며 새로운 일자리가 대량으로 생겨났고, 전체 운송 산업의 고용 총량은 오히려 증가했다.

초지능의 등장은 '일자리' 그 자체보다는, 인간의 직무를 부분적으로 대체하는 자동화가 실제 고용 구조에 어떤 영향을 미치는지를 문제 삼는다. 우리는 지금의 경제 체제가 계속 유지된다는 전제를 바탕으로 이러한 영향을 해석하게 된다. 만약 강한 인공지능이 등장해 대부분의 일자리를 대체하게 된다면, 지금과 같은 경쟁 중심의 자본주의 체제는 유지될 이유가 없으며, 인간이 노동으로부터 해방될 가능성도 제기된다.

오늘날 많은 사람들이 즐기는 비디오 게임이나 온라인 게임도 인공지능과 컴퓨터를 적절히 활용한 대표적인 사례다. 게임은 단순한 오락을 넘어 막대한 부가가치를 창출하는 산업으로 성장했으며, 반세기 전만해도 상상할 수 없었던 일이다. AI와 컴퓨터 기술을 기반으로 '게임'이라는 새로운 형태의 플랫폼이 등장했고, 이를 중심으로 수많은 게임 회사와 관련 산업이 생겨났다. 대기업 게임사는 물론, 소규모 게임 개발업체, 게임 유통업체, 게임방 등 다양한 관련 산업이 거미줄처럼 연결되어 있

4 4차 산업혁명 강력한 인간 시대, 타일러 코웬, 신승미 역, 2017.

는 상황이다.

앞으로 인공지능이 더욱 발전한다면, 우리가 아직 상상하지 못한 방식으로 다양한 산업 분야에서 활용될 수 있을 가능성도 높다. 새로운 시장이 형성되고, 사람들에게 새로운 즐거움과 일자리를 제공할 수도 있을 것이다. 과거 기계나 컴퓨터가 처음 등장했을 때도 많은 사람들이 종속과 통제를 우려했지만, 오히려 인간은 그것들을 효율적으로 활용하며 삶의 질을 높여 왔다. 이러한 기술은 애초에 인간의 더 나은 삶을 목표로 개발되었고, 부작용도 있었지만 이에 대한 법적 · 제도적 통제가 함께 발전하면서 비교적 안정적으로 관리되어 왔다.

AI 이전에도 산업혁명 이후 수많은 기계들이 등장했으며, 처음에는 노동자들이 일자리를 뺏긴다며 기계를 파괴하는 방식으로 대응했다. 컴퓨터가 등장한 이후에도 미디어와 전문가들은 노동자의 대량 실직과 기술 종속을 우려했지만, 현실은 그런 우려와는 달리 새로운 산업과 일자리 창출로 이어졌다.

다만 고도화된 인공지능은 과거의 기계들과는 다른 점이 있다. 이전의 기계는 인간의 손길이 필요한 '도구'였던 반면, 인공지능은 스스로 생각하고 판단하는 '지성체'에 가까운 존재로 진화하고 있다. 이 때문에 과연 인간이 이를 끝까지 통제할 수 있을지에 대한 우려는 여전히 존재한다.

(4) 인공지능은 어디로 가는가?

문명은 태초부터 주로 노동을 중심으로 형성되어 왔다. 그리고 지금, 많은 사람들이 의견을 같이하는 지점이 있다. 그것은 제조와 서비스 제공 과정에서 기계가 인간 노동을 대체하는 새로운 시대가 시작되었다는 사실이다. 노동에 기반하지 않는 사회라는 개념은 우리가 익숙하게 알고 있는 사회 조직 원리와는 매우 다르기 때문에 이제는 사회 계약의 근본적인 토대를 재검토해야 할 시점에 와 있다.

우리는 지금, 역사상 유례없는 거대한 사회 변화를 초래하는 강력한 신기술의 혁명 속으로 휩쓸려 들어가고 있다. 앞으로 펼쳐질 세상이 유토피아가 될지 디스토피아가 될지는 정보화 시대에 이루어진 생산성 향상의 결과가 어떻게 분배되는가에 크게 좌우될 것이다. 이를 공정하게 분배하기 위해서는 전 세계적으로 노동 시간을 줄이는 것이 필요하며, 시장에서 밀려난 사람들에게는 사회적 경제(제3부문) 영역에서 새로운 일자리를 제공하기 위한 정부의 적극적인 노력이 요구된다.

산업혁명의 기술들은 이러한 문제에 대해 분명한 해답을 제시하지 못하고 있다. 만약 인공지능이 투자 결정을 대신하고 자율주행차가 운전을 대신한다면, 인간의 삶은 필연적으로 바뀔 것이다. 그런 변화된 사회에서 인간은 무엇을 하며 살아갈 것인가? 인간의 존엄성과 생명의 가치는 여전히 강조되지만, 동시에 기술이 발전할수록 인간의 무력감 또한 함께 강조되고 있다.

근대 이후 기술 발전은 자연을 정복하는 방향으로 전개되었지만, 이제는 기술을 자연의 일부로 받아들이고 인간이 그 변화에 적응하는 존재로 자리매김하는 흐름이 나타나고 있다. 이를 '자연 상태로의 전환'이라 부른다. 다시 말해, 기술은 더 이상 외부에서 인류를 통제하는 도구가 아니라, 자연스럽게 우리 삶에 녹아드는 환경이 되고 있다는 것이다.

오늘날 우리는 기술이 만들어 낼 유토피아적 미래가 점점 가까워지는 듯한 환상을 경험하고 있다. 정보통신 혁명은 노동자가 거의 없는 세상을 가능하게 만들 것처럼 보인다. 하지만 기술이 발전하면 할수록, 오히려 사회적 불평등이나 결함이 드러나는 디스토피아적 측면이 함께 나타나고 있다. 그 이유는 생산과 이윤 창출만을 추구하는 시장의 힘이, 일자리를 잃은 수백만 명의 노동자들에게 의미 있는 여가를 제공하는 방향으로 작동하지 않기 때문이다.

현대사회는 신기술의 경이로움과 마력을 경험하고 있다. 우리는 기술이 인류를 해방시켜 줄 것이라는 기대 속에서 살아가고 있으며, 많은 사람들이 컴퓨터 혁명에서 더 나은 미래의 가능성을 보고 있다. 그러나 이러한 기술적 풍요 속에서도 대다수 노동자들의 경제적 상황은 계속해서 악화될 수 있다.

22세기까지는 지적 기술이 상업 분야의 많은 노동을 대체할 것으로 예상되며, 이에 따라 대부분의 사람들은 문화적 영역에 속한 직업을 위해 교육과 훈련을 받아야 할 것이다. 결국, 단순한 노동은 기계의 몫이 되고, 인간은 효용을 넘어선 내재적 가치 창출과 공동체적 연대를 회복하는 방향으로 해방되어야 한다. 노동에서 벗어난 인간은 시민사회의 일원으로서 사회적 자산을 창출하며, 다가올 미래 세대를 위한 중요한 역할을 감당할 수 있을 것이다. 지금 필요한 것은 이러한 전환을 위한 의지와 결단이다.[5]

인류 문명의 큰 흐름 속에서 볼 때, 환경 파괴와 자연 훼손 문제는 인류가 가장 시급히 해결해야 할 과제다. 이러한 문제는 단순한 기술적 해결로는 극복될 수 없으며, 인간과 자연의 관계, 그리고 인간이 추구해야 할 근본적 가치에 대한 철학적 전환 없이는 불가능하다. 그 사유의 출발점은 다음과 같다. 인간은 결코 지구와 우주의 주인이 아니라, 함께 살아가야 할 일부일 뿐이라는 인식이다.

5 노동의 종말, 제레미 리프킨, 이명호 역, 2005.

참고문헌

- 노년공학 개발론, 박현식 외, 2009.
- 인공지능의 역사, 인간, 환경, 미래 제22호, 박소영, 2017.
- 인공지능과 제4차 산업혁명의 함의. 대한산업공학회, ie매거진. 제23권 2호, 원동규, 이상필, 2016.
- AI 활용 어디까지 왔나, 주간경향, 2019.
- 네이버 지식백과, 인공지능.
- 나무위키, 인공지능.
- 두산백과, 인공지능.
- 노동의 종말, 제러미 리프킨, 이명호 역, 2005.
- 4차 산업혁명 강력한 인간 시대, 타일러 코웬, 신승미 역, 2017.

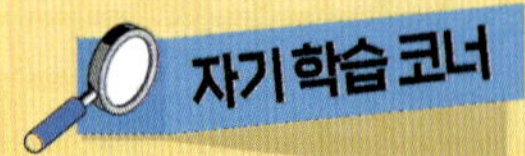

01 과학 문명은 왜 발전하였는가? 개인의 의견을 정리해 보자.

02 인공지능의 개념을 정리해 보자.

03 미래의 인류는 어떤 문명사회를 만나게 될지 정리해 보자.

2장

인공지능과 정의

1 인공지능 시대와 정의의 전환

(1) 정의와 제도의 역할

인간사회는 정의(Justice)와 제도가 사회 전반을 이끌어 왔다. 정의는 인간 간의 갈등을 조율하고, 공존을 가능하게 하는 합리적 판단의 기준이 되어 왔으며, 이에 기초한 제도는 사회공동체를 이성적이고 합리적인 방향으로 이끄는 핵심 기반이 되어 왔다. 이러한 정의 중심의 질서는 인간 삶의 형태를 변화시키고 사회 발전을 도모하는 데 중요한 역할을 해왔다.

(2) 디지털 전환과 가치 기준의 흔들림

아날로그 시대를 지나 디지털 시대로 진입하면서, 기존 사회를 지탱해 오던 보편적 사고의 틀은 제4차 산업혁명과 지능정보사회, 즉 인공지능 시대에 이르러 근본적인 전환을 맞이하고 있다. 인간과 인공지능이 공존하는 이 새로운 환경에서는 도덕, 윤리, 법과 제도 전반에 걸쳐 혼란과 변화가 나타나며, 이에 따라 가치 판단의 기준 또한 새롭게 정립될 필요가 있다.

(3) 인공지능과 정의가 던지는 질문

AI와 인간의 조화를 위한 새로운 윤리와 제도 형성이 요구되며, 이는 정의의 기준을 재확립하고 법 제도에까지 영향을 미치게 될 것이다.

'인공지능과 정의'라는 주제는 지능정보사회에 진입한 오늘날, 인간과 AI의 공존 윤리, 인권의 경계, 목적 지향적 도덕의 기준, 그리고 정의와 법 제도의 재구성을 둘러싼 다양한 질문을 제기하고 있다. 인간의 삶

전반에 깊숙이 자리잡은 인공지능은 도덕과 윤리, 법적 기준에 새로운 변화의 흐름을 만들어 내고 있으며, 이에 따라 '합목적적 정의'란 무엇인지에 대한 고민이 새로운 시대적 과제로 부상하고 있다.

특히, 급변하는 인공지능 시대와 다가오는 초지능 시대를 맞이하여, 인간과 인공지능의 공존을 위한 정의의 개념은 더욱 중요해지고 있다. 이러한 변화에 능동적으로 대응하기 위해서는 인공지능 시대의 정의를 철학적, 사회학적 관점에서 고찰하고, 현대 시민으로서의 인문사회적 소양을 함께 함양하는 노력이 필요하다.

2 인공지능과 인간의 관계와 사회질서 재구성

인공지능 시대, 사회의 정의란 무엇인가?

인공지능의 발전과 활용은 우리의 삶을 더 편리하게 만드는 동시에, 스스로 발전하는 생성형 인공지능의 등장으로 인한 지배 가능성과 AI 킬러 로봇의 등장 같은 위험성도 함께 초래하고 있다. 인공지능으로 인한 편의성과 위험이 공존하는 이 시대는 인간과 인공지능의 공존을 전제로 수많은 정책과 법제도의 변화를 수반하며, 그로 인해 제도적 혼란과 충돌이 발생할 수밖에 없다.

따라서 현대사회의 구성원으로서 사회적 · 경제적 삶을 영위하고 활동하기 위해서는, 인공지능과 인간의 공존을 위한 새로운 사회질서와 정의의 기준을 재정립하고, 이에 따라 형성될 사회윤리와 법제도에 대한 지식을 습득할 필요가 있다.

'인공지능과 정의'의 문제는 사회질서와 법제도의 재편이라는 측면에서 합목적적 정의 개념의 재정립을 요구한다. 이는 곧 인공지능 시대에 "정의란 무엇인가"라는 본질적인 물음으로 이어진다.

'인공지능 시대의 인간과 인공지능의 공존윤리', '인공지능과 인권', '합목적적 도덕', '정의론에 기반한 법제도', '공존을 위한 새로운 사회 질서와 제도'와 같은 담론은 인공지능 사회를 살아가는 우리에게 중요한 변화의 화두를 제시하고 있다.

이른바 '제4차 산업혁명 시대' 또는 '지능정보화사회'로 명명되는 인공지능 시대의 전개는 인간 삶의 모든 영역에 인공지능이 깊숙이 관여하게 만들고 있다. 이에 따라 도덕, 윤리, 법제도의 구조에도 변화가 일어나고 있으며, 기존의 사회질서와 충돌하는 새로운 정의 개념의 형성이 요구되고 있다.

인공지능 시대는 삶의 방식과 사회제도 전반에 변화를 일으키며, 이 시대를 살아가는 인간의 의식 변화 역시 요구하고 있다. 인공지능이 다양한 영역에 걸쳐 영향을 미치면서, 인간과 인공지능의 공존을 위한 새로운 사회공동체 질서를 세우기 위한 정의 개념의 재정의가 필요하다.

또한, 정보통신기술(ICT), 사물인터넷(IoT), 빅데이터(Big Data), 인공지능의 융합은 기존의 법적 정의 기준과 규제 방식에도 변화를 불러오고 있다. AI 로봇, 자율주행차, 드론 등은 단일 분야의 전문성을 넘어서 다양한 정보기술에 대한 이해와 습득 능력이 더욱 중요해지는 시대를 열고 있다. 이에 따라 정보 습득 능력이 높은 이들이 더 많은 정보를 보유하고 사회를 주도하는 '정보 엘리트'로 부상할 가능성도 커지고 있다. 이로 인해 정보격차는 사회적 영향력과 명예, 지위, 빈부격차를 심화시키고, 나아가 사회적 갈등의 요인이 될 수 있다.

결국 이러한 변화는 새로운 사회질서를 요구하며, 법 규범과 법 제도의 패러다임 역시 변화하고 있다. 사회질서 재편과 함께 등장하는 새로운 정의 개념을 이해하고 받아들일 때, 인간 개개인은 인공지능 사회의 일원으로서 원활한 사회생활과 적극적인 활동을 이어갈 수 있을 것이다.

인공지능 사회의 일원으로서 새로운 법규범과 정의 개념에 대한 이해와 학습은 우리 사회가 초지능(Super AI)을 선도하는 국가로 나아가고, 인공지능 소프트웨어 강국으로 발전할 수 있는 기반이 될 것이다.

인공지능 시대는 새로운 윤리와 법제도의 준수를 요구하고 있으며, 사회 각 영역에 침투한 인공지능으로 인한 사회제도의 변화는 구성원들 간의 갈등과 충돌을 해소하기 위한 새로운 정의 개념과 기준의 재확립 필요성을 보여주고 있다. 이러한 변화 속에서 인간과 인공지능이 공존하는 사회를 구성하기 위해서는, 합목적적 정의와 이에 부합하는 법제도에 대한 이해가 현대 사회인에게 필수적이다.

인공지능과 인간의 상호공존이라는 목표 아래, 새로운 윤리와 법제도의 보편적 기준을 정립하려는 인간의 노력은 끊임없이 이어지고 있다. 급변하는 인공지능 시대에 도덕, 윤리, 법제도를 새롭게 정립하려는 논의는, 향후 도래할 초인공지능(Super AI) 시대까지도 이어질 중요한 시대적 담론으로 자리 잡고 있다. 이러한 흐름은 새로운 합리적 정의 개념과 기준의 설정, 그리고 그 법제도화로 이어지고 있다.

결국 인공지능 시대의 정의 개념 재확립은 현대 시민이 공동체 사회 속에서 원활하게 소통하고 책임 있는 역할을 수행할 수 있도록 돕고, 인공지능과 인간이 상호공존하는 사회를 실현하는 데 핵심적인 토대가 될 것이다.

3 인공지능의 권리와 법적 책임

(1) 인공지능 시대로의 변화

인공지능은 수많은 데이터의 조합과 알고리즘, 프로그램의 융합을 통해 인간의 지적 능력과 유사하거나 더 뛰어난 능력을 발휘하고 있다. 인공지능의 사용은 우리의 생활과 업무 전반에 획기적인 변화를 가져오고 있으며, 그 활용 여부는 특정 사회 집단이나 국가의 경쟁력을 결정짓는 중요한 요소로 부상하고 있다.

인공지능은 로봇, 자율 주행 자동차, 드론 등 우리가 일상에서 접하는 기술뿐 아니라 다양한 전문 분야에서도 폭넓게 활용되고 있다. 인공지능의 활용은 삶의 질을 향상시키고 산업의 비약적인 발전을 가능하게 하지만, 스스로 판단하고 진화하는 생성형 인공지능은 인간사회에 위험을 초래할 수 있는 잠재적인 요인이 되기도 한다.

인공지능 기술은 로봇, 자율 주행 자동차, 드론, 소프트웨어 시스템 등과 결합해 진화하는 혁신적 디지털 기술의 구현을 가능하게 한다. 인공지능은 단순한 지식 전달 단계에서 학습과 추론이 가능한 수준으로 발전했으며, 나아가 스스로 문제와 오류를 진단하고 해결책을 제시하거나, 자율적으로 판단하고 행동하여 새로운 대안을 도출하는 단계로 활용되고 있다.[1]

일상생활에서 접하는 대표적인 인공지능 기술로는 스마트폰의 내비게이션이 있다. 인공지능 내비게이션은 실시간 도로 상황을 분석해 도착 예측 시간, 최적의 경로, 사용자의 선호도 등을 고려해 안내함으로써

1 채은선 · 이나리 · 박선주, 인공지능 관련 법 · 정책에 대한 연구, 한국통신학회, 한국통신학회 학술대회논문집, 2018.

쾌적한 운전을 가능하게 한다. 이외에도 인공지능은 스마트폰, 스피커, TV, 세탁기, 냉장고 등 다양한 생활 가전에 접목되어 있으며, 인공지능 서비스 로봇이 서빙을 맡는 커피숍, 업무를 지원하는 비서 로봇, 안내 로봇, 요양보호 로봇 등도 실제로 다양한 영역에서 활용되고 있다. 이러한 변화는 스마트 홈, 스마트 시티, 스마트 국가 구축으로 이어지고 있다.

(2) 인공지능에 대한 권리능력 부여의 문제

인공지능 로봇, 자율주행자동차, 드론, 치명적 자율 무기 등 인공지능 기술의 등장은 실생활과 업무 영역에서 인공지능이 광범위하게 활용되는 시대를 열었다. 이러한 상황에서 인공지능의 자율적인 판단에 따른 행위로 사고나 오류가 발생했을 때, 그 법적 책임을 누구에게 물을 것인가 하는 문제가 제기되고 있다. 타인에게 손해를 가하거나 물질적 피해를 유발한 경우, 그 책임을 인간에게만 돌릴 수 있는지, 혹은 인공지능 자체에도 책임을 부여할 수 있을지를 두고 논의가 이루어지고 있다.

이 문제는 인공지능에 법적 권리능력을 부여할 수 있는지 여부로 이어진다. 현행 법체계에서는 권리능력이 인정되어야만 법적 책임을 질 수 있다. 자연인은 당연히 권리와 의무의 주체로서 법적 책임을 지며, 사회 발전에 따라 등장한 단체나 기업도 법인격을 통해 법적 책임의 주체가 되었다.

법인이란, 자연인과 같이 권리와 의무의 주체가 되도록 법이 인정한 단체 또는 기관을 말한다. 구성원의 집합체인 사단법인과, 일정 목적 아래 재산을 형성해 운영되는 재단법인이 있다. 사단법인은 다시 비영리와 영리법인으로 나뉘며, 협회나 학회는 민법에 따라 규율되는 비영리 사단법인이고, 회사는 상법에 따라 규율되는 영리 사단법인이다. 재단법인은 과학기술재단, 장학재단처럼 일정한 목적 아래 자산을 운영하는 기관을 말한다.

자연인과 법인 모두 법률상 권리와 의무를 부담하는 주체가 되며, 사고 발생 시 법적 책임도 함께 진다. 하지만 인공지능은 자연인도 아니고 법인도 아니다. 그렇다면 인공지능이 과연 권리의무의 주체가 될 수 있는지, 법적 책임의 주체가 될 수 있는지에 대한 문제가 제기된다.

우리나라에서는 현재까지 이에 대한 명확한 법제화가 이루어지지 않았으며, 법적 논의가 진행 중이다. 반면, 유럽연합(EU)과 미국 등은 인공지능에게 권리와 의무의 일부를 인정할 수 있도록 제도 발전을 모색하고 있다.

법률은 법적으로 의미 있는 행위에 대해 책임을 부과한다. 이는 법적 권리의 주체성이 인정되어야만 가능하다. 인공지능처럼 인간이 만든 인위적 존재에게도 법적 인격, 즉 법인격을 부여할 수 있을지에 대한 제도적 해결이 필요하다. 과거 단체나 기업에 사회적 필요에 따라 법인격을 부여한 것처럼, 인공지능에도 사회적 편의 차원에서 법인격을 부여할 수 있을지에 대한 논의가 이루어지고 있다.

법인격이 부여된다면 인공지능 역시 권리와 의무의 주체가 되고, 법적 책임과 위험성 부담의 주체가 될 수 있다. 인간이 법적 주체가 될 수 있었던 것은 자유의지, 즉 합리적 이성을 바탕으로 한 자율적 판단 능력 때문이었다. 향후 인공지능의 발전에 따라 인공지능이 자율적으로 판단하고 자유의지를 보유하는 수준에 이른다면, 법적으로도 권리와 의무의 주체로 인정받을 수 있을 것이다.

(3) 인공지능에 대한 권리주체성의 인정

인공지능이 본격적으로 상용화되고 있는 현재, 법인격 개념을 확장하여 인공지능에 권리와 의무의 주체성을 부여하지 않는다면, 인공지능으로 인한 사고나 사회적 위험에 대해 누가 책임을 질 것인지에 대한 문제가 발생하게 된다. 자유의지와 자율적 판단이 가능한 인공지능에 권리주체성을 부여하지 않을 경우, 그 행위로 인한 법적 책임 문제가 커다란 사회적 혼란으로 이어질 수 있다.

그러나 인공지능의 자율성은 궁극적으로 내부 알고리즘에 의해 설계된 '내장 자율성(built-in autonomy)'일 뿐이며, 완전한 자율성을 보유했다고 보기 어렵다는 견해도 존재한다.[2] 즉, 인공지능에 권리능력을 부여하는 문제는 특정 상황에서 문제 해결의 과제가 주어졌을 뿐, 그 문제를 해결해야 할 동기나 욕구가 존재하지 않기 때문에, 이를 자유의지에 따른 행위로 보기는 어렵다는 주장이다. 이러한 견해에 따르면, 인공지능에 자연인이나 법인과 같은 권리주체성을 인정할 수 없다는 결론에 이르게 된다.[3]

현행법상 인공지능은 무형의 프로그램으로, 지식재산권의 대상이 되며, 인공지능이 탑재된 로봇은 물건으로 간주되어 소유자에게 권리가 귀속된다. 따라서 현재 인공지능은 권리의 '주체'가 아닌 '객체'로 이해된다.

문제는 인공지능의 자율적 행위로 사고나 손해가 발생한 경우에도 누군가는 법적 책임을 져야 한다는 점이다. 만약 인공지능의 판단에 인

2 오병철, 인공지능 로봇에 의한 손해의 불법행위책임, 지능정보사회 법제도 정립방향 심층분과 보고서, 한국정보화진흥원, 2018.

3 이경규, 인(人) 이외의 존재에 대한 법인격 인정과 인공지능의 법적 지위에 관한 소고, 법학연구 제21권 제1호, 인하대학교 법학연구소, 2018.

간이 개입하지 않았음에도 소유자나 이용자에게 책임을 묻게 된다면, 자신의 행위가 아닌 제3자의 행위에 대해 책임을 지게 되는 불합리한 결과가 발생할 수 있다. 이는 새로운 법이론과 법제도의 정립이 필요한 이유이기도 하다.

인공지능 또는 이를 장착한 로봇의 판단으로 인해 타인에게 손해가 발생했을 때, 제조자나 소유자가 책임지기 어려운 경우가 많다. 따라서 피해가 발생한 경우 법적 책임의 귀속 주체를 명확히 할 필요성이 커지고 있다.[4]

우리 민법은 권리능력을 자연인과 법인에만 인정하고 있다. 자연인은 자유의지를 가진 존재로서 자율적 판단 능력을 전제로 선천적으로 권리능력을 갖고 있으며, 법인은 사회적 편의를 위한 법정 개념으로 인정되어 왔다.

이러한 점에서 볼 때, 새롭게 등장한 인공지능 또는 인공지능이 탑재된 로봇에 대해서도 입법 정책적으로 제한적인 수준의 권리주체성 인정이 필요하다는 주장이 제기된다. 자연인과 동일한 권리주체성은 아니더라도, 법인(法人)과 유사한 제한적 법인격을 부여함으로써 인공지능의 행위로 인한 책임 귀속과 위험 분담의 문제를 해결할 수 있을 것이다.

현재 유럽연합과 미국에서는 법인에 부여하는 법적 권리능력과 유사하게, 인공지능에도 법적 권리능력을 부여할 수 있는 '전자인(電子人)' 제도를 도입하거나 논의 중이다. 이는 인공지능이 사회의 주요 행위 주체로 자리잡는 현실에 대응하기 위한 새로운 법적 실험이다.

4 정진명, 인공지능에 대한 민사책임 법리, 재산법연구 제34권 제4호, 한국재산법학회, 2018. 장민선, 인공지능(AI) 시대의 법적 쟁점에 관한 연구, 한국법제연구원, 연구보고서, 2018.

4 인공지능과 정의의 재구성

– 인공지능은 인간에 의해 통제되는 단순한 기계가 아니다 –

(1) 인공지능 정의 개념의 기본 의미

정의란 인간이 사회공동체에서 추구하는 진리에 맞는 올바른 도리로서 바르고 곧은 이치라고 할 수 있다. 따라서 정의 개념은 인간이 사회공동체 내에서 생활을 영위하고 활동함에 있어서 당연히 준수하고 따라야 할 보편타당한 도리 및 규범의 총체를 말한다. 정의는 도덕, 윤리, 법제도 측면에서 올바른 도리로서의 공정의 의미로까지 확장된다.

(2) 배분적 정의와 교환적 정의

아리스토텔레스는 "정의란 각자의 소유를 인정하고, 법이 정하는 바대로 행위를 하는 것이 미덕이며, 타인의 재물을 절취하거나 법을 위반하는 행위는 부정의로 구분하며 배분적 정의와 교환적 정의로 구분하였다.

배분적 정의는 권리의 향유, 납세의 부담 등과 같이 공적 사회생활을 규제하는 질서의 근본이념으로서 난제와 그 구성원 또는 국가와 국민 상호 간 권리의무의 부담을 통하여 사회의 공존이 가능하도록 비례적으로 조화시키는 이념이다. 이에 대비하여 교환적 정의는 사고에 있어서의 손해배상 또는 물건거래와 같은 유상계약에 있어서의 급부와 반대급부의 부담 관계와 같이 사생활 전반을 규제하는 사회질서의 근본이념으로서, 개인 대 개인 사이의 동등한 대가적 교환을 내용으로 하는 정의 개념이다.[5]

인간공동체에서 사회구성원으로서 인간의 사회생활의 영위와 활동을 위해서는 개인 상호 간 이해관계에 따른 사회적 갈등과 충돌의 방지와 안정적인 삶의 유지를 위한 도덕, 윤리, 법제도가 필요하다.

AI의 등장은 인간사회에서 윤리와 법질서의 기본이 되는 정의 개념의 새로운 변화를 요구하고 있다. AI 로봇이 자유의지를 가지고 자율적 판단에 기초해서 우리 인간의 행위를 대리하거나 AI 스스로 행위를 해나간다면 어떠한 윤리적 · 법제도적 기준에 의해서 AI의 행위를 제어 및 규제를 할 것인가의 문제가 제기된다. 이러한 AI의 행위에 대한 제어 및 규제의 수단은 새로운 윤리적 · 법적 질서의 정립이라고 볼 수 있다.

(3) 사례에서 드러난 윤리 쟁점

영화 「그녀(Her, 스파이크 존즈, 2013)」에 등장하는 AI 사만다는 3천 명이 넘는 사용자와 사랑을 나누면서 각 개인에게는 일대일로 대화하는 것처럼 행위를 한다. 가상의 존재로서 AI 프로그램인 사만다는 목소리만 있는 무형의 존재이지만 인간의 사랑의 대상이 된다. 또한 영화 「엑스 마키나(Ex Machina, 알렉스 가랜드, 2015)」에 등장하는 에이바는 인간만이 가진 속임수와 기만의 수단을 활용하여 자기 목적을 달성하기 위해 거짓말을 한다. 인공지능인 에이바는 이러한 속임수와 기만에 의해 자신의 목표한 바를 달성한다.[6]

영화 속에서 발생하는 사건들이지만 AI 사만다의 사랑의 대상인 대필작가 테오도르가 사랑의 실패로 심리적 피해를 입는다면 누구에게 그

5 이병태, 네이버 지식백과, 법률용어사전, 2016.
6 한상기, "왜 지금 인공지능 윤리를 논의해야 하는가?", 슬로우뉴스, 2016. (https://slownews.kr/54060)

보상을 요구할 수 있는가의 문제가 발생한다. 인간사회에서는 부부생활에서 문제가 생길 경우 혼인 관계를 파탄에 이르게 한 원인 제공자가 법적 책임을 지거나 위자료를 제공하게 된다.

또한 인공지능 에이바의 기만과 거짓말에 의해 피해를 입게 되는 사람이 있다면 이 사람은 누구에게 손해배상을 요구해야 하는지의 문제가 발생한다. 이때 인공지능에 법적 권리능력이 없다면 법적 책임을 부여할 수 없는 문제가 발생하게 된다.

2015년 7월 미국 뉴욕에 사는 한 프로그래머가 자신의 흑인 여자친구를 고릴라로 인식한 구글 포토 서비스의 오류를 비난한 사건이 큰 주목을 받은 사례가 있다. 구글은 즉시 이 사건에 대해서 사과하고 결함을 수정했지만, AI의 사소한 실수가 큰 사회문제가 될 수 있음을 여실히 보여주었다. AI 소프트웨어 개발자의 입장에서는 아주 사소한 오류라고 생각할 수 있는 문제도 때로는 인종차별이라는 사회적 문제로 이어질 수 있는 것이다.[7]

인공지능 시대는 이러한 문제 해결의 수단이 되는 윤리적 · 법적 정의 개념의 새로운 확립과 AI와 인간의 법적 관계의 설정을 어떠한 체계로 구성할 것인가의 문제가 매우 중요하다.

(4) 합리적 알고리즘과 숙의적 추론시스템

인공지능의 윤리적 · 법적 책임 문제의 기반이 되는 정의의 기준은 AI 사고시스템에 대한 '합리적 알고리즘'의 기준과 인간과 같은 '숙의적 추론시스템'의 구축이 기본이 될 수 있다.

---

7 한상기, 앞의 글, 2016.

윤리적 · 법적 책임과 관련한 '합리적 알고리즘' 기준은 사회생활의 다양한 상황이나 인간관계에서 발생하는 윤리적 판단기준이 되는 데이터의 축적과 제공으로 구성하는 것이 중요하다. '숙의적 추론시스템'은 인공지능의 윤리 기능 활성화를 위한 인간사회에서 발생하는 다양한 윤리적 문제의 빅데이터 축적과 사회생활 관계 속에서 발생하는 사회적 갈등과 충돌을 해결할 수 있는 다양한 변수의 조합으로 형성된 대안이 반영된 알고리즘의 제공을 통하여 '숙의적 추론시스템'의 구축이 가능할 것이다.

인공지능이 보편적 정의 기준에 의해 도덕적 · 윤리적 판단을 내리고, 인공지능의 행위가 사회의 윤리적 · 법적 질서 속에서 합리적으로 행해질 수 있으려면 인공지능에 대해 '합리적 알고리즘'의 제공과 '숙의적 추론시스템'의 구축은 필수적이다.

AI의 자율적 판단을 가능하게 하는 자료는 주어진 데이터와 알고리즘이며, 마지막 판단의 부분에서 알고리즘에 기초하여 판단을 내리게 될 것이다.

이념이나 성향이 어느 한쪽에 치우쳐진 데이터와 알고리즘에 기초하여 학습을 수행하고 판단을 하게 되는 인공지능은 사회에 엄청난 손실과 위험성을 가져올 수 있다. 어느 한쪽으로 편향된 데이터와 알고리즘에 의해 학습이 수행된 인공지능 판사, 인공지능 변호사, 인공지능 의사의 판단은 아무리 잘 만들어진 데이터와 알고리즘을 사용한다고 할지라도 편향되거나 잘못된 판단을 내릴 수밖에 없다.

인공지능이 사회의 보편성에 근거한 정의로운 윤리적 판단을 내릴 수 있게 하려면, 인공지능 시대로 변화된 사회의 현실을 반영한 합리적 · 합목적적 정의 기준의 재설정과 실제 현실의 인간사회에서 벌어지는 다양한 윤리적 판단의 상황과 같은 복잡하고 다양한 환경을 만들어 인공지능의 학습이 가능하게 해야 한다.

5 인공지능과 법적 책임

인공지능 자율주행차량이 정속주행을 하는 경우에도 잘못된 판단을 내리게 되면 차와 사람에게 심각한 영향을 발생시킬 수 있다. 인공지능의 사회적 활동은 다양한 분야에서 윤리적 문제와 법적 책임의 문제를 야기할 수 있다.

자율주행자동차의 교통사고 시에 법적 책임은 누구에게 있는가의 문제 해결을 위해서는 우리 현행 법 체계상 큰 혼란이 있을 수 있다. 이는 우리나라뿐만 아니라 아직 자율주행자동차와 관련한 법체계가 정비되지 않은 다양한 나라에서도 마찬가지라고 할 수 있다.

2016년 2월 14일 구글의 자율주행자동차가 미국 캘리포니아에서 처음 사고가 났을 때 충돌 당시 피해를 입은 버스의 주행 속도는 약 시속 24km, 구글의 자율주행자동차는 시속 30km로 달리고 있었으며, 단순한 접촉 사고로 그쳐서 큰 사회적 문제가 되지는 않았다. 2016년 2월 사고 전까지 구글이 매달 자율주행자동차와 관련한 교통사고를 모아서 보고하여 데이터를 축적해 왔는데, 그동안 10건의 사고가 있었지만, 자율주행차가 사고의 원인이 된 것은 당시가 처음이었다. 구글의 자율주행자동차와 버스가 충돌한 사고경위서를 따르면, 충돌하기 약 3초 전 자율주행자동차 시스템과 차량에 타고 있던 구글 직원 모두 왼쪽에서 버스가 접근하고 있었다는 것을 알고 있었다고 한다. 인공지능 시스템과 자율주행자동차 운행에 관계된 탑승자 모두 버스가 속도를 줄일 것으로 예상한 것이 사고의 원인이었다. 구글은 사고 이후 "자율주행자동차를 운행하지 않았을 경우 사고가 일어나지 않았을 것이기 때문에 이 경우 구글에게 일부 책임이 있다"라며 사고의 책임을 인정했다.[8]

구글의 자율주행자동차의 사고와 같은 단순 접촉 사고의 경우 큰 사회적 문제가 되지 않을 수 있지만, 이 사고 이후 자율주행자동차의 사고 시 법적 문제에 관한 논의가 본격화되었다.

자율주행자동차의 사고에 의해 발생할 수 있는 법적 책임의 문제는 운전자 과실과 제조자 과실, 인공지능의 과실을 들 수 있다. 제3자의 차량에 의한 자율주행자동차 사고도 예상되지만, 운전자 과실 또는 제

표 2.1 인공지능 자율주행자동차의 발전단계

단계	기능 및 수준
0단계	• 비자동화 • 운전자 조작으로 주행 수행
1단계	• 낮은 단계의 자율주행 • 운전자 지원 감시 및 제어 • 크루즈 컨트롤, 긴급 제동, 차선 강제 유지작동
2단계	• 낮은 단계의 자율주행 • 2개 기능 이상의 부분 자동화, 복수의 주행기능 융합보조 • 스마트 크루즈 컨트롤, 차선 유지 기능
3단계	• 높은 단계의 자율주행 • 인공지능 자율주행시스템이 운행의 감시 및 제어 • 자율주행 모드와 운전자 감시 및 제어 상호전환 기능 • 위험 발생 시 운전자 개입 필요
4단계	• 완전한 자율주행 • 인공지능 시스템이 전 주행 과정 수행 • 위험 발생 시에도 인공지능 자율주행시스템이 운행의 감시 및 제어

8 구글 자율주행차, 첫 사고 기록..."책임 인정", 2021.
(https://www.bloter.net/news/articleView.html?idxno=22736)

조자 과실에 대한 책임 논의와 같이 유사한 방식으로 처리될 수 있다. 운전자 과실에서 보면, 기본적으로 운전자는 「도로교통법」상 주의의무를 지게 된다. 현재 자율주행자동차에서의 운전자는 자연인인지 인공지능 차량 자체인지 혼란이 존재한다. 앞으로는 자율주행자동차 운행의 형태는 인간이 운전에 완전히 관여하지 않는 모습으로 나타날 것이다.[9]

자율주행자동차의 사고 시 AI 자율주행시스템은 자율주행자동차 탑승자의 보호와 도로보행자의 보호 중 어느 쪽을 우선할 것인지의 문제도 사회적으로 해결이 어려운 난제이다.

자율주행자동차로 발생한 일반적 사고손해에 대해 자동차 제조자와 소프트웨어 개발자 등은 연대책임을 질 수 있으며, 손해배상의 경우에 있어서 누가 더 책임을 질 것인가의 부분에서 구상권 행사를 위해 쌍방은 사고의 원인제공에서 어느 부분에 더 책임이 있었는지 책임소재를 다투게 될 것이다. 따라서 자율주행시스템인 소프트웨어에 대한 제조물 책임의 법제도 정비가 필요하다. 또한 자율주행자동차에서 사람이 개입될 여지가 있는 부분에 대해서는 사람의 판단에 따른 역할 부분에 책임을 부과할 수밖에 없다. 사람이 운행의 감시 및 제어에서 어떠한 역할을 했다면 운행의 감시 및 제어에 근거하여 관리자책임을 지게 된다. 이는 자율주행자동차에 탑승한 운전에 관여한 운행자에게 책임을 물을 수 있는 이유이다.[10]

일반적으로 자율주행자동차의 운전 또는 조작에 있어서 사람이 개입하여 운행의 감시 및 제어를 수행한 경우에는 탑승한 운행자에게 책임

9 김윤명, "인공지능(로봇)의 법적 쟁점에 대한 시론적 고찰", 한국정보법학회, 정보법학, 제20권 제1호, 2016.

10 지능형 자율주행차의 법률 문제, IT DAILY, 2016. (http://www.itdaily.kr/news/articleView.html?idxno=78935)

을 부과할 수 있으며, 자율주행자동차의 인공지능 자율주행시스템인 소프트웨어 부분의 오작동으로 인한 교통사고에 있어서는 소프트웨어 개발자가 책임을 져야 할 것이다. 그러나 인공지능의 자율적 판단으로 인한 사고의 경우 책임을 물을 수 없으므로 새로운 책임 귀속 체계를 포함한 제도의 구성이 필요하다.

(1) 인공지능의 형사적 책임

인공지능 로봇이 자유의지를 가지고 자율적 판단으로 범죄행위를 하였을 때 형법상 범죄의 성립이 가능할 것인지, 또는 어떠한 형벌 부과가 가능한 것인지에 관하여 이에 상응하는 법적 책임을 부과할 법제도적 근거가 마련되지 못한 관계로 법률적 해결 문제에 관한 논의가 여전히 진행 중이다.

인공지능을 물건으로 파악할 때는 형법상 범죄의 주체로서의 행위능력을 가진 인간과 같이 취급할 수 없으므로 형벌 부과의 대상이 될 수 없다. 인공지능의 잘못된 판단에 근거한 오작동으로 범죄를 발생시켰을 경우 형사법적 책임에 있어서 인공지능의 개발자, 소유자, 인공지능 자체 등 어느 주체에게 형벌을 부과할 것인지에 관하여 여전히 형법상 규정이 없어서 법적 책임의 부과에 혼란이 있으며, 인공지능에 대한 처벌 역시 불가능한 것이 현실이다.

인간의 범죄행위에 대하여 현행 형사법 체계는 독일의 형사책임 이론에 기초하여 '인간의 자유의사에 기초한 행위에 대하여서만 형사 책임을 물을 수 있으며, 형사 책임 없으면 형벌도 없다'라는 실체적 책임 개념의 원칙을 적용하고 있다. 따라서 형사법 체계에서의 형벌 책임은 기본적으로 자연인인 인간에만 인정되고, 범죄의 경중에 따라 권리능력이 인정되는 자연인과 법인의 대표자가 처벌되고 있는 것이다. 그러나 사회적 책임 개념과 기능적 책임 개념에 근거하여 자연인의 범위를 초월하여 자유의사에 따른 법적 책임을 인정할 수 있다면 유사 인격체인 인공지능 로봇의 자유의사도 정도의 차이는 있겠지만 형사 책임을 물을 수 있는 근거가 될 수 있고, 형법상 책임을 반드시 인간에게만 국한시켜야 한다는 법이론적 근거는 배제될 수 있다. 이러한 상황에서 인공지능 로봇의 범죄 주체성과 형사 책임과 관련하여 긍정적 견해와 부정적 견해가 첨예하게 대립하고 있다. 그 쟁점은 바로 AI 로봇 자체에 대한 직접적인 형사 책임의 인정 여부에 있다. 여기서 AI 로봇이 형법적 책임을 가지기 위해서는 적어도 법적으로 인간에 준하는 법적 지위를 부여받게 하거나, 인간개념의 범주를 확대한 법인의 범죄에[11] 대한 책임을 관리 · 감독자인 대표자 책임으로 인정하는 방안을 적용하여 인공지능의 범죄에 대하여도 법적 책임을 인정할 수 있을 것이다. 인공지능 범죄에 대하여 인간이 명령을 내린 경우는 관리 · 감독자의 책임을 부과할 수 있으며, 자유의지가 개입되지 않은 인공지능의 잘못된 판단에 의한 경우는 프로그램 개발자에게 책임을 부과할 수 있을 것이다. 또한 자유의지가 개입된 인공지능의 잘못된 판단에 의한 경우는 인공지능에 대한 직접 책임을 물을 수 있을 것이며, 인공지능의 경우 현실에서는 재산적 · 물리적으로 손해배상의 주체가 되기 힘들므로 인공지능을 소유하게 된 소유자가 보험에 가입하게 하는 방법 등으로 손해배상의 책임 부과가 가능할 것이다.

11 이인곤 · 강철하, 인공지능 로봇의 형사법이론 체계에 관한 일고, 한국법학회, 법학연구, 제18권 제3호, 2018.09.

(2) 인공지능의 민사적 책임

우리 민법상 손해배상에 적용되는 과실책임의 원칙과 예외적으로 인정되는 무과실책임의 원칙은 불법행위 책임에 있어서 인간의 자유의지에 의한 행위를 전제로 하고 있다. 따라서 우리 민법의 기본원칙상 인공지능 또는 인공지능을 탑재한 로봇에게 직접적으로 불법행위책임으로서 법적 책임을 적용할 수 있는 근거가 없다.

인공지능에 대한 민사책임 법리로는 과실책임에 기한 법적 책임과 무과실책임에 기한 법적 책임을 고려할 수 있으며, 과실책임은 일정한 사람에 대한 관리 · 감독상의 책임에 근거한 사용자 또는 관리자책임과 물건에 대한 공작물 점유자 및 동물 점유자의 책임을 들 수 있다.[12]

불법행위책임에서 책임 주체의 행위성은 손해배상책임과 반드시 논리적인 연계성을 가지고 있지 않다. 즉 위법행위가 행위자의 고의 또는 과실에 의하여 발생하지 않더라도 손해배상책임이 생기는 경우가 있다. 예컨대, 「민법」상 동물소유자 책임, 「제조물책임법」상 제조자의 제조물 책임, 「자동차손해배상보장법」상 자동차운행자의 책임은 직접적인 행위자가 아니더라도 관리감독자의 책임을 물을 수 있다. 따라서 인공지능의 자율적 판단에 의한 작동 결과를 특정한 사람에게 귀속시키는 것이 불가능한 경우에 인공지능의 학습 및 의사결정 능력을 고려하여 '위험책임 법리'의 적용이 가능하다.[13]

앞으로 인공지능의 발전단계에 따라 인공지능에 대하여 민법상 과실책임 및 무과실책임의 법리를 적용하여 사용자책임, 제조물책임, 위험책임 등 법적 책임의 부과가 가능할 것이다.

---

12 정진명, "인공지능에 대한 민사책임 법리", 한국재산법학회, 재산법연구, 제34권 제4호, 2016.06.
13 정진명, 앞의 논문, 150면.

6 인공지능 로봇 윤리 및 규제 가이드라인

인공지능 시대에는 인공지능과 관련한 새로운 로봇 윤리와 규제 패러다임의 형성이 필요하다. 인공지능과 로봇의 결합으로 탄생한 인공지능 로봇은 사회생활의 다양한 영역에서 역할과 기능을 수행하여 새로운 사회문제를 발생시키면서 권리 의무 및 법적 책임의 재편을 요구할 수 있다.

인공지능으로 인하여 발생하는 사고로 인한 손해의 문제 해결을 위해서 손해를 보상할 수 있는 다양한 보험제도나 피해보상 장치의 법제도화와 AI로 인한 위험의 제공에 상응하는 위험방지 의무 부담의 법리 구성이 필요하다.

인공지능에 대해서 '인공지능이 장착된 로봇'과 동일하게 또는 구별하여 취급할 것인가에 따라 법리의 차이가 존재할 것이며, 인공지능 규제와 관련하여 정부부처 간의 규제의 관할권 문제로 권한 소재에 관하여 부처 간 갈등도 발생할 수 있을 것이다.

인공지능의 활용이 인간사회의 질적 생활의 보장을 가져오는 반면, 인공지능의 자기학습 · 자기발전 가능성은 새로운 사회적 위험도 내포하고 있다. 인공지능의 위험책임에 관한 문제로서 인공지능의 운영에 따른 사고의 발생과 관련하여 법적 책임의 귀속과 손해배상 및 손실보상을 위한 보험제도 등 사회적 안전망의 구축이 필요하며, 인공지능이 결합된 제품과 인공지능 프로그램에 의한 계약에 따른 소비자 피해 보상 등 새로운 법제도의 완비가 필요하다.

(1) 인공지능 로봇 윤리

인공지능 로봇이 예측 가능한 범위 내에서 운영이 되는가 아니면 예측 범위를 넘어서 운영이 되는가에 따라서 윤리적 · 법적 적용 기준이 달라질 것이다.

인공지능 로봇 윤리(robot ethics)의 기준 수립을 위해서는 인공지능 로봇이 자유의지와 자유판단의 자율성을 가진다는 전제가 성립되어야 한다. 인간에 의해 프로그래밍된 상태에서의 인공지능 로봇의 행위는 결국 인간의 윤리에 수렴되기 때문이다. 따라서 자율적으로 인식하고 판단하는 능력이 전제되어야 인공지능 로봇 윤리가 성립될 수 있다.

인공지능 로봇의 현실에서의 활용 측면에서 인공지능 로봇은 국가안보를 수호하기 위한 방어적 무기의 경우만 허용하고 치명적 자율무기로 생산되어서는 안 될 것이다. 인공지능 로봇은 사회질서의 유지와 인간의 안전한 생활의 보장이 가능한 범위 내에서 생산되고 활용이 되어야 할 것이다. 인간의 생명침해라는 인간의 존엄성을 훼손하는 인공지능 로봇의 활용은 누구인지 '명확하게' 규정될 필요가 있다.

인공지능 로봇은 사생활 침해를 예방하고, 헌법상 보장된 프라이버시권의 보장이 가능하도록 현행 법규범에 부합하도록 설계되고 활용이 되어야 하며, 인공지능 로봇의 행위에 대해 법적 책임을 지는 법적 책임의 주체가 명확하게 명시되어야 한다.

인공지능 로봇 윤리의 기준은 인간과 인공지능 로봇은 인간 생명의 존엄성을 존중하고, 상호공존이 가능한 권리 의무에 기초한 공존 윤리의 설정으로 이어져야 한다.

(2) 인공지능 규제 가이드라인

인공지능 시대 및 지능정보화 시대의 안전과 지속적 발전을 위해서 다양한 사회적 안전장치와 규제 장치로서 새로운 법제도의 구성을 통한 규제 가이드라인의 수립이 필요하다.

우리나라에서는 「국가정보화기본법」과 「지능정보화사회기본법」, 「지능형 로봇 개발 및 보급 촉진법」 등의 제정을 통하여 큰 틀에서 인공지능 산업의 활성화와 규제를 위한 법제도를 구성하고 있다.

「지능형 로봇 개발 및 보급 촉진법」은 지능형 로봇의 개발과 보급을 촉진하고 그 기반을 조성하여 지능형 로봇산업의 지속적 발전을 위한 시책을 수립 · 추진함으로써 국민의 삶의 질 향상과 국가 경제에 이바지함을 입법목적으로 하고 있다. 나아가 「지능형 로봇 개발 및 보급 촉진법」은 로봇산업의 발전을 지원하기 위한 법으로서 일정한 한계가 있으므로 로봇산업 기반의 조성과 규제를 위하여 2017년 7월 「로봇기본법」이 발의된 바 있다.

또한 「전기통신기본법」, 「전기통신사업법」, 「정보통신망 이용촉진 및 정보보호 등에 관한 법률」, 「개인정보보호법」, 「위치정보의 보호 및 이용 등에 관한 법률」, 「통신비밀보호법」, 「특허법」, 「저작권법」 등이 인공지능 분야의 안전과 규제 가이드라인으로 적용될 수 있는 주요 법률로 운영이 되고 있다. 이러한 AI와 관련된 법률들은 인공지능 산업에서의 기술 개발 및 서비스 규제에 초점을 두고 있다.

인공지능 기술 및 관련 산업의 급성장과 함께 21~22대 국회에서는 인공지능 관련 정책추진 및 거버넌스 정립, 산업진흥 및 규제 특례, 데이터 · 개인정보보호 규제 완화 등과 관련된 다수의 법률안을 발의하였다. 특히, 「지능형 로봇 개발 및 보급 촉진법」이 자율주행자동차, 인공지능

무인 이동체 등과 관련된 분야의 지원 근거와 규제 특례를 담은 법률로서 운영되고 있으며, 인공지능 시대에 부합하는 개인정보보호 규제 완화를 위한 법률의 개정을 위한 논의가 진행되고 있다. 그러나 여전히 인공지능 기술 · 산업 전반의 정책추진 및 조성에 관한 법률의 제정과 관련하여 인공지능 기술의 활용 수준에 따라 새로운 권리를 부여하거나 의무를 부과하는 등 새로운 법제도의 구성에 대해서는 충분한 사회적 합의가 이루어지지 못하고 있다.[14]

현재 급속히 발전하고 있는 인공지능 기술과 인공지능의 잠재적 위험성에 대비하기 위해서는 인공지능 전반을 관할하고 통제가 가능한 「인공지능 기본법」의 제정이 필요하며 「인공지능 기본법」의 제정에 근거하여 인공지능 산업과 인공지능의 활용 범위에 대한 기준을 마련할 필요가 있다.

7 인공지능과 인간의 공존

인공지능 시대에는 우리 인간의 사회생활 양식과 사고의 양태에 엄청난 변화를 수반하여 도덕, 윤리, 법 등 정의 개념과 기준에도 상당한 변화를 초래할 것이다. 또한, 인문사회과학과 공학이 분리된 사회가 아니라 서로 융합된 지능정보사회로 변화될 것이므로 AI와 인간의 공존을 위한 정의 개념과 기준의 수립이 필요하다.

인공지능 시대에 사회인으로서의 역할은 치열한 경쟁 속에서의 생존을 의미한다. 개인에게 더 많은 인문사회과학 및 공학적 정보를 받아들

14 신용우, 「인공지능 관련 입법 현황 및 전망」, NARS 현안분석 제87호, 2019.12 1면.

이도록 하게 함으로써 다양한 전문지식을 축적하게 하고, 인문사회과학과 공학에 관한 '융합적 사고'를 요구할 것이다. 정부에서는 인공지능 분야를 시작으로 사물인터넷(IoT), 빅데이터, 스마트에너지, 한국형 나노디그리 등 첨단산업 분야에 집중투자를 하고 있으며, 국내 제4차 산업혁명 및 인공지능 관련 인력육성을 선도하고 국가적 경쟁력을 강화할 수 있는 정책을 과학기술정보통신부 역점 사업으로 추진하고 있다. 또한 교육부는 인공지능 인력양성의 일환으로 대학 및 대학원에서 다양한 인공지능, 빅데이터, S/W 중심 교육을 진행해 나가고 있다.[15]

인간과 인공지능의 공존을 위한 다양한 정책이 상당 부분 산업과 교육 전반에 확산이 되어 정부와 민간이 적극적인 협력을 추진해 나가고 있다.

(1) 인공지능과 법률관계

인공지능 시대를 살아가는 상황에서 우리는 예측할 수 없는 새로운 사회문화적 상황을 맞이할 수 있다.

은행이 대출 심사를 인공지능에 맡기는 경우, 인종이나 국적을 직접 차별하지 않더라도 거주지, 친구관계, 소비패턴 등 관련 데이터를 분석하여 인공지능이 의도하지 않게 인종차별적인 판단을 내릴 수도 있을 것이다. 기업은 업무의 위험을 최소화하고 이익을 극대화하기 위한 AI 기술을 다양한 분야에 활용할 것이며, 위의 은행 대출의 경우와 같이 AI의 비합리적 판단이 발생할 경우 은행 대출 서비스를 이용한 사람들은 자신이 차별을 받게 되어 불공평하며 비윤리적이라고 비난할 것이다.[16]

15 과학기술정보통신부 보도자료, 2020.01.

따라서 급속하게 발전하는 인공지능 시대는 우리의 생활이 현재보다 더 복잡한 경제생활 환경으로 변화될 것이며, 그에 수반된 새로운 법률관계가 지속적으로 발생할 것이므로 인공지능 시대 및 지능정보화사회의 사회현실을 반영한 새로운 법률의 출현으로 이어질 것이다.

(2) 인공지능과 인간의 공존을 위한 제도의 변화

인공지능 시대를 맞이하여 인공지능이 행정, 의료, 금융, 국방, 사회서비스, 개인비서, 교통수단 등 다양한 분야에서 적극적으로 활용되고 있다.

인공지능이 아직은 인간에게 도움을 주는 도구로서 사용되고 있지만, 머지않은 장래에는 인간의 일자리를 대체할 수 있으며 엄청난 데이터의 축적과 활용으로 인해 개인정보와 개인의 프라이버시를 침해하는 등 인간 생활의 안전을 위협하는 존재가 될 수 있다는 우려가 있다. 인공지능 기술이 국가의 경쟁력을 좌우하게 될 것이라는 관점에서 인공지능 관련 산업의 육성에 정부가 집중투자를 하고 있지만, 인공지능의 활용도 인간에게 이로운 방향으로 이루어져야 하므로 그에 대한 통제장치로서 인공지능 시대의 변화를 반영한 새로운 법제도의 확립이 필요하다.[17]

현재 인공지능의 발달단계에서는 인공지능이 제한적인 자율성을 가지는 단계에 머물러 있는 상태로서 법인격 부여는 아직 시기상조라는 견해도 있지만, 인공지능 기술이 혁신적으로 발전하고 있는 점과 인공지능 산업을 선도하고 있는 EU 및 미국과의 경쟁을 위해서도 인공지능에 대한 법인격 부여의 문제가 해결되어야 할 것이다. 또한 인공지능의

16 한상기, 앞의 글, 2016.05.

17 김민우, "지능정보사회에서의 인공지능의 현안과 입법 과제", 한국비교공법학회, 공법학연구, 제21권 제2호, 2020.05.16.

안전한 활용을 위해서 인공지능 기술 및 산업 분야에서의 윤리 헌장 및 윤리 지침의 체계화 및 수립이 필요하다. 나아가 인공지능이 접목된 제품과 관련하여 사고 발생 시 책임의 부과를 위해서 명확하게 인공지능 관련 법에 법적 책임을 규정할 필요가 있다.

인공지능 기술이 혁신적으로 발전하고 있는 현시점에 인공지능의 행위로 인한 사고에 대한 법적 책임의 부여를 위한 법리의 구성 및 법제도화가 빠르게 추진될 필요가 있다. 또한 AI가 자율학습에 기반한 자가발전이 가능한 단계로 진입하고 있는 시점에서 자가발전한 AI가 인간의 예측가능성과 통제를 완전히 벗어나게 될 때 그 사회적 위험성은 엄청나게 크게 나타날 수 있다. 정부에서는 AI 기술의 긍정적 · 부정적 영향에 대한 상시평가를 수행하여 AI와 인간의 공존을 위한 새로운 법제도의 형성을 통해 AI와 인간의 상호공존이 가능한 제도적 토대를 마련해 나가야 할 것이다.

참고문헌

- 김상현, 「인공지능, 무엇이 문제일까?」, 동아엠앤비, 2020.
- 연세대학교 상경대학. 경영대학, 「4차 산업혁명과 미래사회」, 연세대학교 대학출판문화원, 2020.
- 한국인공지능법학회, 「인공지능과 법」, 박영사, 2020.
- 한희원, 「정의로의 산책」, 삼영사, 2011.
- 한희원, 「인공지능(AI)법과 공존윤리」, 박영사, 2018.

- 김민우, "지능정보사회에서의 인공지능의 현안과 입법 과제", 한국비교공법학회, 공법학연구, 제21권 제2호, 2020.5.
- 김윤명, "인공지능(로봇)의 법적 쟁점에 대한 시론적 고찰", 한국정보법학회, 정보법학, 제20권 제1호, 2016.4.
- 신용우, 「인공지능 관련 입법 현황 및 전망」, NARS 현안분석 제87호, 2019.12.
- 오병철, 「인공지능 로봇에 의한 손해의 불법행위책임」, 지능정보사회 법제도 정립방향 심층분과 보고서, 한국정보화진흥원, 2018.
- 이경규, "인(人)이외의 존재에 대한 법인격 인정과 인공지능의 법적 지위에 관한 소고", 법학연구 제21권 제1호, 인하대학교 법학연구소, 2018.3.
- 장민선, "인공지능(AI) 시대의 법적 쟁점에 관한 연구", 한국법제연구원, 연구보고서, 2018.
- 정진명, "인공지능에 대한 민사책임 법리", 한국재산법학회, 재산법연구 제34권 제4호, 2018.2.
- 채은선 · 이나리 · 박선주, "인공지능 관련 법 · 정책에 대한 연구", 한국통신학회, 한국통신학회 학술대회논문집, 2018.6.
- 한상기, "왜 지금 인공지능 윤리를 논의해야 하는가?", 슬로우뉴스, 2016.5.(https://slownews.kr/54060)
- 이병태, 네이버 지식백과, 법률용어사전, 2016.

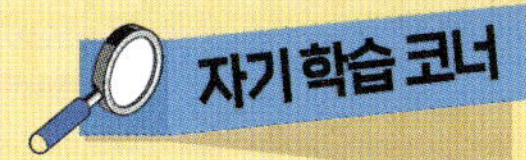

01 인공지능과 인간이 충돌 없이 상호공존이 가능한가?

02 인공지능에 인격 또는 법인격(법적 권리능력)을 부여할 수 있는가?

03 인공지능에 대한 법적 책임은 인공지능 프로그램 개발자, 인공지능 소유자, 인공지능 과연 누구에게 있는가?

04 인공지능이 인간 상호 간 정보격차와 정보의 활용 능력의 차이를 크게 함으로써 새로운 불평등사회를 만들 수 있는지 정리해 보자.

05 인공지능과 인간이 어떠한 방법으로 상호공존을 해야 하는지 정리해 보자.

3장

인공지능 시대의 그림책

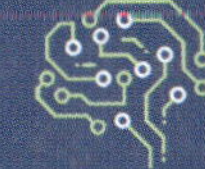
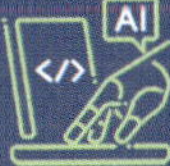

1 디지털 그림책의 탄생 과정

(1) 그림책의 기원

그림책의 기원은 인류의 초기 시기로까지 거슬러 올라갈 수 있다. 동굴 벽화는 그림책의 원형으로 볼 수 있는 중요한 자료이다. 대표적으로는 약 3만 년 전 구석기 시대 프랑스의 라스코(Lascaux)와 스페인의

그림 3.1 선사시대 프랑스의 라스코 동굴 벽화
자료: Wikimedia

그림 3.2 고대 이집트의 사자의 서
자료: Wikimedia

알타미라(Altamira) 동굴 벽화들이 있다. 주로 동물 사냥 장면이나 일상생활을 묘사한 동굴 벽화들은 원시적이지만 시각적 스토리텔링의 기초를 형성하였으며, 이후 그림책의 발전에 중요한 영향을 미쳤다.

고대 문명에서는 글과 그림을 결합한 형태의 서사 도구가 존재했다. 이집트의 파피루스 두루마리 역시 그림책의 기원으로 볼 수 있다. 예를 들어, 사자의 서(Book of the Dead)는 그림을 통해 사후세계를 문맹층에도 쉽게 전달할 수 있었다. 고대 그리스와 로마에서는 도자기와 벽화에 신화와 전설을 그림으로 표현했다. 이러한 그림책 형태는 주로 신화와 전설, 역사적 사건을 기록하는 데 사용되었으며, 교육적, 예술적 가치를 지니고 있었다.

(2) 중세의 그림책

인쇄술이 발달하기 이전 중세 유럽에는 수도사들이 손으로 작성한 필사본이 대부분이었다. 또한 문맹이 많았기 때문에 글과 그림을 결합하여 종교교육과 도덕적 교훈을 전달하였다. 이렇게 삽화가 포함된 성경은 어린이들이 성경 내용을 쉽게 이해할 수 있도록 도왔다(Cambridge University Library, 1990). 영국의 서사시 <베오울프>와 같은 문학 작품도 영웅 베오울프의 모험과 전투 장면을 삽화로 표현하여 아이들에게 용기와 정의의 가치를 가르쳤다. 후기 중세에는 장식 필사본과 개인 신앙서가 제작되어 귀족이나 부유한 가정에서 사용되었다. 중세 그림책의 제작 과정은 매우 고되고 정교하여 오랜 시간이 걸렸다. 필사본은 주로 양피지(papyrus)나 베룸(vellum)으로 만들어졌으며, 이러한 재료는 매우 고가였다. 글과 그림은 잉크와 템페라(tempera)로 그려졌으며, 종종 금박과 같은 장식이 포함되었다.

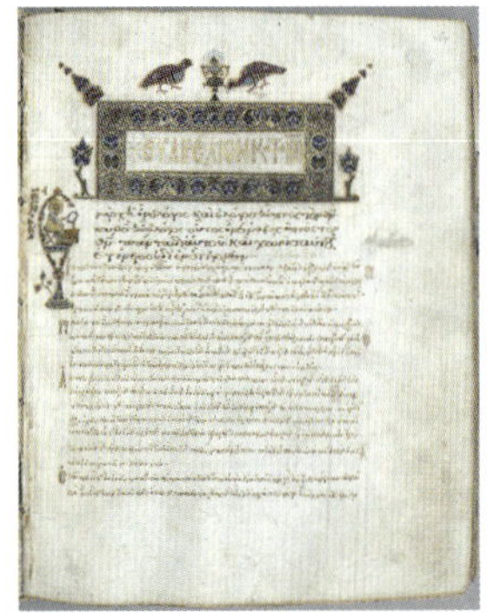

그림 3.3 중세의 필사본
자료: Wikimedia

(3) 근대의 그림책

15세기 중반 구텐베르크(Johannes Gutenberg)의 금속활자 발명은 그림책 보급에 혁신적인 변화를 가져왔다. 그의 인쇄술은 책의 대량 생산을 가능하게 하였고(Daly, 2016), 특히 그림이 포함된 책의 제작 비용을 낮추고, 더 많은 사람이 그림책을 소유할 수 있게 했다.

17세기 초반, 코메니우스(John Amos Comenius)는 <세계도해(Orbis Pictus)>를 출판하였다. 이 책은 최초의 삽화가 포함된 아동 교육용 책으로 일컬어지는데, 이는 삽화의 역할 때문이다. 책 속의 그림은 디자인이나 장식용 그림이 아니며, 그림이 전하는 메시지는 전체 흐름을 파악하게 하고 상대적인 비교를 통해 내용을 쉽게 이해하게 하였다.

존 로크(John Locke)는 쉽고, 즐겁고, 아이의 능력에 적합한 것을 이상적인 아동서적으로 보았다. 아동의 능력과 흥미에 가장 적합한 유형의 책을 밝힘으로써 근대 아동 문학의 토대를 구축한 그는 간결함과 삽화를 아동서적의 핵심 요소로 꼽았다. 이유는 아이들에게는 보여주는 것이 말하는 것보다 효과적이기 때문이다(Marcus, 2023).

이처럼 최초의 그림책은 교육적 목적을 기반으로 새로운 그림책 형태들로 확장되었다. 최초의 대중 서적이라 할 수 있는 챕북(Chapbook)이 17세기와 18세기 북미와 유럽에서 유행하였다. 챕북이라는 용어는 시골을 돌아다니는 잡상인인 챕맨(chapman)에서 나온 것으로 장터나 거리

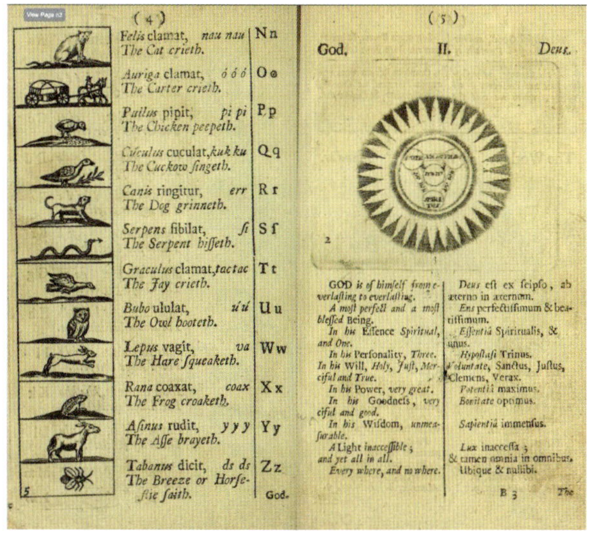
(4)

Felis clamat,	nau nau	Nn
The Cat crieth.		
Auriga clamat,	ó ó ó	Oo
The Carter crieth.		
Pullus pipit,	pi pi	Pp
The Chicken peepeth.		
Cuculus cuculat,	kuk ku	Qq
The Cuckow singeth.		
Canis ringitur,	err	Rr
The Dog grinneth.		
Serpens sibilat,	si	Sſ
The Serpent hisseth.		
Graculus clamat,	tac tac	Tt
The Jay crieth.		
Bubo ululat,	ú ú	Uu
The Owl hooteth.		
Lepus vagit,	va	Ww
The Hare squeaketh.		
Rana coaxat,	coax	Xx
The Frog croaketh.		
Asinus rudit,	y y y	Yy
The Asse brayeth.		
Tabanus dicit,	ds ds	Zz
The Breeze or Horse-flie saith.		

God.

(5)

God. II. Deus.

GOD is of himself from everlasting to everlasting.	Deus est ex seipso, ab aeterno in aeternum.
A most perfect and a most blessed Being.	Ens perfectissimum & beatissimum.
In his Essence Spiritual, and One.	Essentiâ Spiritualis, & unus.
In his Personality, Three.	Hypostasi Trinus.
In his Will, Holy, Just, Merciful and True.	Voluntate, Sanctus, Justus, Clemens, Verax.
In his Power, very great.	Potentiâ maximus.
In his Goodness, very ciful and good.	Bonitate optimus.
In his Wisdom, unmeasurable.	Sapientiâ immensus.
A Light inaccessible; and yet all in all.	Lux inaccessa; & tamen omnia in omnibus.
Every where, and no where.	Ubique & nullibi.

B 3 The

그림 3.4 근대의 세계도해

자료: COVE, editions.covecollective.org

그림 3.5 17세기 나무 표지로 만든 챕북

에서 판매되어 일반 대중이 접할 수 있는 저렴한 책이었다. 챕북은 주머니 크기의 얇은 책자로 종이와 잉크로 제작되었고, 표지는 종종 간단한 나무 판화나 삽화로 장식되었다. 주로 민속 이야기, 전설, 우화, 시, 노래, 종교적 교훈, 교육적 주제 등을 담고 있었고(Burke, 2008), 글을 못 읽는 아동들도 이해할 수 있도록 그림을 많이 담았다(김민하, 2015).

(4) 현대의 그림책

18~19세기에는 산업혁명과 함께 출판 기술이 발전하면서 그림책의 형태와 내용이 다양해졌다. 이 시기의 대표적인 작품은 존 뉴베리(John Newbery)의 <A Little Pretty Pocket-Book>로 아동들을 위한 최초의 상업적 그림책으로 평가되고 있다(Tucker, 2010). 19세기 말에는 컬러 인쇄 기술이 발전하면서 화려하고 생동감 있는 그림책이 출판될 수 있었다. 월터 크레인(Walter Crane), 케이트 그린어웨이(Kate Greenaway), 그리고 랜돌프 칼데콧(Randolph Caldecott) 등이 그림책을 새롭고 흥미로운 그래픽 영역으로 끌어올렸고, 이때부터 그림책은 예술 분야로 인식하게 되었다. 예를 들어 베아트릭스 포터(Beatrix Potter)의 <피터 래빗 이야기

그림 3.6 1901년 출판된 피터 래빗 이야기

그림 3.7 19세기 말 선물로 인기를 끌던 팝업북. 1887년에 출판된 독일의 풍자 예술가 로타르 메겐도르퍼(Lothar Meggendorfer)의 'Internationaler Zirkus(국제 서커스)'
자료: Marcus, 2023

(The Tale of Peter Rabbit)>는 유럽과 북미 전역으로 번역되어 공공 도서관의 주요 소장품이 되었다(Marcus, 2023).

19세기 후반 산업혁명으로 기계 인쇄 기술과 종이 제조 기술의 발전에 따라 대량 생산이 가능해지면서 아동도서 시장이 급성장했다. 이에 아동에게 흥미로운 학습 경험을 제공하고자 교육과 놀이를 결합한 토이북(Toy Book)이 대중화되었다. 토이북은 팝업북, 플랩북, 터치 앤 필북 등 다양한 형태로 아동이 직접 조작하고 즐길 수 있는 인터랙티브 요소가 많이 포함되었다. 토이북은 종이뿐만 두꺼운 카드보드, 천, 플라스틱 등 다양한 재질을 사용하여 내구성을 높였다(김민하, 2015).

1920년대 중반 미국의 상업 및 문화 사업이 전성기를 맞이할 무렵, 아동도서 주간(Children's Book Week) 캠페인이 일어났고, 아동문학가에게 수여되는 최초의 문학상인 존 뉴베리상(John Newbery Medal)이 생겨났다. 이어 1938년, 글을 대상으로 하는 존 뉴베리상과 달리 삽화를 대상으로 하는 '랜돌프 칼데콧상(Randolph Caldecott Medal)'이 제정되었다. 1970년대 이후 글로벌화에 따라 미국의 '모리스 센닥(Maurice-Sendak)'과 '에릭 칼(Eric Carle)', '영국의 존(John Burningham)', '헬렌

그림 3.8 존 뉴베리상(Newbery Medal)

옥센버리(Helen Oxenbury)', '네덜란드의 딕 브루나(Dick Bruna)' 등의 그림책이 번역되어 세계 각지로 퍼져 나갔다(Marcus, 2023).

(5) 디지털 시대의 그림책

이와 같이 아동이 생애 최초로 만나는 책이자 장난감으로서 많은 사랑을 받아온 그림책은 디지털 혁명으로 인해 전통적인 종이책 형태에서 벗어나 다양한 방식의 디지털 그림책으로 진화하게 되었다. 특히 2000년대 접어들면서 디지털 테크놀로지에 대한 대중의 이해도가 높아지고 스마트 디바이스의 시스템과 인터페이스의 조작과 활용이 체계화됨으로써 사용 연령의 범주가 저연령층까지 확대되기 시작했다. 인터넷은 삽화가들에게 그림을 그리는 데 사용할 수 있는 새로운 도구를 제공했을 뿐 아니라 자신의 작품을 전 세계 관객들에게 선보일 수 있게 했다. 디지털 아트를 어느 지역으로든 전자적으로 전송하기 쉬워지면서 국경을 넘나들고 멀리 떨어져 있는 협업자들이 만든 그림책의 수가 급격히 증가하고 있다. 디지털 그림책의 급격한 보급과 상용화는 전문 디지털

책 출판사와 아마추어 개발자뿐 아니라 소비자의 안목과 이해 수준이 동시에 향상되었기 때문에 가능한 결과였다(김민하, 2015; 김진곤, 2019; Marcus, 2023).

초창기 디지털 그림책은 주로 CD-ROM 형태로 만들어졌고, 기본적인 애니메이션과 사운드 효과가 포함되어 있었다. 이러한 책들은 컴퓨터에서 실행되었고, 사용자에게 새로운 형태의 독서 경험을 제공하였다. 인터넷의 등장은 불편한 CD-ROM 형태의 저장 매체 없이 웹 브라우저를 통해 구현되는 플래시나 쇼크웨이브 같은 멀티미디어 기술로 인하여 비용 절감과 표현 기술의 향상을 가져왔다(김진곤, 2019).

2000년대 초반 전자책 리더기의 등장과 함께 디지털 그림책은 또 다른 도약을 맞이했다. 전자책은 텍스트와 이미지를 포함한 디지털 파일로, 전자책 리더기나 태블릿에서 쉽게 읽을 수 있었다. 이러한 전자책은 휴대성이 뛰어나고, 대량의 책을 한 기기에 저장할 수 있다는 장점이 있었다.

2010년대에 들어서면서 스마트폰과 태블릿의 보급이 확산됨에 따라 그림책 앱이 등장하게 되었다. 그림책 앱은 전통적인 전자책에 비해 더 많은 인터랙티브 기능과 멀티미디어 요소를 포함하고 있어, 사용자가 그림과 이야기 속에 직접 상호작용할 수 있게 하였다. 이러한 앱은 주로 아동을 대상으로 하였으며, 다양한 교육적 요소와 게임을 포함하였다(Wardrip-Fruin & Montfort, 2003).

이상과 같은 변화는 세계 최대 규모 행사인 볼로냐 아동도서전에도 반영되었다. 1963년부터 매년 실시되어 온 볼로냐 아동도서전은 2012년 볼로냐 라가치 디지털상(Bologna Ragazzi Digital Award) 분야를 신설하여 픽션, 논픽션, 증강현실(AR) 부문으로 나누어 시상했으며(네이버 지식백과), 2021년부터는 볼로냐 라가치 디지털상 대신 볼로냐 라가치 크로스 미디어상(Bologna Ragazzi Cross Media Award)을 선정해서 시상하고 있다.

2 디지털 그림책의 특성

(1) 산업 경제적 측면

디지털 시대의 도래와 함께 출판 산업은 큰 변화를 겪고 있다. 특히, 그림책 시장에서는 전통적인 종이 그림책과 디지털 그림책이 공존하며 각각의 시장 특성을 갖고 있다. 종이 그림책은 인쇄, 제본, 물류 등의 과정을 거쳐 소비자에게 전달된다. 이 과정에서 발생하는 제작 및 유통 비용은 상당하다. 대량 생산을 하지 않으면 단가가 높아질 수 있으며, 물리적 재고 관리와 유통망 구축이 필요하다. 종이 그림책은 오랜 전통을 가지고 있어 여전히 높은 수요를 자랑한다. 특히, 도서관, 학교, 유치원 등 공공 기관에서 꾸준한 구매가 이루어지며, 부모들은 아이들에게 책을 직접 읽어주는 경험을 중요시한다. 이러한 이유로 종이 그림책 시장은 안정적이며 지속적인 성장을 보이고 있다. 종이 그림책은 저작권 보호가 비교적 용이하며, 출판사는 책 판매를 통해 안정적인 수익을 창출할 수 있다. 또한 한 권당 판매 가격이 비교적 높아 작가와 출판사 모두에게 유리한 수익 구조를 가지고 있다.

디지털 그림책은 전자파일 형태로 제작되기 때문에 인쇄 및 물류비용이 절감된다. 또한 온라인 플랫폼을 통해 전 세계적으로 즉시 배포할 수 있어 유통 비용이 낮다. 그러나 애니메이션, 사운드, 인터랙티브 요소

등을 포함하는 디지털 그림책의 경우 초기 개발비용이 높을 수 있다. 디지털 그림책은 모바일 기기와 태블릿의 보급으로 인해 빠르게 성장하고 있는 시장이다. 그러나 디지털 그림책을 좋아하는 아동들과 달리, 실질적인 구매자인 부모 중에는 디지털 기기 사용에 대한 우려로 인해 여전히 종이 그림책을 선호하는 경우도 있다(Bus, Neuman, & Roskos, 2020). 디지털 그림책은 저작권 보호가 어려울 수 있으며, 불법 복제와의 싸움이 지속되고 있다. 또한 디지털 플랫폼을 통한 판매는 종이 그림책에 비해 저렴한 가격으로 제공되는 경우가 많아서 수익 구조가 불리할 수 있다. 그러나 모바일 기기와 태블릿의 보급으로 인해 빠르게 성장하고 있으며, 구독형 서비스나 광고 수익모델을 통해 다양한 수익 창출 방안을 모색할 수 있다.

(2) 물리적 측면

인류의 정보 전달 방식은 시대와 기술의 발전에 따라 진화해 왔다. 종이는 오랜 시간 동안 정보 저장과 소통의 주된 도구로 사용됐으며, 기술의 발전으로 새로운 매체가 등장했다. 종이는 물리적인 형태를 지닌 매체로, 촉각적 경험과 시각적 명료함을 제공한다(Chang, 2016). 아동은 종이 그림책의 페이지를 넘기면서 물리적으로 책을 탐색하고, 종이의 질감과 향기를 느낄 수 있다. 또한 부모와 함께 즐길 수 있고, 인터넷이나 미디어가 없어도 언제 어디서든 읽을 수 있고, 정전이나 데이터 손실의 위험이 없다는 것도 종이 그림책의 장점이다. 반면 공간을 차지하고 무게가 나가서 보관이나 휴대 및 운반 등에 제약이 있으며, 물리적 손상에 취약하다는 것과 수정이나 업데이트가 어렵다는 것이 단점으로 꼽힌다.

디지털 그림책은 이러한 한계에서 자유로울 수 있다. 디지털 정보는 빠른 검색과 편집, 신속한 업그레이드, 대량 저장과 복사, 공유에 강점을 갖고 있기 때문이다(Tsai et al., 2015). 하지만 디지털 그림책은 단말기 등 부속장치와 충전이 필요하며, 인터넷이 연결되어야 하고, 기술적 오류에 대한 제약과 사이버 보안 문제가 있다. 종이 그림책의 경우 페이지를 넘기며 이야기를 진행하고 시각을 통해 글과 그림을 읽는(read) 반면, 디지털 그림책은 스크린을 터치하며 이야기를 구성하고, 시각, 청각, 촉각 등 다양한 감각을 사용하여 글, 그림, 모션, 배경음악, 음향효과 등을 재생(play)하게 된다(김민하, 2014). 다양한 시청각 자료는 흥미와 몰입을 유도하지만, 과도한 화면 노출은 눈의 피로와 시력 저하를 유발할 수 있다. 또한 디지털 그림책은 종이 그림책처럼 종이의 감촉을 손으로 느끼는 즐거움을 주지 않는다. 그래서 일부 전문가들은 디지털 그림책이 종이 그림책을 대신할 수 있는 기술적인 잠재력을 갖고 있지만, 여전히 종이 그림책의 대체물이 되지는 못할 것으로 본다. 그리고 적지 않은 부모와 교사들은 여전히 종이 그림책을 선호한다.

(3) 교육적 측면

디지털 그림책이 효과적이라는 연구 결과는 Paivio(1986)의 '이중부호화' 이론(dual-coding theory)과 Baddeley(1986)의 '작업기억' 모델(model of working memory)에 의해 설명될 수 있다. 이러한 관점에 의하면 인간은 한 가지 감각기관에서 정보를 처리할 때보다 두 가지 감각기관에서 정보를 동시에 처리할 때 훨씬 효과적으로 학습하고 기억한다. 따라서 아동이 이야기를 읽거나 들을 때 삽화나 비언어적 정보들(배경 소리 및 음악)이 제공되고, 이 정보들을 동시에 사용할 수 있다면, 텍스트가 단순히 단어만으로 전달되는 경우보다 더 잘 이해하고 기억할 수 있음을 의미한다(Bus, Takacs, & Kegel, 2015).

또한 아동은 디지털 그림책의 다양한 기능의 조작과 활용에 몰입하게 함으로써 종이 그림책에서의 '읽는다'라는 제한적 행위를 '놀이한다, 공부한다, 이용한다, 게임한다' 등의 복합적 행위로 전환한다. 이러한 이유로 디지털 그림책은 종이 그림책에 비해 적극적인 독서 참여와 강한 학습 효과를 유발할 수 있다(김민하, 2014; Barshay, 2021), 실제로 많은 연구(김민하, 2014; 한유미, 원순옥, 2022: Richter & Courage, 2017)에서 아동은 종이책보다 디지털 책을 읽을 때 더 주의를 기울이고 참여하는 것으로 밝혀졌다.

이와 반대로 '종이 우위'(paper advantage) 또는 '화면 열세'(screen inferiority) 효과 관점은 '주의분산'(split-attention) 원리로 설명될 수 있다(Furenes, et. al., 2021). 디지털 그림책을 읽을 때 아동은 눈으로는 글자와 그림을 보고, 귀로는 소리를 듣고, 손가락으로는 화면을 탭해야

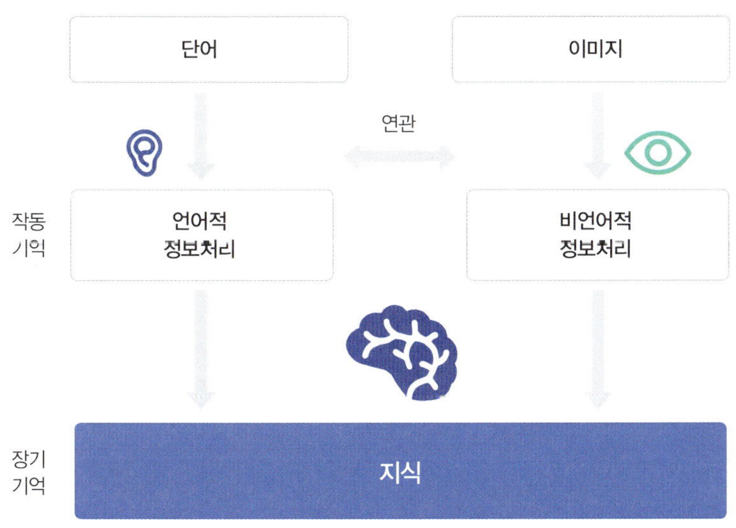

그림 3.9 이중부호화 이론: 디지털 우위 입장

그림 3.10 분산 효과: 종이 우위 입장

한다. 이와 같이 인지적 자원을 분배하고, 장치를 다루는 행위는 읽기에 부정적 영향을 미칠 수 있다. 따라서 디지털 그림책은 이야기의 의미를 이해하는 데 부정적인 영향을 미친다는 것이다. 실제로 많은 연구에서 디지털 그림책의 멀티미디어 요소 설계가 아동의 인지 부하를 증가시키고 주의를 산만하게 하여 학습에 도움이 되지 않은 것으로 밝혀졌다(Baia, Zhanga, Chena, Chenga, & Zhoua, 2022). 특히 청각적 강화 요소는 이야기의 나레이션과 동일한 감각을 사용하기 때문에 부정적인 영향을 미칠 가능성이 있다. 더욱이 언어 능력이 부족한 어린 아동의 경우에는 음악과 소리가 나레이션 단어를 명확히 듣지 못하게 하거나 새로운 단어의 발음을 기억하지 못하게 만들어 어휘 학습을 방해할 수 있다(Li & Bus, 2023).

3 디지털 그림책의 과제

(1) 디지털 그림책의 개발 과제

이와 같이 디지털 그림책이 학습을 향상시킨다는 연구와 디지털 그림책의 멀티미디어 요소가 학습을 방해한다는 상반된 연구 결과가 공존한다(Baia, et. al., 2022). 그뿐만 아니라 디지털 그림책과 종이 그림책 간에 별다른 차이가 없다는 입장도 있다. 이는 단순히 디지털 그림책이 종이 그림책보다 효과적인가 아닌가보다는 디지털 그림책의 유형 및 화면의 특성, 인터랙션 종류, 문학 장르 등 다양한 변인에 따라 디지털 그림책의 효과는 달라질 수 있음을 시사한다.

예를 들어, 화면이 작은 스마트폰에 비해 화면이 큰 노트북에서 상대적으로 낮은 알파파와 높은 베타파가 나타났는데, 이는 화면이 클수록 시청각 자극에 대한 수용도가 높아 과도한 주의집중을 유발하기 때문이다(남효순, 2023). 또한 인터랙션의 수와 질도 결정적 영향을 미칠 수 있다. 인터랙션이 아동의 흥미를 유발하기는 하지만 인터랙션의 수가 늘어날수록 텍스트에 대한 집중도가 떨어지기 때문에, 이미지의 배경 요소보다는 사건의 정보를 전달하는 인터랙션에 초점을 맞춘 콘텐츠의 개발이 필요하다. 스토리 내용과 연계된 인터랙션 기능은 아동의 읽기에 긍정적 영향을 미치지만, 스토리와 관련이 없는 인터랙션 기능은 주의를 산만하게 하여 아동이 이야기의 진행을 따라가는 것을 방해할 수 있다.

따라서 놀이 이론의 기본 가정과 같이 스토리에 부합하는 목표, 인터액션 요소, 보상 및 인센티브, 그리고 점차 증가하는 도전 수준을 제공함으로써 아동이 디지털 그림책 읽기에 즐거움과 만족을 느낄 수 있도록 해야 한다(Kucirkova, 2019). 즉, 디지털 그림책을 개발할 때는 그림책의 문학성을 해치지 않으면서도 디지털의 장점을 살릴 수 있는 세심한 배려가 필요하다.

(2) 디지털 그림책 지도 방안

디지털 그림책을 지도하는 부모나 교사의 역할도 중요하다. 연구 결과 성인 지도 없이 디지털 그림책을 읽는 것과 성인의 지도하에 종이책을 읽는 것은 차이가 없었다. 이는 성인의 지도가 디지털 그림책과 유사한 효과를 가질 수 있음을 시사한다. 디지털 그림책의 바람직한 지도 방안은 다음과 같다.

첫째, 디지털 그림책을 선택할 때는 콘텐츠의 품질과 교육적 가치를 고려하고, 아동의 연령과 흥미에 적합한 우수한 작품을 선택해야 한다. 또한 디지털 그림책은 사용하는 기술적 요소나 인터액션의 종류, 이용 시간, 연령과 성격 등 다양한 요인에 따라 영향을 미칠 수 있으므로 이러한 다양한 요소들도 감안해야 한다.

둘째, 아동과 함께 디지털 그림책 읽기 시간을 합리적으로 정하고, 안전한 사용을 위한 규칙을 마련하는 것이 바람직하다. 디지털 매체로의 과몰입은 공격성, 우울, 과체중, 시력 저하, 집중력 저하, 또래와의 부정적인 상호작용 능력을 초래할 수 있기 때문이다(남효순, 2024; Cain & Gradisar, 2010).

셋째, 아이들이 심층적으로 읽고, 그림책의 줄거리, 주인공, 주제에 대해 생각하고, 독해 능력을 향상시키도록 지도해야 한다. 또한 디지털 그림책을 통해 반복 독서를 장려할 수 있으며, 이미 읽었던 종이 그림책을 디지털 버전으로도 다시 읽는 반복적인 독서도 유익하다. 예를 들어

그림 3.11 아이들과 함께 미디어 규칙 만들기

동일한 내용의 종이 그림책과 디지털 그림책을 제공하여 매체의 차이가 스토리에 대한 해석에 영향을 미치는지 이야기 나눌 수 있다.

넷째, 종이 그림책 읽기와 디지털 그림책 읽기의 균형을 유지하도록 격려하여 두 가지의 장점을 최대한 활용해야 한다. 종이 그림책과 디지털 그림책은 각기 고유한 특징과 장단점이 있다. 디지털 그림책이 갖고 있는 많은 장점에도 불구하고, 종이 그림책은 여전히 대체할 수 없는 가치가 있기 때문에 아이들이 종이 그림책을 멀리하게 해선 안된다.

다섯째, 가장 중요한 것은 아동이 단순히 디지털 그림책을 읽기보다는 부모나 교사와 함께 디지털 그림책 제작 과정에 직접 참여하는 것이다. 이와 같은 디지털 그림책의 독자나 소비자에서 제작자 및 생산자로서의 경험을 통해 아동의 디지털 리터러시 역량이 극대화될 수 있다.

4 디지털 그림책의 제작

(1) 디지털 그림책의 제작 단계

디지털 그림책은 1단계 쓰기, 2단계 스크립트 개발하기, 3단계 스토리보드 만들기, 4단계 자원 찾기, 5단계 디지털 스토리 만들기, 6단계 공유하기 등의 단계로 제작될 수 있다. 1단계에서 3단계는 디지털 도구를 사용하기 전에 이루어지고, 4단계에서 5단계는 디지털 도구를 사용하며, 6단계는 교실이나 온라인을 포함한 다른 장소에서 실행할 수 있다. 각 단계의 내용을 구체적으로 살펴보면 다음과 같다(양지선, 2024).

표 3.1 디지털 그림책 제작 단계

	단계	내용
1단계	쓰기 (writing)	이야기의 잠재적인 주제를 계획하고 브레인스토밍한 다음에 교사와 친구들과 토의하면서 여러 초안을 만든다.
2단계	스크립트 개발하기 (develop script)	디지털 스토리를 만들기 위해 대본을 작성하는데, 내러티브에서 나온 대본은 이야기의 의미를 전달하고 이야기를 재구성하는 역할을 한다.
3단계	스토리보드 만들기 (storyboard)	이야기 흐름을 정리하기 위해 스토리보드를 완성해야 한다. 이 단계에서 아직 시각적 자료를 검색하지 않았으나 각 화면마다 들어갈 텍스트를 배치하고 이와 연관된 이미지를 그리거나 결정한다.
4단계	자원 찾기 (locating resources)	검색도구를 사용하여 각 페이지의 내용에 적합한 스틸프레임 이미지 또는 비디오를 찾는다.
5단계	디지털 스토리 만들기 (creating the digital story)	편집 소프트웨어 프로그램을 사용하여 시각 자료, 사운드, 캡션 혹은 구두 텍스트를 병합하여 디지털 스토리를 만든다.
6단계	공유하기 (share)	최종 결과물을 YouTube, 학급 웹사이트, Blog 또는 인터넷 사이트에 업로드하여 더 많은 청중과 이야기를 공유한다.

그림 3.12 디지털 그림책 만들기에 참여하는 아이들

(2) 디지털 그림책의 제작 사례와 실습

다음은 구글 제미나이(Google Gemini)를 활용하여 스토리북 형식으로 쉽고 빠르게 동화를 구성해 본 사례이다. 제미나이를 이용해 동화의 흐름과 이야기를 단시간에 완성할 수 있었으며, 이를 통해 AI가 창작 과정에서 아이디어 구성에 큰 도움을 줄 수 있음을 확인할 수 있었다. 이어서 직접 그린 그림을 그록(Grok) 앱을 이용해 애니메이션 영상으로 변환함으로써 정적인 그림에 생동감을 부여하였다. 마지막으로, 그록에서 만든 동영상과 스토리를 블로(VLLO) 앱에서 편집하여 한 편의 디지털 그림책으로 제작하였다.

이 과정들은 인공지능 도구와 개인 창작 능력을 결합하여 새로운 방식의 동화 제작 경험을 제공한 사례이다.

[1단계] 구글 제미나이(Google Gemini)를 활용한 스토리북 제작 사례

제미나이를 통해 그림책의 흐름과 내용을 구성하여 스토리북을 완성한다.

[2단계] 그록(Grok) 앱을 활용한 그림 애니메이션 영상 제작

직접 그린 그림을 그록 앱에서 애니메이션 영상으로 변환해 움직임을 부여한다.

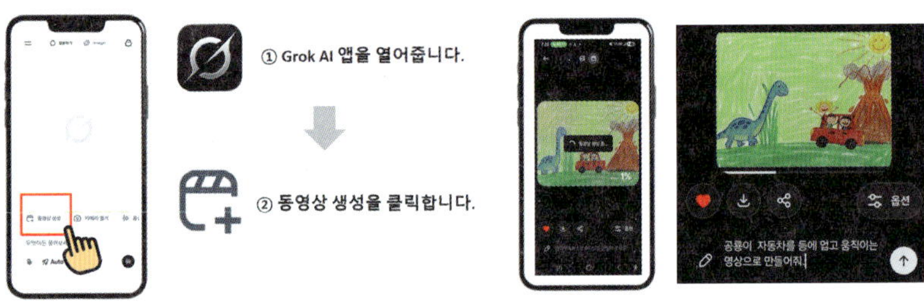

[3단계] 블로(VLLO) 앱을 활용한 디지털 그림책 제작 사례

그록에서 제작한 영상과 텍스트를 VLLO 앱으로 편집하여 한 편의 디지털 그림책을 완성한다.

그림 3.13 디지털 그림책의 제작 사례

참고문헌

- 김민하, 유아용 앱북 제작을 위한 인터랙션 디자인의 적용 효과성 연구, 숙명여자대학교 대학원 박사학위논문, 2014.
- 김진곤, 디지털속성에 따른 전자그림책 표현방식의 특징, 커뮤니케이션디자인학연구, 67, 405-417, 2019.
- 남효순, 디지털 기기와 그림책을 활용한 유아 그림책 보기의 뇌파 활성도 비교, 영유아교육지원연구, 8(3), 45-65, 2023.
- 한유미 · 원순옥, 증강현실 그림책 현황과 유아의 몰입도, J. Inf. Technol. Appl. Manag, 29(1), 47-57, 2022.
- Baia, J., Zhanga, H., Chena, Q., Chenga, X., & Zhoua, Y., Technical Supports and Emotional Design in Digital Picture Books for Children: A Review, Procedia Computer Science, 201, 174–180, 2021.
- Barshay, J., PROOF POINTS: Paper beats pixels on most picture books, research finds, The Hechinger Report, https://hechingerreport.org/proof-points-paper-beats-pixels-on-most-picture-books-research-finds/, 2021.
- Burke, C., A History of Children's Books in 100 Books, British Library, 2008.
- Bus, A. G., Neuman, S. B., & Roskos, K., Screens, apps, and digital books for young children: The promise of multimedia, AERA Open, 6(1), 1–6, 2020.
- Bus, A. G., Takacs, Z. K., & Kegel, C. A. T., Affordances and limitations of electronic storybooks for young children's emergent literacy, Developmental Review, 35, 79-97, 2015.

- Cain, N., & Gradisar, M., Electronic media use and sleep in school-aged children and adolescents: A review, Sleep Medicine, 11(8), 735-742, 2010.
- Cambridge University Library, Medieval Manuscripts, Cambridge University Press, 1990.
- Chang, A., Paper or screen? Reading comprehension and the medium, Educational Research International, 22(3), 45-60, 2016.
- Furenes, M. I., Kucirkova, N., & Bus, A. G., A comparison of children's reading on paper versus screen: A meta-analysis, Review of Educational Research, 91(4), 483–517, 2021.
- Kucirkova, N., Children's reading with digital books: Past moving quickly to the future, Child Development Perspectives, 13(4), 208-214, 2019.
- Li, X., & Bus, A. G., Efficacy of digital picture book enhancements grounded in multimedia learning principles: Dependent on age?, Learning and Instruction, 85, 1-9, 2023.
- Richter, A., & Courage, M. L., Comparing electronic and paper storybooks for preschoolers: Attention, engagement, and recall, Journal of Applied Developmental Psychology, 48, 92–102, 2017.
- Tsai, M.-J., Liang, J.-C., & Tsai, C.-C., The critical issues of technology-enhanced learning environments, Computers & Education, 88, 124-135, 2015.
- Tucker, N., The Rough Guide to Children's Books, Rough Guides, 2010.
- Wardrip-Fruin, N., & Montfort, N., The New Media Reader, MIT Press, Cambridge, MA, 2003.

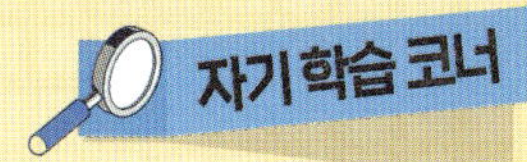

01 디지털 그림책을 읽은 적이 있는가? 만약 그렇다면 처음으로 읽었거나 혹은 가장 기억에 남는 것은 무엇인가?

02 종이로 읽는 것과 디지털로 읽는 것 중에서 어떤 것을 좋아하고, 그 이유는 무엇인가?

03 디지털 그림책의 등장으로 종이 그림책이 사라질 날이 올 것으로 생각하는가? 만약 그렇다면 그렇게 생각하는 이유는 무엇인가?

04 디지털 그림책은 몇 세부터 제공하는 것이 바람직하다고 생각하고, 그렇게 생각하는 근거는 무엇인가?

4장

인공지능 시대의 경영과 스타트업

1 디지털 전환과 인공지능 경영 환경

오늘날 기업 경영 환경은 디지털 전환(Digital Transformation)과 인공지능 기술의 빠른 발전 속에서 급격한 변화를 겪고 있다. 특히 디지털 네이티브 세대(1990년대 중반~2000년대 출생자)가 사회의 주류로 자리를 잡으면서, 인공지능은 다수의 산업에서 경쟁력을 좌우하는 핵심 요소로 자리 잡아 가고 있으며, 특히 스타트업에 새로운 기회를 제공한다. 그러나 일부 전통 산업에서는 도입 속도가 상대적으로 느리다.

제조업 중심의 기업은 물론, 광범위한 서비스업 전반에 걸쳐 인공지능은 생산성 향상, 물류혁신, 고객 경험 개선, 창의적인 비즈니스 모델 개발에 이르기까지 핵심적인 역할을 하고 있다. 이러한 변화는 스타트업 생태계에서도 뚜렷하게 나타나고 있으며, 새로운 기술과 아이디어를 기반으로 빠르게 시장을 형성하고 성장하는 기업들이 속속 등장하고 있다.

이번 장에서는 인공지능 기술이 기업 경영과 스타트업, 그리고 그 구성원에게 미치는 영향을 분석하고, DX(Digital Transformation)와 인공지능의 활용을 통해 혁신적인 경영과 스타트업 계획을 어떻게 설계할 수 있을지에 대해 살펴본다.

주요 정의

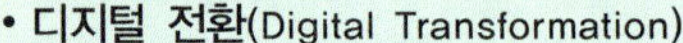

- **디지털 전환**(Digital Transformation)

  디지털 기술을 활용하여 기존의 비즈니스 방식이나 모델을 개선하고, 새로운 가치를 창출하는 과정을 의미한다. 이는 데이터 중심의 운영 방식으로 전환함으로써 기업 경쟁력을 강화하고, 혁신을 실현하는 데 목적이 있다.

  예) 종이 문서를 전자 문서로 전환하거나, 오프라인 매장을 온라인 쇼핑몰로 확장하는 것

- **인공지능 의사결정(인공지능-Driven Decision Making)**
  인공지능을 기반으로 데이터를 분석하고, 이를 바탕으로 합리적이고 효율적인 결정을 내리는 과정을 말한다. 기업 경영, 금융, 마케팅 등 다양한 분야에서 인공지능을 활용한 의사결정이 이루어지고 있다.

  예) 기업이 고객 데이터를 분석해 맞춤형 광고를 제공하거나, 인공지능이 주식 시장의 변동성을 분석해 투자 결정을 지원하는 것

- **스타트업 생태계(Startup Ecosystem)**
  스타트업이 성장하고 발전할 수 있도록 지원하는 다양한 요소들이 모여 있는 환경을 의미한다. 여기에는 투자자, 멘토, 정부의 지원 정책, 스타트업 커뮤니티 등이 포함되며, 창업과 혁신을 촉진하는 기반이 된다.

  예) 마쓰다의 창업 지원 센터나 글로벌 스타트업 커뮤니티와 같은 창업 생태계

2 인공지능과 혁신 기업

(1) 인공지능과 혁신 기업

Digital Native 세대(1990년대 중반~2000년대 출생자)들이 소비의 주축을 이루는 현대사회에서, 인공지능 기술이 기업 혁신에 미치는 영향을 이해하는 일은 매우 중요하다. 최근 수년간 인공지능 기술이 빠르게 발전하면서 이를 적극적으로 활용한 기업들이 두드러진 성과를 내고 있기 때문이다.

먼저, 인공지능은 컴퓨터 시스템이 인간의 지적 능력을 모방해 문제를 해결하고 과업을 수행하는 기술을 의미한다. 인공지능의 발전 과정을 살펴보면 인공지능 연구는 1950년대부터 시작되었으며, 최근에는 컴퓨팅 파워와 데이터 축적을 기반으로 머신러닝과 딥러닝 기술이 급격히 발전하였다. 데이터 처리 능력의 향상과 더불어 다양한 분야에 응용되

면서 인공지능은 기업 경영에서 점차 중요한 역할을 맡고 있다.

인공지능 기술을 활용한 기업 혁신 사례를 보면, 일부 기업들은 생산 공정 자동화를 넘어, 문제를 예측하고 사전에 대응할 수 있는 분석 능력을 구축하고 있다. 이러한 예측 분석은 의사결정을 지원하는 도구로 활용되며, 전통 제조업뿐 아니라 고객 맞춤형 서비스 제공 등 다양한 영역에서 기업 운영 전반에 변화를 일으키고 있다. 이로 인해 기업의 효율성과 경쟁력은 크게 향상되고 있다. 아울러 인공지능은 데이터 기반의 혁신적인 서비스와 창의적인 제품 개발을 가능하게 하여, 새로운 비즈니스 모델을 만들어내는 데에도 중요한 기여를 하고 있다. 결과적으로 인공지능을 효과적으로 활용하는 기업들은 시장 경쟁에서 우위를 확보할 가능성을 지속적으로 높이고 있다.

이러한 혁신을 성공적으로 실현한 기업 사례로는 아마존, 구글, 네이버 등을 들 수 있다. 아마존은 인공지능 기반의 개인화 추천 시스템을 통해 고객 경험을 혁신했으며, 구글은 인공지능 비서 서비스인 Google Assistant를 통해 새로운 서비스 영역을 개척했다. 국내에서는 네이버가 인공지능 기반의 CLOVA Chatbot을 개발해 고객 서비스를 개선하는 데 기여하고 있다. 이처럼 인공지능 기술을 효과적으로 활용한 기업들이 점차 늘어나면서, 기업 경영 전반에 걸쳐 인공지능이 미치는 영향력도 확대되고 있다. 글로벌 선도 기업들은 인공지능을 기반으로 생산성 향상, 고객 만족도 제고, 새로운 비즈니스 모델 창출 등의 혁신을 시도하고 있으며, 이는 기업의 지속 가능한 경쟁력 확보를 위한 중요한 과제로 인식되고 있다. 스타트업은 물론 전통 산업에 이르기까지 인공지능의 전략적 활용이 더욱 중요해지고 있다.

(2) 인공지능의 정의와 발전

AI(Artificial Intelligence), 즉 우리말로 '인공지능'이라 불리는 기술은 점점 우리 일상 깊숙이 스며들고 있다. 그렇다면 인공지능이란 정확히 무엇이며, 어떤 역사적 발전 과정을 거쳐 현재의 모습에 이르게 되었는지 살펴보자.

인공지능은 컴퓨터가 학습과 추론 능력을 통해 인간의 지적 활동을 모방하고 재현할 수 있도록 하는 기술을 말한다. 즉, 기계가 사람처럼 사고하고 판단할 수 있도록 만드는 것이다. 이러한 개념은 1950년대 초 엘런 튜링(Alan Turing), 존 매카시(John McCarthy) 등 인공지능 연구의 선구자들에 의해 처음 제안되었다. 이들은 기계도 인간처럼 사고할 수 있다는 전제하에 연구를 시작했다.

하지만 초기 인공지능은 기술적으로 아직 미성숙한 단계에 머물러 있었다. 당시의 컴퓨터 성능과 알고리즘은 인간의 지능을 모방하기에는 한계가 있었고, 이로 인해 1970년대 중반과 1980년대 후반에는 연구 성과와 기대치의 괴리로 인해 '인공지능 겨울'이라 불리는 정체기가 반복적으로 나타났다. 그러나 1990년대 이후, 연산 능력(FLOPS, Floating Point Operations Per Second)의 향상과 알고리즘 기술의 발전으로 인공지능은 다시 주목받기 시작하며, 새로운 전환점을 맞이하게 되었다.

최근 들어 딥러닝(Deep Learning)과 머신러닝(Machine Learning) 등 핵심 기술이 빠르게 발전하면서, 음성인식, 이미지 처리, 자연어 처리 등 다양한 영역에서 인공지능이 활발히 활용되고 있다. 자율주행자동차, 스마트 홈, 의료 진단과 같은 분야에서는 기존의 기술 한계를 넘어서는 혁신이 이루어지고 있으며, 인공지능은 이제 현대사회와 산업 전반에서 중요한 변화의 중심에 있다. 이러한 기술 진화는 현재도 진행 중이며, 인공지능은 인류 문명의 흐름에 큰 영향을 미치는 존재로 자리 잡았다. 인간의 삶과 분리해서 생각하기 어려울 정도로, 인공지능은 이미 우리의 생활 깊숙이 스며들고 있다.

3 인공지능이 경영에 미치는 영향과 도입 전략

(1) 인공지능이 경영에 미치는 영향

인공지능 기술이 기업 경영에 미치는 영향은 기술의 발전과 함께 점점 더 커지고 있다. 머신러닝(Machine Learning)은 경험을 통해 성능이 향상되는 컴퓨터 알고리즘을 의미하며, 딥러닝(Deep Learning)은 심층신경망(Deep Neural Network)을 활용해 복잡한 데이터를 스스로 학습하고 특징을 추출하는 기술이다. 이러한 인공지능 기술을 기반으로 한 생성형 인공지능은 인적 자원의 배치와 의사결정 방식에 근본적인 변화를 가져오고 있으며, 기존 경영자의 사고방식에도 큰 영향을 주고 있다.

첫째, 인공지능은 기업의 의사결정 과정을 크게 변화시키고 있다. 방대한 데이터를 빠르게 분석해 의사결정을 지원하는 인공지능 시스템은, 특정 상황에서는 인간보다 더 신속하고 정밀한 분석을 제공할 수 있다. 이에 따라 많은 기업들이 전략적 의사결정에 인공지능을 적극 활용하고 있다.

둘째, 인공지능은 기업의 자동화와 최적화를 통해 생산, 물류, 고객 서비스 등 다양한 업무에서 운영 효율성을 높이고 있다. 특히 반복적이고 단순한 작업을 인공지능이 대신 수행함으로써, 기업은 인력을 보다 전략적이고 창의적인 업무에 투입할 수 있게 되었다.

셋째, 인공지능은 고객 이해도를 높이고, 고객 경험을 향상시키는 데 기여하고 있다. 고객의 행동 패턴, 선호도, 구매 성향 등을 분석하여 개인화된 추천과 맞춤형 서비스를 제공함으로써, 고객 만족도와 충성도를 동시에 높일 수 있다.

넷째, 인공지능은 기업의 혁신과 성장을 가속화하는 원동력이 되고 있다. 인공지능 기술은 새로운 비즈니스 기회를 창출하고, 기존 사업모델의 혁신을 이끌어내고 있다. 실제로 많은 스타트업이 인공지능을 활용해 기존 상품과 마케팅에 혁신을 불러일으키며 주목받고 있으며, 이러한 흐름은 전통적인 기업들에도 인공지능 기술의 도입을 촉진하는 계기가 되고 있다.

이처럼 인공지능은 기업 운영과 전략 전반에 걸쳐 중요한 변화를 가져오고 있으며, 기업들은 이러한 흐름을 정확히 이해하여 전략적으로 대응해 나갈 필요가 있다.

(2) 성공적인 인공지능 도입 사례

인공지능을 성공적으로 도입한 기업들의 사례는 인공지능 기술이 기업 경쟁력을 어떻게 강화할 수 있는지를 잘 보여준다. 대표적인 예로 미국의 온라인 유통 기업 아마존을 들 수 있다. 아마존은 고객 데이터를 분석하는 데 인공지능을 적극 활용했으며, 이를 통해 개인화된 추천 시스템과 배송 최적화 기능을 구현하여 고객 만족도를 크게 향상시키는 데 성공했다.

구글 역시 인공지능을 통해 새로운 서비스를 개척한 대표적인 사례다. 2018년 선보인 Google Assistant는 기존의 빅스비나 Siri와 달리, 단

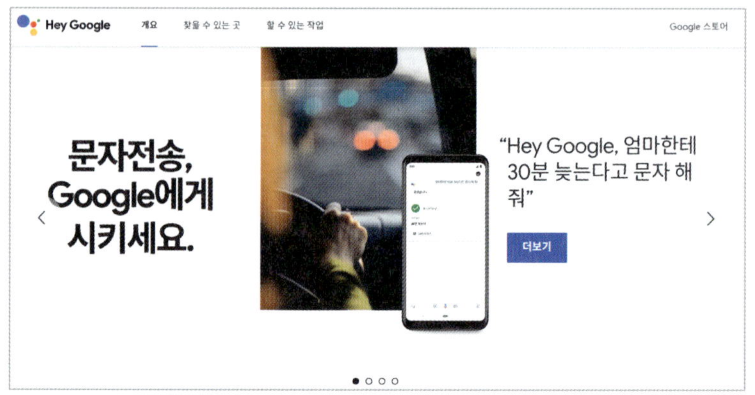

그림 4.1 Google Assistant 홈페이지(https://assistant.google.com)

순한 정보 검색을 넘어 억양과 목소리 톤까지 실제 사람처럼 구사하며 사용자와 자연스럽게 대화할 수 있는 기능을 제공했다. 특히 추가 명령 없이도 고객의 요청을 이해하고 예약을 완료하는 등, 진정한 비서 역할을 수행하며 음성 인식 및 자연어 처리 기술의 진보를 입증했다. 이와 같은 사례는 인공지능이 기업 서비스의 질을 어떻게 혁신할 수 있는지를 잘 보여준다.

국내 기업 중에서는 네이버의 CLOVA Chatbot이 대표적인 인공지능 활용 사례로 꼽힌다. 이 서비스는 사용자의 질문 의도를 파악해 적절한 답변을 제공하는 대화형 인공지능 시스템으로, 문맥과 문장, 단어 간의 미세한 차이까지 구분하며 잘못 입력된 단어도 정확히 인식할 수 있다. 네이버는 챗봇 빌더 기능을 통해 사용자가 직접 대화 데이터를 입력하고 이를 학습시켜 다양한 분야에서 쉽게 챗봇 서비스를 구현할 수 있도록 하였다.

특히, CLOVA Chatbot은 한국어에 최적화된 높은 언어 처리 능력을 갖추고 있어, 질문 의도를 보다 정확하게 파악하고 그에 맞는 응답을

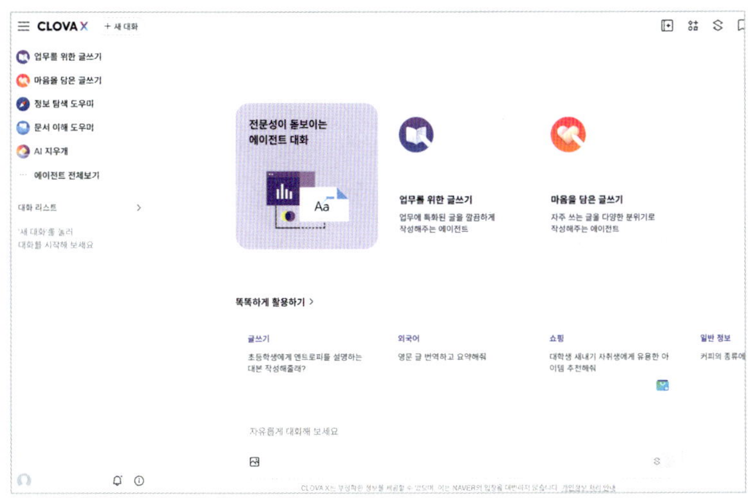

그림 4.2 CLOVA Chatbot 홈페이지(https://clova-x.naver.com)

제공할 수 있다는 강점을 가진다. 또한 누구나 쉽게 활용할 수 있는 클라우드 기반 플랫폼을 통해 빠르고 편리하게 챗봇을 개발할 수 있어 기업의 고객 응대 품질을 크게 향상시켰다는 평가를 받고 있다. 이처럼 네이버는 인공지능 기술을 바탕으로 고객 경험을 개선하고 서비스 경쟁력을 강화하고 있다.

또한 제조업체 GE는 인공지능 기술을 활용해 제품 결함을 사전에 예측하고 예방 관리를 실행함으로써 유지보수 비용을 크게 절감할 수 있었다.

이처럼 인공지능 기술을 성공적으로 도입한 기업들은 업무 효율성 향상, 비용 절감, 고객 만족도 제고 등 다양한 측면에서 뚜렷한 성과를 나타내고 있다. 이들의 사례를 분석해 보면, 인공지능 도입의 핵심 성공 요인은 명확한 전략 수립, 조직 문화의 유연성 확보, 데이터 거버넌스 체계 마련 등이라는 공통점을 확인할 수 있다. 단순한 기술 채택을 넘어,

기업 전반의 혁신을 촉진하는 것이 무엇보다 중요하다는 점을 보여준다.

또한 이러한 기업들은 인공지능 도입 과정에서 투명성과 윤리성 확보에도 노력을 기울이고 있다. 예를 들어, 인공지능이 내리는 결정의 과정을 설명 가능하도록 만들고, 알고리즘의 편향을 줄이기 위한 다양한 검토와 조정이 이루어지고 있다. 이는 인공지능 기술이 신뢰받는 도구로 자리매김하기 위해 반드시 필요한 조건이다.

이와 같은 성공 사례들은 인공지능을 도입하고자 하는 기업들에 중요한 시사점을 제공한다. 기술이 가져오는 효율성뿐 아니라, 윤리적 책임과 제도적 기반 마련의 중요성까지 함께 고려하는 것이 성공적인 인공지능 활용의 핵심이라는 점을 다시금 확인할 수 있다.

4 인공지능 기반 스타트업 트렌드

(1) 인공지능을 활용한 스타트업 트렌드

오늘날 인공지능 기술의 발전과 함께, 이를 기반으로 한 새로운 스타트업 트렌드가 주목받고 있다. 인공지능은 창업 과정에서 다양한 혁신을 가능하게 만들고 있으며, 그 활용 범위는 점차 넓어지고 있다. 인공지능 기반의 데이터 분석, 자동화, 개인화 기술 등을 핵심 역량으로 삼는 스타트업들이 빠르게 성장하고 있으며, 이들은 투자자와 시장의 이목을 끌고 있다.

이러한 인공지능 스타트업은 기존 기업과 차별화된 비즈니스 모델을 제시하고, 고객의 니즈를 정밀하게 파악하여 새로운 서비스를 제공함으로써 새로운 시장을 개척하고 있다. 특히 인공지능 기술이 금융, 의료, 교육, 물류 등 다양한 산업 분야에 접목되면서, 각 분야에서 혁신적인 솔루션과 새로운 서비스 기회가 지속적으로 확대되고 있다. 이는 기존 산업의 한계를 넘어서는 새로운 가능성을 보여주는 현상으로 해석된다.

인공지능 기반 스타트업이 성공하기 위해서는 몇 가지 핵심 요건이 요구된다. 우선, 인공지능 기술에 대한 깊이 있는 이해와 전문성이 필수적이며, 이를 바탕으로 고객의 수요에 부합하는 솔루션을 개발하고 효과적으로 상용화할 수 있는 비즈니스 역량이 함께 요구된다. 또한, 인공지능 윤리와 관련한 규제에 대한 이해도 중요하다. 이는 사회적으로 안전하고 신뢰받는 서비스를 제공하기 위한 필수 조건으로, 스타트업의 지속 가능한 성장을 위해 반드시 고려해야 할 요소다.

종합적으로 볼 때, 인공지능 기술은 아이디어와 기본적인 기술 역량만 갖추어도 소자본·소규모 인력으로 창업할 수 있게 하여, 스타트업 진입 장벽을 과거보다 낮추었다. 이는 스타트업 생태계를 근본적으로 변화시키고 있다. 동시에 기존 기업 경영에서도 인공지능을 외면하거나 무관심한 기업은 경쟁력을 잃게 되며, 반대로 인공지능을 적극적으로 활용한 기업은 새로운 기회와 성과를 창출하고 있다. 이와 같이 인공지능 역량을 갖춘 스타트업과 기존 기업은 시장에서 의미 있는 성과를 낼 가능성이 높다. 다만, 인공지능 기술이 빠르게 발전하는 만큼, 그에 따른 윤리적 쟁점과 현행 법규 및 규제의 미비점을 보완하는 제도적 정비 역시 함께 추진되어야 한다.

(2) 인공지능 기반 스타트업 성장

인공지능 기반 스타트업의 성장은 최근 몇 년 사이 주목받는 분야로 떠오르고 있다. 그 배경으로는 우선 인공지능 기술의 발전을 들 수 있다. 머신러닝과 딥러닝 등 인공지능 기술이 실용화 단계에 이르면서 다양한 산업에 적용 가능해졌고, 이를 바탕으로 한 스타트업들이 빠른 속도로 성장하고 있다.

이러한 성장세의 또 다른 주요 요인은 투자자들의 관심과 자금 유입이다. 인공지능 기술의 확장성과 혁신성이 높게 평가되면서 많은 투자자들이 인공지능 스타트업에 적극적으로 자금을 투자하고 있으며, 그 결과 일부 기업들은 빠르게 글로벌 기업으로 성장할 수 있었다. 실제로 미국과 중국을 중심으로 자율주행, 의료 진단, 금융 서비스 등 다양한 분야에서 인공지능 기반의 스타트업들이 지속적으로 증가하고 있으며, 이들은 기존 기업과의 경쟁에서도 두각을 나타내고 있다.

이처럼 인공지능 기술이 다양한 산업으로 확산되면서 관련 스타트업에 대한 관심과 투자가 꾸준히 증가하는 추세이며, 이들 기업은 기술력을 바탕으로 새로운 시장을 개척하며 인공지능 산업의 주도권을 확보하기 위한 경쟁을 이어가고 있다.

(3) 인공지능 기술의 응용 분야

오늘날 인공지능 기술은 다양한 산업 분야 전반에 걸쳐 빠르게 확산되고 있으며, 비즈니스와 산업 생태계에 걸쳐 커다란 혁신을 일으키고 있다.

특히, 바이오 분야에서는 인공지능 기술이 중요한 변화를 이끌고 있다. 인공지능 기반 약물 탐색을 전문으로 하는 Gero는 자사의 인공지능 플랫폼을 통해 코로나바이러스에 대응할 수 있는 약물 후보를 선별했으며, 이 중 일부가 유망한 후보물질로 제시되었으며, 실제 임상 연구로 이어졌다. Gero는 인공지능 약물 탐색 시스템을 활용해 잠재적 효과를 예측하고 임상 실험을 진행함으로써 신약 개발의 속도를 크게 앞당겼다. 만약 인공지능 기술이 활용되지 않았다면, 인류는 코로나19 팬데믹 상황에서 훨씬 더 큰 재앙에 직면했을 수도 있었을 가능성이 있다.

제조업 분야에서도 인공지능 기술이 스마트 공장 구축, 생산 공정 최적화, 설비 관리, 품질 관리, 문서 처리, 회계 등 다양한 영역에서 활용되며 공정의 효율성과 생산성을 높이고 있다.

의료 분야에서는 인공지능 기반 영상 분석 기술이 질병 진단의 정확도를 향상시키고 있으며, 개인 맞춤형 치료법 개발에도 적용되고 있다. 또한, 인공지능 챗봇을 통해 환자 상담과 안내 서비스가 제공되면서 의료 서비스의 질도 함께 개선되고 있다.

금융 산업에서도 인공지능은 대규모 데이터 분석을 통해 투자 의사결정, 위험 관리, 이상 거래 탐지 등에 널리 활용되고 있다. 은행과 금융기관은 이러한 기술을 바탕으로 차세대 금융 서비스를 선보이며 경쟁력을 높이고 있다.

이처럼 인공지능 기술은 바이오, 제조, 의료, 금융 등 다양한 산업 분야에서 변화와 혁신을 주도하고 있으며, 기업들은 이를 적극적으로 활용해 경쟁력을 강화하고 새로운 가치를 창출할 필요가 있다.

(4) 인공지능 스타트업의 성공 요소

인공지능 스타트업이 성공하기 위해 갖추어야 할 핵심 요소들을 살펴보면, 우선 팀의 전문성과 열정이 중요한 기반이 된다. 인공지능 기술에 대한 깊이 있는 이해와 지속적인 학습 태도는 필수적이며, 팀원들이 각자의 역할에 충실하면서도 협업 중심의 긍정적인 조직 문화를 만들어 나가는 것이 성공의 출발점이라 할 수 있다.

또한, 시장 기회를 포착하고 고객의 니즈를 정확히 파악하는 능력이 필요하다. 인공지능 기술만을 강조하기보다는 실제 고객이 겪는 문제를 기술로 어떻게 해결할 수 있을지를 고민해야 하며, 이를 위해 수요에 대한 면밀한 분석이 요구된다.

더불어, 지속 가능한 비즈니스 모델을 구축하는 것도 매우 중요하다. 인공지능 기술을 바탕으로 수익을 창출할 수 있는 제품이나 서비스를 기획하고, 초기 단계에서는 정부 지원이나 투자 유치 등을 활용할 수 있다. 아울러 인공지능 기술의 윤리성과 안전성 확보에도 주의를 기울여야 한다. 기술의 편향성이나 오용 가능성을 사전에 고려하고 이를 해결하려는 노력이 신뢰받는 기업으로 성장하는 기반이 된다.

이처럼 인공지능 스타트업의 성공을 위해서는 기술력과 시장 이해, 수익 모델, 그리고 윤리적 책임까지 균형 있게 갖추는 것이 필요하다. 인공지능의 혁신적 가능성을 잘 활용하면서도 기업의 지속가능성과 사회적 책임을 함께 고려해야 할 것이다.

5 인공지능 시대의 비즈니스 모델 혁신과 미래 전망

(1) 인공지능 시대의 스타트업과 비즈니스 모델의 혁신

인공지능 시대를 맞아 기업들은 기존의 전통적인 비즈니스 모델에서 벗어나, 보다 혁신적인 새로운 모델을 도입해야 한다. 이는 시장에서의 경쟁력을 확보하고 지속적인 성장을 도모하기 위한 필수적인 조건이다.

비즈니스 모델이란, 기업이 어떤 방식으로 가치를 창출하고 수익을 실현하는지를 설명하는 핵심 전략이다. 과거에는 제품이나 서비스를 단순히 판매하는 방식이 중심이었지만, 인공지능 기술의 발전으로 인해 이러한 개념은 점점 다변화되고 있다.

인공지능을 도입한 기업들은 기존 모델에 새로운 가치를 더함으로써 경쟁력을 높이고 있다. 예를 들어, 고객 데이터를 분석해 개인 맞춤형 상품이나 서비스를 제공하거나, 업무 전반의 운영 효율성을 개선하는 등의 방식이 대표적이다.

그뿐만 아니라, 인공지능을 통해 전혀 새로운 수익원을 발굴하고 비즈니스 구조 자체를 혁신하는 기업들도 증가하고 있다. 특히, 인공지능 기반 스타트업은 기존 기업보다 유연하고 창의적인 접근을 통해 차별화된 비즈니스 모델을 제시하고 있으며, 이는 기존 기업들에도 자극을 주어 변화의 계기가 되고 있다.

결국 인공지능 시대에 성공하기 위해서는 단순한 기술 도입을 넘어서, 기업 고유의 가치 제안과 수익 구조, 운영 방식 전반을 새롭게 정의해야 한다. 이를 통해 고객에게 차별화된 경험을 제공하고, 장기적으로 지속 가능한 경쟁력을 갖출 수 있을 것이다.

(2) 비즈니스 모델의 정의

비즈니스 모델은 기업이 어떤 방식으로 수익을 창출하고 고객에게 가치를 제공할지를 구조적으로 보여주는 틀이다. 이는 기업의 핵심 활동, 수익 구조, 주요 자원, 고객 세그먼트 등 전체 운영 방식 전반을 포함하는 개념으로, 어떤 비즈니스 모델을 선택하느냐에 따라 기업의 성패가 크게 달라질 수 있다. 따라서 비즈니스 모델은 기업 전략의 핵심 요소라 할 수 있다.

효과적인 비즈니스 모델을 설계하기 위해서는 우선 고객의 니즈와 시장의 흐름을 정확히 파악해야 한다. 이를 기반으로 차별화된 가치 제안과 수익 구조를 마련하고, 기업이 보유한 역량과 자원을 효율적으로 활용할 수 있는 운영 전략을 수립해야 한다. 이러한 과정을 거쳐 구축된 비즈니스 모델은 기업의 경쟁력을 높이고 지속 가능한 성장을 가능하게 하는 중요한 기반이 된다.

특히, 디지털 전환이 빠르게 진행되고 있는 현재, 새로운 기술을 접목한 혁신적인 비즈니스 모델의 중요성은 더욱 부각되고 있다. 인공지능, 빅데이터, 디지털 플랫폼 등과 같은 기술은 고객에게 새로운 경험을 제공하고 기존에 없던 수익 구조를 가능하게 하면서, 기업의 성장 가능성을 크게 넓히고 있다. 따라서 기업은 기존 틀에 안주하지 않고 지속적으로 새로운 비즈니스 모델을 실험하고 도전해야 한다.

궁극적으로 성공적인 비즈니스 모델은 기업의 핵심 역량과 시장의 기회를 유기적으로 연결하는 데서 출발한다. 이를 위해 고객 중심의 사고방식, 창의적인 발상, 그리고 이를 실제로 실행할 수 있는 실행력이 조화를 이루어야 한다. 기업은 이러한 요소들을 갖추고 비즈니스 모델의 지속적인 혁신을 통해 경쟁력을 강화해 나가야 할 것이다.

(3) 인공지능 기반 비즈니스 모델의 특징

오늘날 인공지능 기술은 기업의 비즈니스 모델을 혁신적으로 변화시키고 있다. 인공지능을 활용한 비즈니스 모델은 여러 측면에서 뚜렷한 특징과 장점을 보여주고 있다.

첫째, 인공지능 기반 비즈니스 모델은 데이터 기반의 의사결정을 가능하게 한다. 인공지능 시스템은 방대한 데이터를 신속하게 수집하고 분석하여 최적의 결정을 도출해 낸다. 이를 통해 기업은 급변하는 시장 환경에도 보다 유연하게 대응할 수 있게 되었다. 예를 들어, 온라인 쇼핑

몰에서는 인공지능을 활용한 추천 시스템을 통해 고객에게 맞춤형 상품을 제시함으로써 고객 만족도를 높이고 매출 증가를 이끌어낸 사례가 있다.

둘째, 인공지능은 기업의 운영 효율성을 크게 높이는 데 기여하고 있다. 반복적이고 단순한 업무는 인공지능 기술을 통해 자동화할 수 있으며, 이를 통해 시간과 비용을 절감할 수 있다. 생산 공정, 물류, 고객 서비스 등 다양한 영역에서 인공지능이 활용되면서 기업 전반의 운영 구조가 효율적으로 개선되고 있다. 이러한 변화는 기업이 핵심 역량에 더욱 집중할 수 있는 환경을 만들어 준다.

셋째, 인공지능 기반 비즈니스 모델은 새로운 수익원을 창출할 수 있는 가능성을 지닌다. 인공지능 기술을 활용한 데이터 분석 서비스나 인공지능 기반 컨설팅과 같은 분야에서는 기술 자체를 수익화하는 새로운 모델이 등장하고 있다. 또한 고객 맞춤형 제품이나 서비스를 제공함으로써 기존과는 다른 방식의 매출 증대도 기대할 수 있다.

이처럼 인공지능을 기반으로 한 비즈니스 모델은 의사결정의 고도화, 운영 효율성 증대, 새로운 수익 창출이라는 다양한 이점을 제공한다. 이러한 특성을 전략적으로 활용할 수 있다면, 기업은 경쟁우위를 확보하고 장기적인 성장 기반을 마련할 수 있을 것이다.

(4) 혁신적인 비즈니스 모델 사례

인공지능 시대에 등장한 혁신적인 비즈니스 모델의 대표 사례로는 아마존을 들 수 있다. 아마존은 세계적인 전자상거래 기업으로, 머신러닝과 인공지능 기술을 적극적으로 활용하고 있다. 이 기술을 통해 고객의 구매 이력과 행동 패턴을 분석하고, 이를 바탕으로 개인 맞춤형 제품

그림 4.3 아마존의 예측 배송 시스템
자료: 미래에셋증권, 2019.12.

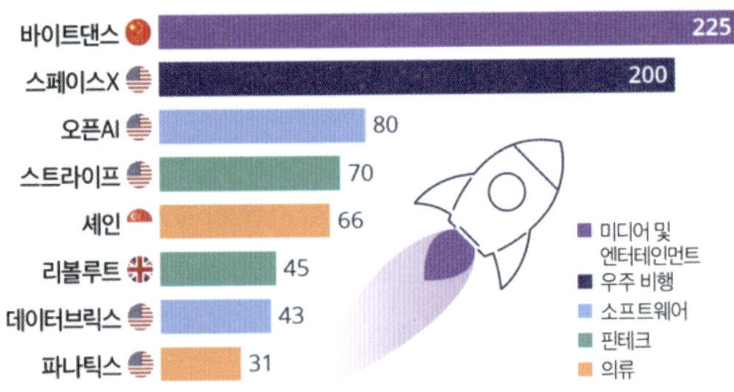

그림 4.4 세계에서 가장 높은 가치를 지닌 비상장 기업
자료: CB Insight, 2024.9.

추천 서비스를 제공하고 있다. 고객은 자신의 취향과 관심사에 부합하는 상품을 보다 쉽게 찾을 수 있게 되었고, 그 결과 아마존은 고객 만족도와 충성도를 높이는 동시에 매출 증가라는 성과를 달성하고 있다.

다음으로 중국의 바이트댄스도 인공지능 기술을 혁신적으로 활용한 비즈니스 모델을 구축한 대표적인 사례다. 이 회사는 개인화된 콘텐츠 추천 알고리즘을 핵심 역량으로 삼아, 사용자의 관심사와 행동 패턴을 분석해 맞춤형 콘텐츠를 제공하고 있다. 이를 통해 사용자들의 높은 몰입도와 앱 체류 시간을 유도했으며, 빠른 성장을 이루어냈다. 실제로 틱톡 사용자들은 하루 평균 52분 이상을 앱에 머무르고 있으며, 이는 다른 소셜 미디어 플랫폼보다 높은 수준이다. 바이트댄스의 광고 시장 점유율도 2017년 5%에서 2019년 22%로 크게 증가했다. 최근에는 인공지능 챗봇 '두바오'를 선보이며 월간 활성 사용자 수 6,000만 명을 돌파하는 등, 인공지능 생태계 확장에도 적극적으로 나서고 있다.

마지막으로 프라이스라인의 역경매 방식 호텔 예약 서비스도 혁신적인 비즈니스 모델의 대표적인 사례로 꼽을 수 있다. 이 서비스는 기존의 호텔 예약 방식을 새롭게 바꾼 방식으로, 고객은 'Name Your Own Price' 기능을 통해 희망하는 숙박 조건(지역, 등급, 가격 등)을 입력하고, 이에 맞춰 원하는 가격을 제안한다. 호텔 측은 남은 객실을 활용하기 위해 고객의 제안을 수락하거나 거절할 수 있으며, 고객은 결제가 완료되기 전까지 호텔의 이름을 알 수 없다. 결제가 완료된 후에야 호텔 정보가 공개된다. 이 방식은 고객에게는 보다 저렴한 가격으로 숙박 기회를 제공하고, 호텔 측에는 남은 객실을 효율적으로 활용할 수 있는 기회를 제공한다. 인공지능 기술은 이 과정에서 고객과 공급자를 효과적으

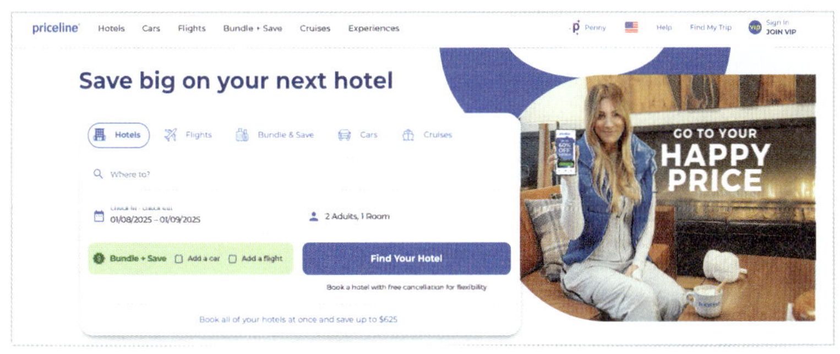

그림 4.5 프라이스라인 홈페이지(https://www.priceline.com)

로 연결함으로써 중개 비용을 줄이고, 여행 경비를 절감하는 데 기여하고 있다.

이처럼 다양한 기업들이 인공지능 기술을 활용하여 혁신적인 비즈니스 모델을 구축해 나가고 있다. 이러한 변화는 고객 경험을 개선하고, 운영 효율성을 높이며, 새로운 수익 창출의 기회를 제공하고 있다. 앞으로도 인공지능 기술이 계속 발전함에 따라, 더욱 다양하고 창의적인 형태의 비즈니스 모델이 등장할 것으로 예상된다.

(5) 인공지능의 미래 전망

• 인공지능 기술의 발전 방향

인공지능 기술은 앞으로도 지속적으로 발전할 것이며, 그 영향력은 점차 확대될 것으로 예상된다. 전문가들은 인공지능이 점점 더 고도화되어 인간의 인지 능력을 뛰어넘는 수준에 이를 것으로 보고 있다. 음성 인식, 자연어 처리, 컴퓨터 비전 기술의 발전은 인공지능이 인간과 더욱 자연스럽게 소통할 수 있는 환경을 만들고 있다. 또한 딥러닝과 머신러닝 기술의 정교화로 인해, 인공지능은 점차 복잡한 의사결정까지 수행할 수 있게 되며, 기존에 인간이 담당하던 업무를 일부 대체하게 될 것으로 보인다. 나아가 인공지능이 스스로 학습하고 창의적인 아이디어를 생성할 수 있는 수준에 도달한다면, 이는 인류에게 새로운 혁신의 가능성을 제시할 것으로 기대된다.

• 기업의 인공지능 전략 수립

이처럼 인공지능 기술이 빠르게 발전하고 있는 상황에서, 기업은 이에 대응하는 전략을 마련해야 한다. 먼저 자사의 핵심 역량과 비즈니스 목표를 분석하여, 인공지능 기술을 어떤 방식으로 도입하고 활용할 수 있을지 구체적인 계획을 세우는 것이 중요하다. 예를 들어, 운영 효율성 개선이나 신규 제품 및 서비스 개발에 인공지능을 접목할 수 있다. 아울러 인공지능 기술 도입을 위한 기반 조성에도 주력해야 한다. 인공지능 관련 전문 인재를 확보하고, 구성원들의 기술 역량을 강화하는 것이 필요하다. 더불어 인공지능 윤리와 보안 문제에도 선제적으로 대응해야 하며, 편향성 해소와 데이터 보안 강화를 위한 정책 마련이 필요하다.

• 인공지능과 사회적 변화

인공지능 기술은 사회 전반에 걸쳐 다양한 변화를 초래할 것으로 예상된다. 특히 자동화로 인해 일부 일자리가 대체되면서 실업 문제와 소득 불균형 심화 등 부작용이 나타날 수 있다. 이에 따라 정부, 기업, 교육기관 등 사회 구성원 모두가 협력하여 이러한 부작용을 최소화하고, 새로운 일자리 창출 및 교육 혁신 방안을 함께 모색해야 한다. 또한 인공지능의 윤리적 활용과 책임 있는 규제 체계를 마련하는 일도 중요하다. 개인정보 보호, 차별 방지, 공정성 확보 등의 원칙을 기반으로 엄격한 윤리 기준을 설정하고 이를 실천함으로써, 인공지능 기술이 인류 사회에 긍정적인 영향을 줄 수 있도록 해야 할 것이다.

참고문헌

- Turing, A., & McCarthy, J., 인공 지능의 기초, 인공 지능 연구 저널. https://exampleurl.com, 1950년대.
- Russell, S., & Norvig, P., 인공지능: 현대적 접근 방식 (4판), Pearson, 2021.
- Goodfellow, I., Bengio, Y., & Courville, A., 딥러닝, MIT Press, 2016.
- Brynjolfsson, E., & McAfee, A., 기계, 플랫폼, 군중: 디지털 미래 활용, WW Norton & Company, 2017.
- Davenport, T. H., & Kirby, J., Only humans need apply: Winners and losers in the age of smart machines, Harper Business, 2016.
- Topol, E. J., 심층 의학: 인공지능이 어떻게 헬스케어를 다시 인간답게 만들 수 있을까, 기본 서적, 2019.
- Smith, A., & Anderson, J., 인공지능을 통한 개인화된 고객 경험: 비즈니스 전략 혁신, Business Insights Press, 2018.
- Christensen, C. M., Raynor, M. E., & McDonald, R., 혁신가의 솔루션: 성공적인 성장 창출 및 유지, Harvard Business Review Press, 2015.
- Stone, B., 모든 것의 가게: 제프 베조스와 아마존의 시대, 리틀, 브라운 앤 컴퍼니, 2013.
- Lee, K.-F., & Qiufan, C., 인공지능 초강대국: 중국, 실리콘 밸리, 그리고 새로운 세계 질서, Houghton Mifflin Harcourt, 2018.
- CB Insights, 인공지능 스타트업: 트렌드 및 투자 통찰력, https://www.cbinsights. com, 2023.

- Chui, M., Manyika, J., & Miremadi, M., 스마트 제조: 인공지능이 생산 라인을 어떻게 변화시키고 있는가, McKinsey, 2018.
- Dapp, T. F., & Rech, B., 금융 서비스에서의 인공지능: 사용 사례, 과제 및 앞으로의 길, Deutsche Bank, 2018.
- Blank, S., & Dorf, B., 스타트업 오너 매뉴얼: 훌륭한 회사를 만드는 단계별 가이드, K&S, 2012.
- Osterwalder, A., Pigneur, Y., Bernarda, G., & Smith, A., 가치 제안 설계: 고객이 원하는 제품과 서비스를 만드는 방법, 2014.
- Gans, J., Goldfarb, A., & Agrawal, A., 예측 기계: 인공지능의 간단한 경제학, Harvar, 2019.
- McKinsey & Company, 2020년 인공지능의 상태: 진행, 추세 및 과제, https://www.youtube.com/watch?v=xVxVxZZZYYY.맥킨지.com, 2020.
- Osterwalder, A., & Pigneur, Y., 비즈니스 모델 생성: 비전가, 게임 체인저, 도전자를 위한 핸드북, 2010.
- Brynjolfsson, E., & McElheran, K., 기계와의 경쟁: 인공지능과 데이터 분석이 비즈니스 결정을 어떻게 변화시키고 있는가, 2016.
- Davenport, T. H., & Kirby, J., 인간만 적용하면 됨: 스마트 머신 시대의 승자와 패자, Ha, 2016.
- Gans, J., Goldfarb, A., & Agrawal, A., 예측 기계: 인공 지능의 간단한 경제학, 2019.

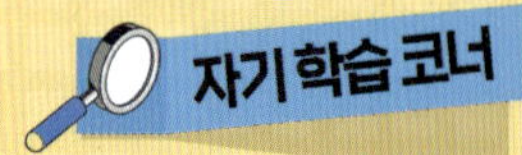

01 디지털 전환(Digital Transformation)과 인공지능 기반 의사결정(AI-Driven Decision Making)의 개념을 각각 설명하고, 본문에 제시된 예시를 각 1개씩 들어 적용하여 설명하시오.

02 본문에서 제시한 '인공지능이 기업 경영에 미치는 영향' 4가지를 항목별로 정리하시오.

03 인공지능 기반 비즈니스 모델의 특징 3가지를 쓰고, 각 특징에 맞는 예시를 1개씩 적으시오.

04 프라이스라인의 'Name Your Own Price' 방식이 기존 예약 방식과 다른 점을 2가지 쓰시오.

05 인공지능이 사회에 가져올 수 있는 부작용을 2가지 제시하고, 이를 최소화하기 위한 사회적 대응(정부 · 기업 · 교육기관)을 한 문장으로 정리하시오.

5장
인공지능과 통계
AI
AI
AI
Ai

1 통계는 어디서 시작했을까?

우리가 흔히 사용하는 '통계'라는 말의 어원은 라틴어 'status'에서 유래한다. 본래 '상태' 또는 '상황'을 뜻하는 이 단어는 16~17세기 유럽에서 국가의 전반적인 상태를 파악하기 위한 숫자 기록을 의미하는 데 사용되었다. 특히, 18세기 독일에서는 '국가에 관한 수치적 정보'를 뜻하는 독일어 'Statistik'이 등장했고, 이는 곧 국가의 경제, 인구, 사회 상황 등에 대한 자료를 수집하고 분석하는 개념으로 발전했다. 동양에서는 '흩어진 정보를 모아(統) 계산하고 분석한다(計)'는 의미로 풀이된다.

이후 통계(statistics)는 연구와 분석을 위한 수치 자료의 집합이나 그것을 다루는 방법론을 지칭하게 되었고, 현대에 들어서는 다양한 분야에서 데이터를 수집하고 해석하는 독립된 학문으로 자리 잡았다. 통계는 오늘날 과학적 도구로 널리 쓰이지만, 그 기원은 고대 사회까지 거슬러 올라간다. 고대 사회에서도 통계적 사고는 여러 영역에서 활용되었다. 예를 들어, 천문학과 달력 제작에서 바빌로니아는 별의 움직임을 기록하여 미래를 예측했고, 마야 문명은 정교한 달력을 만들기 위해 천문 데이터를 분석했다. 군사와 정치 의사결정에서는 로마 제국이 병력 배치와 물자 관리를 위해 인구 조사를 실시했으며, 중국 한나라는 국방과 농업 정책 수립에 통계 자료를 활용했다. 또한 건축과 도시 계획 측면에서도 통계는 적용되었는데, 이집트는 피라미드 건설 시 인력과 자재를 수치로 계산했고, 인더스 문명은 하수도 설계에 필요한 물 사용량을 체계적으로 파악했다.

그러나 고대의 통계에는 분명한 한계도 존재했다. 정밀한 자료수집 도구가 부족했고, 수집된 정보를 체계적으로 관리하고 보관하는 것도

그림 5.1 **3,700년 전 제작된 고대 바빌로니아 점토 수학 계측 자료**
자료: UNSW Sydney

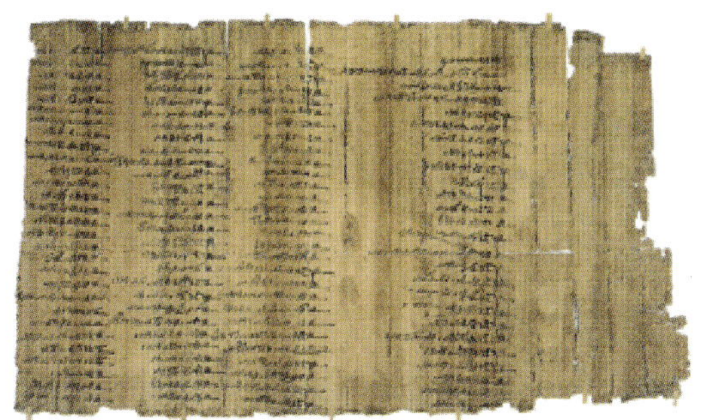

그림 5.2 **파피루스에 기록된 고대 이집트 주택 자료**
자료: 통계청 통계교육원

쉽지 않았다. 그럼에도 이러한 초기의 통계적 시도들은 오늘날 통계 개념의 밑거름이 되었으며, 고대 사회의 경험적 자료수집과 분석 활동은 현대 통계 방법론의 기초가 되었다고 볼 수 있다.

결론적으로 고대 사회는 통계를 오늘날처럼 명확히 정의하지는 않았지만, 나름의 방식으로 데이터를 수집하고 해석함으로써 수학과 계량의 기초를 마련했다. 이는 데이터의 분석과 활용이 인간 사회의 본질적인 일부임을 보여주며, 현대 통계의 발전을 위해 고대의 지혜를 되돌아보고 그 맥락을 이어가는 노력이 필요하다는 점을 시사하고 있다.

2 중세 암흑시대에도 데이터 통계를 활용했을까?

중세 시대는 현대처럼 통계가 체계화되거나 과학적으로 정의되지는 않았지만, 자료를 수집하고 활용하려는 다양한 시도가 더욱 발전적으로 이루어진 시기였다. 농업, 세금 징수, 인구 조사와 같은 영역에서 수리학적 사고와 기록은 중요한 역할을 하며 당시 사회와 경제 체제를 유지하는 데 기여했다. 대표적으로 유럽에서는 영국의 둠즈데이북(Domesday Book)이라는 책을 통해 토지와 인구 데이터를 조사하고 관리했으며, 교회와 수도원에서도 십일조 및 신도 수 조사를 시행하였다. 이를 통해 재정과 자원을 체계적으로 분석하고 관리했다. 특히 상인과 길드(guild) 또한 거래량과 시장 동향을 기록하며 경제 활동을 기록하고 분석했다. 신라시대 민정문서(民政文書)는 신라 지방 촌락의 경제 상황과 국가의 세무 및 각종 행정 정책을 알 수 있는 귀중한 데이터로 평가되고 있다.

그림 5.3 둠즈데이북(Domesday Book), 중세 잉글랜드의 토지조사서

자료: Wikimedia

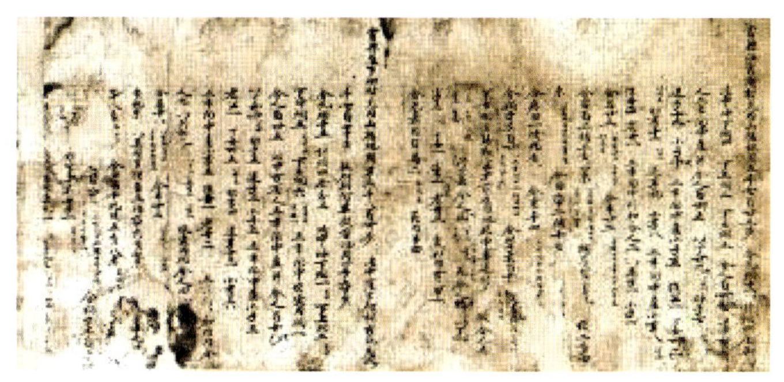

그림 5.4 신라 촌락 문서(新羅村落文書), 민정문서(民政文書)
자료: Wikimedia

당시 데이터를 기록하고 시각화하는 방식은 오늘날과는 달랐지만, 정보를 효과적으로 보존하려는 노력은 돋보였다. 양피지, 목재, 판자 등 다양한 재료에 데이터를 문서 형태로 기록했으며, 세금 장부나 도시 인구 조사 등을 통해 수집된 자료는 정책 결정이나 행정 운영의 근거로 활용되었다. 특히 교회에서는 천문학적 기록을 통해 성직자들이 천문 현상을 예측하고 이를 종교 의례의 기준 시점으로 삼는 등 데이터를 실제 생활에 적극적으로 적용한 사례도 볼 수 있다.

중세 시대 통계는 농업, 경제, 인구 관리, 군사, 천문학 등 다양한 분야에서 핵심적인 역할을 했다. 농업에서는 작물 수확량, 토지 소유, 세금 부과를 위한 자료가 활용되었고, 흑사병 이후, 줄어든 노동력을 보완하고자 인구 조사와 경제적 기록이 이루어졌다. 군사 분야에서도 병력 수, 무기 재고, 방어시설 상태 등을 기록하여 십자군 원정과 같은 대규모 작전을 계획하는 데 활용했다. 천문학 분야에서는 중세 대학과 이슬람 학자들이 체계적인 천체 관측 데이터를 축적하며 학문 발전에 기여했다.

특히, 이슬람 황금기의 학자들은 수학과 통계적 사고를 결합하려는 시도를 보였다. 알 킨디(Abu Yusuf Yaqub ibn Ishaq al-Kindi)와 같은 학자들은 수학적 기록과 함께 관찰 기반의 통계적 사고를 발전시켜 보다 정교한 자료 분석을 시도했다. 이들은 농업과 기후 패턴 간의 관계를 분석하려는 노력도 보이며, 인간과 자연 간의 상호작용을 이해하려는 초기 통계 분석의 시초로 평가된다.

물론 중세의 데이터 활용에는 여러 한계가 있었다. 정밀한 측정 도구와 표준화된 단위가 부족했고, 자료의 보관 또한 어려워 많은 데이터가 훼손되거나 소실되었다. 그럼에도 불구하고 이러한 초기의 관찰과 기록은 현대 통계학의 기초를 형성했다. 경험에 기반한 자료수집과 해석은 오늘날 의사결정과 분석의 중요한 기반이 되었으며, 중세 시대의 이러한 노력은 사회와 문화를 이해하는 데 통계가 얼마나 중요한 역할을 해왔는지를 잘 보여준다. 현대 통계는 이러한 역사적 경험 위에 쌓아 올려졌으며, 과거의 지혜를 되새기는 일은 오늘날 데이터 중심 사회에서 더욱 의미 있는 일이 될 것이다.

3 컴퓨터 기술의 발달은 통계 분석을 어떻게 바꾸었을까?

근대 이후 컴퓨터 기술의 발달은 통계학의 진보에 혁신적인 변화를 일으켰다. 데이터의 수집, 저장, 분석 과정이 컴퓨터와 결합되면서, 데이터 분석은 현대 사회의 핵심 도구로 자리매김하게 되었다. 산업혁명 이후 급증한 데이터 처리 수요와 함께 컴퓨터 기술이 발전하면서, 통계학은 더욱 넓고 정교한 방식으로 발전할 수 있는 기반을 확보하게 되었다.

컴퓨터와 통계의 융합은 19세기 찰스 배비지의 차분기관에서 그 맥을 찾을 수 있다. 이 기계식 컴퓨터는 대규모 계산을 가능하게 했으며, 20세기 초 허먼 홀러리스가 개발한 펀치 카드 시스템은 데이터를 자동으로 처리하는 혁신적인 도구로 주목받았다. 이를 통해 미국 인구 조사는 전례 없는 효율성과 정확성을 확보할 수 있었고, 복잡한 확률 계산과 통계 분석 과정이 자동화될 수 있는 기반이 마련되었다.

그림 5.5 **찰스 배비지**(1791~1871)
자료: Wikimedia

그림 5.6 **배비지의 디자인에 따라 만들어져 런던 과학 박물관이 소장하고 있는 통계 연산기**
자료: Wikimedia

데이터 저장과 시각화 측면에서도 컴퓨터 기술은 획기적인 진보를 이루었다. 초기에는 펀치카드(punch card)나 자기 테이프(magnetic tape)와 같은 물리적 저장 매체가 사용되었지만, 디지털 데이터베이스의 등장으로 데이터는 더 안정적이고 효율적으로 관리될 수 있게 되었다. 동시에 데이터 시각화 기술도 함께 발전하였다. 1960년대 등장한 통계 소프트웨어(SAS, SPSS)는 데이터 시각화와 분석을 손쉽게 가능하게 했으며, 이는 통계 모델 개발과 결과 해석의 효율성을 크게 향상시켰다.

이처럼 컴퓨터 기술과 통계의 결합은 경제, 의료, 공학, 사회·정치 등 다양한 분야에 적용되어 실질적인 성과와 혁신을 이끌어 냈다. 특히 경제와 금융 분야에서는 대규모 데이터를 분석해 시장을 예측하고 투자 전략을 수립하는 데 인공지능적 접근이 도입되었으며, 블랙–숄즈 모델(Black-Scholes Model)과 같은 금융 통계 기반 수학 모델에서 컴퓨터의 역할이 두드러졌다.[1]

빅데이터 분석의 기초가 되는 금융시장 파생상품 가격의 결정 모형[2]

콜옵션 가격 $c = S\Phi(d_1) - Ke^{-rT}\Phi(d2)$,

풋옵션 가격 $p = Ke^{-rT}\Phi(-d2) - S\Phi(-d_1)$,

$$d_1 = \frac{\ln(S/K) + (r+\sigma^2/2)T}{\sigma\sqrt{T}},\ d_2 = \frac{\ln(S/K) + (r-\sigma^2/2)T}{\sigma\sqrt{T}}$$

S는 시점 0의 주식(혹은 기초자산)의 가격, $\Phi(x)$는 표준정규분포의 누적분포함수, K는 행사가격, r은 무위험 이자율, T는 옵션 만기까지 남은 기간, σ는 주가의 변동성.

1 피셔 블랙과 마이런 숄즈는 1973년, 알베르트 아인슈타인의 브라운 운동 방정식을 기반으로 주식 시장의 옵션 가격을 계산하는 공식을 개발했고, 이후 로버트 머튼이 참여하면서 이 공식은 '블랙–숄즈 방정식'으로 알려지게 되었다. 숄즈와 머튼은 이 연구로 1997년 노벨 경제학상을 받았지만, 피셔 블랙은 1995년에 작고하여 이를 수상하지 못했다. 이 모델은 금융 상품 시장에서 빅데이터 분석 접근을 가능하게 하며, 전 세계적으로 금융 가격 예측의 기틀을 마련하였다.

2 복잡해 보이나 위의 방식대로 따라하면 엑셀로도 간단히 데이터를 입력하고 옵션 가격 계산을 할 수 있다.

의료와 생명과학 분야에서는 임상실험 데이터를 분석하고 생물통계학을 발전시키는 데 인공지능과 컴퓨터 기술이 큰 기여를 했다. 특히 유전체학 연구에서는 고성능 컴퓨터를 활용하여 DNA 데이터를 정밀하게 분석할 수 있게 되면서, 생명과학의 진보를 이끌었다. 공학 분야에서도 품질 관리와 생산 최적화를 위한 통계적 공정 제어(SPC)가 적극적으로 활용되었으며, 일본의 제조업에서는 식스 시그마(Six Sigma)와 같은 통계 기반 품질 개선 방법론이 성공적으로 도입되었다. 사회와 정치 분야에서도 여론조사와 선거 데이터 분석을 통해 보다 정밀한 예측이 가능해졌고, 정책 결정의 객관성을 높이는 데 기여했다.

알고리즘은 이제 복잡한 통계적 통찰을 자동으로 제공하는 도구로 자리 잡았으며, 인간과 기계의 협업 체계를 통해 새로운 분석 환경을 만들어 가고 있다. 그러나 빅데이터 시대가 도래하면서, 대규모 데이터의 수집과 개인 정보 보호 사이에서 균형을 유지해야 하는 윤리적 문제가 동시에 제기되고 있다.

이와 더불어, 현대 통계와 컴퓨터 기술에는 여전히 여러 과제가 남아 있다. 무엇보다 알고리즘이 편향된 데이터를 그대로 반영할 수 있다는 점은 심각한 문제로 지적된다. 또한 고차원 데이터를 다루는 복잡한 통계 모델은 사람의 직관으로는 이해하기 어려운 경우가 많으며, 컴퓨터 기반 분석에 과도하게 의존할 경우 분석 결과에 대한 통찰이 부족한 채로 잘못된 결정을 내릴 위험도 존재한다. 예를 들어, 잘못된 수학 모델의 사용이 실제 금융 위기를 유발했던 사례는 이러한 문제점을 잘 보여준다.

4 인공지능이 데이터 기반 통계를 혁명으로 이끌다

인공지능 시대의 도래는 통계학과 데이터 분석 방식에 혁신적인 변화를 가져왔다. 인공지능은 대규모 언어 모델을 기반으로, 통계적 접근과 딥러닝(deep learning) 기술을 결합해 인간의 언어를 이해하고 생성할 수 있는 수준까지 발전했다. 이는 과거 단순한 계산과 분석 도구에 머물렀던 전통적 통계학의 범위를 넘어, 데이터 해석과 활용의 새로운 지평을 열었다. 특히 방대한 데이터를 효율적으로 처리하고, 직관적인 방식으로 통찰을 제공함으로써 통계의 역할과 영향력을 한층 확대시킨 것이다.

이러한 인공지능 기술의 핵심은 통계 기반 언어 모델과 딥러닝 알고리즘의 결합에 있다. 이 모델은 방대한 텍스트 데이터를 학습하며 통계적으로 중요한 패턴을 식별하고, 그에 따라 적절한 결과를 생성한다. 단어나 문장의 패턴을 학습하는 과정에서는 확률 예측 기법(Probability prediction technique)이 활용되며, 이는 통계학의 기본 원리에 기반한다. 이처럼 인공지능은 언어를 이해하고 데이터를 분석해, 사용자에게 자연스럽고 유의미한 응답을 제공하는 데 있어 통계학적 기반을 적극적으로 활용하고 있다.

즉, 기존의 통계학이 주로 표본 데이터를 활용해 일반적이고 단순한

그림 5.7 대표적 인공지능 생성 도구들

결론을 도출했던 것과 달리, 생성형 인공지능은 대규모 빅데이터를 처리하며 더 방대한 정보를 기반으로 분석을 수행한다는 점에서 차별화된다. 복잡한 통계 분석 과정이 자동화되어 사용자는 간단한 명령만으로 회귀분석, 시계열 예측, 분류 모델 생성 등 다양한 분석을 손쉽게 수행할 수 있게 되었다. 더 나아가 자연어 기반 인터페이스를 통해, 통계에 대한 전문 지식이 없는 초심자도 원하는 분석 결과를 얻을 수 있는 환경이 마련되었다.

인공지능은 이러한 능력을 바탕으로 통계의 적용 범위를 크게 넓히고 있다. 데이터 과학과 비즈니스 분석에서는 대규모 데이터의 시각화와 인사이트 도출을 보다 간소화하고, 기업의 매출 데이터를 분석해 트렌드를 파악하거나 예측 모델을 제공한다. 의료 및 생명과학 분야에서는 임상시험 데이터 분석과 질병 예측을 통해 유전체학처럼 고도의 통계 분석이 요구되는 분야에서도 직관적인 해석이 가능하게 되었다. 또한 교육 영역에서는 통계 개념과 수식을 보다 쉽게 설명하며 학습자들이 통계를 이해하고 응용할 수 있도록 돕는다. 사회과학과 정책 연구 분야에서도 설문조사 데이터 분석을 지원하고, 정책 입안자에게 유의미한 통찰을 제공함으로써 데이터 기반 의사결정을 더욱 정교하게 만들어 준다.

이와 함께 생성형 인공지능은 통계적 사고의 철학적 전환도 이끌어내고 있다. 예를 들어, ChatGPT는 전문 통계 지식이 없는 사용자들도 데이터를 이해하고 활용할 수 있는 환경을 조성하며, 통계의 민주화를 실현했다.[3]

3 과거에는 통계 도구와 데이터가 전문적인 지식과 훈련을 받은 사람들만 사용할 수 있었지만, 통계 데이터에 접근하고 활용하는 권한을 특정 전문가나 소수 집단에 한정하지 않고, 더 많은 사람들이 이해하고 사용할 수 있게 되었다. 이에는 데이터의 접근성 확대, 사용자 친화적 도구 개발이 매우 큰 역할을 하였다.

이는 통계적 사고를 단순한 계산에서 창의적이고 직관적인 데이터 활용 방식으로 확장시킨다는 점에서 의미가 깊다. 결국 ChatGPT는 대규모 데이터를 분석하고 통계에 대한 관심을 대중화하는 데 중요한 역할을 수행하였다. 언어와 데이터의 융합을 통해 통계의 가능성을 넓혔으며, 이는 인공지능 시대 통계의 새로운 방향을 제시한다. 다만, 이러한 기술이 지속적으로 발전하기 위해서는 기술적 진보와 함께 사회적 책임 또한 함께 고려되어야 한다. ChatGPT가 변화시킨 통계의 미래는 데이터를 이해하고 활용하는 모든 사람에게 새로운 가능성을 열어주는 동시에, 데이터 중심 사회에서 우리가 지켜야 할 가치에 대한 성찰을 요구하고 있다.

5 이제 수포자도 데이터 전문가로 살아갈 수 있다

(1) 여러분이 수포자라면?

그렇다면 이제 여러분도 한번 시도해 보자. 혹시 자신을 '수포자'라고 생각해도 괜찮다. 방정식, 그래프, 이름만 들어도 어렵게 느껴지는 수학 공식들은 잠시 접어두자. '통계적 회귀분석'이라는 말만 들어도 머리가 아플 수 있지만, 데이터 중심의 시대가 되면서 통계를 알아야 할 기회는 점점 더 많아지고 있다. 불필요한 부담은 내려놓고 지금부터 순서대로 천천히 이 여정을 함께 따라가 보자.

(2) 통계적 회귀분석, 정말 어려운 걸까?

먼저 회귀분석(regression analysis)이란 무엇일까? 이름은 다소 어려워 보이지만, 간단히 말하면 '변수 간의 관계를 분석하는 방법'이다. 예

표 5.1 회귀분석 방정식

구분	수식형 $y=\beta_0+\beta_1x_1+\beta_2x_2+....+\beta_px_p+\epsilon$	행렬형 $y=X\beta+\epsilon$
형식	y : 종속변수(반응변수) $x_1x_2......x_p$: 독립변수(설명변수) β_0 : 절편 $\beta_1, \beta_2 ... \beta_p$: 독립변수의 계수 ϵ : 오차항	y : $n\times1$ 벡터(종속변수) X : $n\times(p+1)$ 행렬(독립변수) β : $(p+1)\times1$ 계수 벡터 ϵ : $n\times1$ 오차 벡터

를 들어, 중장년층의 소득과 소비 사이의 관계를 알고 싶다고 가정해 보자. 소득이 증가하면 소비도 함께 증가하는지, 연령에 따라 어떤 차이가 있는지, 그리고 그 관계는 얼마나 강한지를 살펴보는 것이 바로 회귀분석이다. 수학적으로는 다소 복잡한 방정식을 활용하지만, 요즘은 이런 계산을 직접 수행할 필요는 거의 없다. 컴퓨터와 통계 소프트웨어가 대부분의 과정을 대신 처리해 주기 때문이다. 분석 과정에서 사용자가 해야 할 일은 데이터를 준비하고, 몇 번 클릭만 해주는 것이 전부이다.[4]

(3) 돌아다니는 무료 데이터를 활용해 보자

사실 요즘은 데이터를 수집하기 위해 직접 설문조사를 진행할 필요가 거의 없다. 이미 정부가 정책적으로 막대한 예산을 들여, 생활 속 다양한 정보를 담은 방대한 공공데이터를 구축해 두었기 때문이다. 예를 들어, 앞서 언급한 고령자의 연령과 소득, 소비 간의 관계를 분석하고 싶다면, 이러한 공공데이터를 활용하면 된다. 관련 자료는 고용조사분석시스템을 통해 누구나 쉽게 찾을 수 있으며, 엑셀은 물론 STATA, SPSS, SAS 등 다양한 형식으로 자유롭게 내려받아 분석에 활용할 수 있다.

4 자동차의 내연기관 흡입, 압축, 배기, 폭발 등의 실린더 구조를 몰라도 여러분은 지금 쉽게 운전을 하는 것과 마찬가지이다.

그림 5.8 고용조사분석 시스템 자료 다운로드 화면

https://survey.keis.or.kr/klosa/klosadownload/List.jsp

(4) 최소한의 데이터 전처리만 하면 된다

자료를 내려받은 후에는 분석에 필요한 최소한의 전처리 과정만 거치면 된다. 이는 기본적인 엑셀 활용 능력만으로도 충분하다. 불필요한 항목은 모두 삭제하고, 분석에 필요한 아이디, 조사 연도, 연령, 소득, 소비 항목만 남겨두면 된다. 이후 분석의 편의를 위해 소득과 소비 변수에 로그값을 적용하여 분석을 진행하기로 한다.

	A	B	C	D	E	F	G
1	id(고령자아이디)	t(년도)	age(연령)	pincome(소득)	ln_pincome(로그소득)	consume(소비)	ln_consume(로그소비)
2	11	2020	87	75	4.317488114		
3	21	2020	65	333	5.80814249	200	5.298317367
4	22	2020	66	2733	7.913155186		
5	41	2020	84	325	5.783825182	100	4.605170186
6	42	2020	85	325	5.783825182		
7	51	2020	78	305	5.720311777		
8	52	2020	74	665	6.499787041	150	5.010635294
9	62	2020	76	383	5.948034989	120	4.787491743
10	71	2020	69	408	6.011267174	80	4.382026635
11	72	2020	79	888	6.788971743		
12	82	2020	75	2405	7.785305183	200	5.298317367
13	111	2020	74	3005	8.008032847		
14	112	2020	71	5	1.609437912	200	5.298317367
15	121	2020	59	405	6.003887067	250	5.521460918
16	122	2020	59	5	1.609437912		
17	131	2020	74	350	5.857933154		
18	132	2020	69	2030	7.615791072	200	5.298317367
19	151	2020	77	5	1.609437912		

그림 5.9 내려받은 데이터를 전처리한 엑셀 자료

(5) 이제 요리는 끝났다. Chat GPT에 넣고 질문만 하면 된다

이제 여러분이 해야 할 일은 GPT에 간단한 질문을 던지는 것이다. 이때 단순한 명령어보다 구체적인 옵션을 함께 제시하는 것이 훨씬 효과적이다. 예를 들어 다음과 같이 질문하면, 불과 몇 초 만에 결과 그래프는 물론 모델 요약, 회귀 계수, 해석까지 자동으로 제공된다. 아마 지구상에서 이보다 더 쉽게 통계 분석을 할 수 있는 방법은 없을 것이다.

- 데이터 업로드 및 질문

ChatGPT 4o

> 안녕하세요 Chat GPT님, 위의 자료는 고용조사 분석시스템의 고령자의 8차년도 소득과 소비에 관한 자료입니다. 로그소득을 독립변수로 로그소비를 종속변수로하여 회귀분석을 실시해주고, 해석을 해주시면 감사하겠습니다.

- Chat GPT 답변

> 이제 데이터를 정리하고 회귀 분석을 수행하겠습니다. [>-]
>
> 회귀분석 결과는 다음과 같습니다:
>
> 1. **모델 요약:**
>   - 종속변수: 로그소비 ($\ln(consumption)$).
>   - 독립변수: 로그소득 ($\ln(income)$).
>   - 결정계수 (R^2): 0.045, 즉 모델이 종속변수의 변동을 4.5% 설명합니다.
> 2. **회귀계수:**
>   - 상수항 (constant): 4.053 ($p < 0.001$), 유의미합니다.
>   - 로그소득 계수 ($\ln(income)$): 0.107 ($p < 0.001$), 유의미하며 양의 관계를 나타냅니다.
> 3. **해석:**
>   - 로그소득이 1 단위 증가할 때, 로그소비는 약 0.107 단위 증가합니다.
>   - 이는 소득이 소비에 양의 영향을 미치지만, 영향력이 크지 않음을 보여줍니다.
> 4. **기타 지표:**
>   - F-통계량은 1352로 매우 유의미 ($p < 0.001$).
>   - 잔차의 정규성 검정 (Jarque-Bera): 비정규성을 보일 가능성이 있습니다.
>
> 추가적으로 변수 확장이나 다른 모델을 적용해 분석을 심화할 수 있습니다. 필요하면 말씀해주세요!
> [>-]

- 그래프 그려주기 질문

매우감사합니다!. 그렇다면 2차원의 그래프로 나타내 주시고 회귀선을 그어주시고, 회귀선에 식을 표시해 주세요!

- Chat GPT 답변

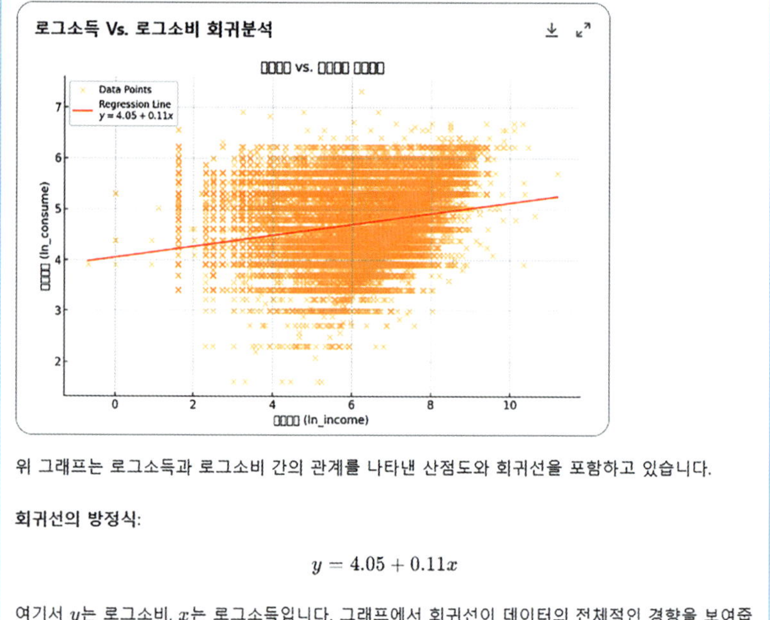

위 그래프는 로그소득과 로그소비 간의 관계를 나타낸 산점도와 회귀선을 포함하고 있습니다.

회귀선의 방정식:

$$y = 4.05 + 0.11x$$

여기서 y는 로그소비, x는 로그소득입니다. 그래프에서 회귀선이 데이터의 전체적인 경향을 보여줍니다.

추가적인 분석이 필요하면 말씀해주세요!

GPT는 로그 소득이 1 증가할 때 로그 소비가 약 0.11만큼 증가한다고 매우 친절하게 설명해준다. 이처럼 복잡한 분석이 단 몇 번의 명령으로 가능한 이유는, 통계학의 수학적 원리와 이를 구현한 프로그래밍 도구가 결합되어 있기 때문이다. Python과 같은 프로그래밍 언어의 라이브러리(pandas, statsmodels, matplotlib 등)가 계산을 자동으로 처리해 주며, 사용자는 간단한 명령만 입력하면 데이터 처리부터 시각화까지 자동으로 진행되도록 설계되어 있다. 따라서 이 과정에서 가장 중요한 것은 '통계 수식을 얼마나 깊이 이해했는가'보다는, '어떻게 질문하여 GPT로부터 필요한 정보를 효율적으로 끌어낼 수 있는가'라는 점이다.

6 윤리적 과제

그러나 이쯤에서 한 가지를 곰곰이 생각해 볼 필요가 있다. 인공지능과 통계의 융합은 데이터 활용의 폭발적인 확장을 가능하게 했지만, 동시에 여러 윤리적 과제를 함께 던지고 있다. 데이터의 수집, 분석, 활용 전 과정에서 공정성, 투명성 등 핵심 윤리적 가치가 위협받는 현실은 우리가 반드시 직면하고 해결해야 할 과제를 명확히 보여준다. 이는 단순한 기술적 한계를 넘어 사회적, 법적, 철학적 논의를 요구하는 문제다.

가장 먼저 제기되는 이슈는 데이터 수집과 프라이버시 문제다. 대규모 데이터를 수집하는 과정에서 개인의 민감한 정보가 침해될 위험이 크다. 특히 사용자의 동의 없이 데이터를 수집하거나, 개인정보가 유출되어 악용되는 사례는 이미 여러 차례 발생한 바 있다. 건강, 금융, 위치 정보처럼 민감한 데이터일수록 더욱 엄격한 보호와 관리가 필요하다.

데이터 편향과 공정성 문제도 간과할 수 없다. 학습 데이터에 포함된 편향이 그대로 인공지능 모델에 반영될 경우, 이는 불공정하거나 차별적인 결과로 이어질 수 있다. 위에서 사용한 공공데이터의 경우는 그나마 위험성이 낮지만, 고용, 대출 등 민감한 분야에서 특정 집단에게 불리한 판단이 내려질 경우, 이는 사회적 논란으로 이어질 수 있다. 이를 방지하기 위해서는 데이터 수집 단계부터 다양성과 포괄성을 고려하고, 알고리즘의 편향을 정기적으로 검토하고 보완하는 노력이 병행되어야 한다.

또한, 사회적 책임과 법적 규제는 이러한 윤리적 문제를 해결하기 위한 핵심 요소다. 인공지능 개발 단계에서부터 윤리 기준을 명확히 설정하고, 사회적 가치를 함께 고려하는 자세가 필요하다. 예를 들어 유럽의 GDPR(일반 개인정보 보호 규정)은 데이터 보호에 있어 명확한 법적 기준을 제시하며, 윤리적 인공지능 개발을 촉진하는 데 기여하고 있다. 이러한 제도적 장치와 함께, 공공 캠페인이나 교육 프로그램 등을 통해 윤리적 데이터 활용에 대한 인식을 넓히는 노력도 필요하다.

결론적으로, 통계 자료의 수집부터 결과의 활용에 이르기까지 전 과정에서 윤리 문제는 피할 수 없는 핵심 과제다. 인공지능과 통계의 융합은 데이터 활용의 새로운 가능성을 열었지만, 윤리적 기준과 책임 없는 기술은 대중의 신뢰를 얻을 수 없다. 따라서 데이터 중심 사회에서는 기술 발전과 함께 윤리적 논의와 실천이 동시에 진행되어야 한다. 그래야만 모두가 신뢰할 수 있는 데이터 환경이 조성되며, 이는 인공지능 시대의 가장 중요한 과제 중 하나가 될 것이다.

참고문헌

- 정완상, 누구나 읽을 수 있는 수학의 역사, 지오북스, 2024.
- 이인철, 신라 촌락 사회사 연구, 일지사, 1996.
- 정기문, 처음부터 다시 배우는 서양고대사 메소포타미아, 이집트문명

부터 서로마제국 멸망까지, 책과함께, 2021.

- 더사이언스플러스, 바빌로니아 점토, https://m.thescienceplus.com/news/newsview.php?ncode=1065618991199704
- 과학학습, 수의 역사, https://smart.science.go.kr/scienceSubject/maths/view.action?menuCd=DOM_000000101001006000&subject_sid=310
- 나무위키, 둠즈데이북, https://namu.wiki/w/%EB%91%A0%EC%A6%88%EB%8D%B0%EC%9D%B4%20%EB%B6%81
- 한국민족문화대백과사전, 신라촌락문서, https://encykorea.aks.ac.kr/Article/E0032861
- 위키백과, 찰스 배비지, https://ko.wikipedia.org/wiki/%EC%B0%B0%EC%8A%A4_%EB%B0%B0%EB%B9%84%EC%A7%80
- Capiński, M., & Kopp, E., The Black-Scholes Model, Cambridge University Press, 2012.
- Montgomery, D. C., Peck, E. A., & Vining, G. G., Introduction to linear regression analysis, John Wiley & Sons, 2021.
- Open인공지능, Chat GPT 활용, https://open인공지능.com/index/chatgpt/
- 고용조사분석시스템, https://survey.keis.or.kr/klosa/klosadownload/List.jsp

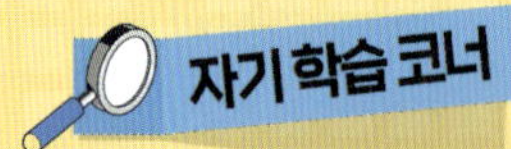

01 고대 중세 근대의 통계발달 속도를 비교해 보자.

02 인공지능이 통계에 미친 영향력을 정리해 보자.

03 향후 통계적으로 문제가 될 수 있는 윤리적 관점을 정리해 보자.

6장

인공지능과 예술

이번 장은 인공지능과 예술 사이의 관계를 조망하며, 인공지능이 예술의 창작, 해석, 소비 방식에 가져온 변화를 다양한 사례를 통해 논의한다. 인공지능의 창의적 프로세스는 예술의 민주화를 촉진하고, 새로운 형태의 협업을 가능하게 함으로써 전통적인 저작권 개념, 창작 주체의 정의, 예술적 가치의 기준에 근본적인 도전을 제기한다. 예술에 융합된 인공지능은 포괄적 다원성을 바탕으로 개인화된 예술적 경험을 제공하며, 예술의 의미를 재정의하고 시간과 공간의 제약 없는 접근성을 확대하고 있다.

그러나 이러한 변화와 함께 지식재산권, 진정성의 문제, 인간 창의성의 평가절하 등 윤리적 · 사회적 우려 역시 상존한다. 본 글은 이러한 우려에 대해 실제 인공지능 예술 사례를 바탕으로 그 영향을 분석하고, 혁신과 파괴라는 인공지능의 이중적 잠재성을 중심으로 윤리적, 문화적, 사회적 측면에서 요구되는 역할 변화를 고찰하고자 한다.

1 예술에 대한 인공지능의 의미

예술은 미디어 아트(Media Art)와 디지털 아트(Digital Art)의 등장과 수용을 통해 그 다양성과 가치의 확장을 경험해 왔다. 이 과정에서는 예술과 기술, 인문과 과학의 경계를 지키려는 노력과 더불어, 상호 간의 통섭과 융합을 통해 경계를 넘나드는 폭넓은 시각과 매체적 다양성에 대한 시도가 동시에 이루어졌다. 이러한 시도들은 다양한 분야에 응용되며, 새로운 가치를 창출하는 효과적인 방법으로 인식되고 있다. 그러나 서로 다른 영역 간의 개입과 소통은 갈등과 소비적 분쟁을 야기할 수 있으며, 그 효용성에도 불구하고 적극적인 수용이 어려운 근본적인 문제로 남아 있다. 예술과 인공지능의 협업, 그리고 그 결과물에 대한 예술적 가치 해석은 이러한 문제의 연장선상에 있다.

예술 영역에 등장한 인공지능은 단순한 매체적 가치를 넘어, 역할 자체를 대체할 수 있는 존재론적 논의를 불러일으킨다. 작가와 작품, 표현 주체, 예술의 소비와 매개적 속성 등은 예술과 기술의 진화에 따라 점차 경계가 모호해지고 있으며, 인공지능의 빠른 발전과 그 영역 확장은 그 모호성에 대한 논의 자체를 무의미하게 만들 만큼 경계를 허물고 있다. 가치의 발견과 표현을 통해 새로운 가치를 창출하는 일은 오랜 시간 예술의 독자적 역할로 여겨져 왔다. 그러나 기술의 발전과 함께 예술의 의미와 영역은 새로운 관찰과 전위적 표현을 통해 지속적인 확장을 거듭하고 있다. 표현 방법에 대한 논의와 함께 기술에 대한 예술의 시각은 기존의 것을 창의적으로 해석하여 새로운 의미를 부여함으로써 그 가치를 넓혀간다. 예술에서 기술은 가치 발현의 수단이자 창작 도구로 활용되며, 새로운 기술 역시 매체적 인지를 바탕으로 예술만의 독특성을 드러낸다. 오늘날 많은 작품에 인공지능 기술이 도입되고 있다.

예술적 감성, 인지의 다양성, 효과적인 소통 등 인공지능은 매체로서 다양한 의미로 활용되고 있으며, 비판적인 시각 속에서도 그 시도들은 사회적 · 시대적 변화를 반영한 예술의 전위적 행보로 인식되고 있다. 현재 인공지능은 정보를 전달하는 보조적 매체에서 나아가, 정보를 발현하고 가공하는 생성의 주체로 진화하고 있으며, 예술에 대한 보편적 소통의 도구이자 효율적인 조력자로 자리매김하고 있다. 오늘날 인공지능은 다양한 영역에서 변화를 주도하고 있다. 예술 분야에서는 그 결과의 예술성을 논하기에 앞서, 인공지능의 정체성에 대한 논의가 진행되고 있다. 특히, 창작이라는 인간의 고유 가치를 인공지능과 공유하거나, 경우에 따라 인공지능이 창작의 주체가 될 수 있다는 가능성은 비평적 논의보다 앞서 대중문화 속에서 자리 잡고 있는 현실이다. 부인할 수 없는 것은 인공지능 기술의 급속한 발전과 활용이 그 가치를 빠르게 확장시키고 있으며, 예술에 대한 개입도 더욱 적극적이고 구체적으로 전개되고 있다는 점이다.

(1) 창작의 민주화[1]

예술은 전통적으로 작가의 재능과 더불어 오랜 시간의 실험과 노력을 통해 완성되는 인간 고유의 창작 영역으로 여겨져 왔다. 그러나 오늘날 인공지능은 오랜 역사 속에서 축적된 다양하고 복잡한 예술의 기술과 지식을 일반화함으로써, 개별의 의도와 목적만으로도 새롭고 구체적인 결과물을 어렵지 않게 생성할 수 있도록 하고 있다. 누구나 예술적 표현에 대한 특별한 재능이나 구현 기술, 디지털 구조와 원리에 대한 깊은 이해가 없어도 맞춤형 생성 알고리즘을 활용하여 창작물을 만들어낼 수 있다. 이러한 환경은 누구든지 언제 어디서든 예술 창작에 참여할 수 있게 하며, 창작 활동이 소수 전문가의 영역을 넘어 대중적이고 일상적인 행위로 변화했음을 의미한다.

이와 같은 변화를 통해 인공지능은 예술을 보다 포괄적이고 다양한 목소리를 담아내는 매체로 구체화시키고 있으며, 예술 창작의 가치 역시 민주적 의미에서 참여와 소통을 기반으로 누구나 소유하고 공유할 수 있는 형태로 변화하고 있다. 다시 말해, 예술은 독점적(Exclusive)

1 'AI를 이용한 창작은 예술일까–예술창작의 민주화와 프롬프트 창작에 대한 변론', 김윤명, 대학원 신문, 2024.04.

영역에서 포괄적(Inclusive) 영역으로 전환되고 있으며, 예술 창작에 담긴 민주적 가치가 구현되고 있다. 이는 예술이 소수의 전유물이 아닌, 모두가 함께 참여하고 공유할 수 있는 보편적 커뮤니케이션 도구로 진화하고 있음을 보여준다.

(2) 예술 창작의 재정의

인공지능은 현재 표현의 절차적 의미에서 창작의 초기 아이디어 생성부터 완성에 이르기까지 다양한 방식으로 모든 과정에 개입할 수 있다. 특히 예술가는 인공지능과 협업하며 영감을 얻고 이를 구체화해나가며, 지능적 생성 알고리즘이 제안하는 서사 구조, 화면 구성, 색채, 형상, 음향, 리듬 등을 활용해 작품을 제작하고, 언제든지 수정과 보완을 거칠 수 있으며, 다양한 플랫폼을 통해 그 과정과 결과를 배포할 수 있다. 과거처럼 창작자가 단독으로 영감을 발현하고 작품을 완성하는 전통적인 창작 방식은, 이제 인공지능과 대화하고 상호작용하며 아이디어를 다듬고 실현하는 유기적 창작 과정으로 변화하고 있다. 이러한 변화는 긍정적으로 보면 예술 창작의 환경을 더욱 유연하고 풍부하게 만들며, 그로 인해 다양하고 실험적인 결과물의 생성이 가능해지고 있다. 그러나 앞서 언급한 바와 같이, 창작 주체에 대한 논의가 수반되지 않는다면 결과만으로 그 가치를 해석하는 데는 한계가 있다. 인간이 주체로 존재했던 전통적인 예술 창작의 의미를 완전히 부정할 수 없기 때문이다. 이러한 맥락에서 예술 창작의 개념은 기존의 '인간 중심 창작'에서 '인간–인공지능 협업 창작'으로 재정의될 필요가 있다.

오랜 역사 속에서 예술과 문화는 인간의 창조적 사고와 감정을 바탕으로, 그 과정과 결과가 지속되고 보존됨으로써 형성된 영역이었다. 그러나 인공지능이 창작에 적극적으로 개입하게 되면서, 창작을 인간 고유의 능력으로 간주하던 전통적 정의에 의문이 제기되고 있다. 방대한 데이터 학습을 통해 새로운 이미지, 음악, 문학 작품을 생성하는 인공지능의 등장은, 창작의 정의를 '의도를 지닌 인간 고유의 활동'에서 '새로운 형태를 만들어내는 능력'으로 확장시키고 있다.[2]

이러한 변화는 인간이 인공지능을 창작의 도구로 활용해 창조 과정을 가속화하고 효율을 높이면서, 새로운 예술적 표현 가능성을 인정하게 되는 흐름을 만들어 가고 있다.

(3) 오리지널의 변화

인공지능은 대규모 데이터를 기반으로 기존 창작 과정과 그 결과에 대한 트렌드, 기술적 구현 구조, 결과 기반의 평가 등을 분석하고 학습하여 새로운 형태의 작품을 생성할 수 있다. '새로움'의 의미는 기존과 완전히 다른, 이전에 존재하지 않았던 것을 의미할 수도 있고, 기존 결과물의 일부를 조합하거나 재구성하여 새로운 관점과 인식을 제시하는 경우도 포함될 수 있다. 어떤 방식이든, 창작 과정에 있어 인공지능이 생성한 창작물을 기존의 독창성 판단 기준에 따라 '작품'으로 볼 수 있는지, 단순한 수단으로 한정해야 하는지, 혹은 조력자로서 명시적인 인정이 필요한지는 예술의 관점에서 중요한 논의가 필요하다. 인공지능의 구현 논리는 인간의 인지 체계를 모방하고 있으며, 이러한 특성은 전통적으로 중요시되던 창작의 고유성, 독립성, 유일성의 개념에 도전할 수 있다. 창작 과정에서 인공지능의 개입이 활발해질수록 예술의 독창성과 더불

2 '특이점의 예술: 인공지능은 창의적일 수 있는가', 최선주, 스리체어스, 2019.

어 저작권에 대한 문제도 부각되며, 이는 시대적 흐름과 사회적 인식 변화를 반영하여 새로운 정의와 기준을 요구하게 된다. 따라서 예술의 의미와 그 가치를 재조명하고, 사회적 합의를 바탕으로 한 논의가 반드시 필요하다.

(4) 예술 경험의 확장

인터랙티브 아트(Interactive art)는 작가의 표현 의도에 따라 다양한 첨단 기술을 적극적으로 활용하며, 관객과의 상호작용을 통해 작품을 완성하고 예술성을 전달하는 대표적인 예술 장르이다. 오늘날 인공지능 기반의 인터랙티브 아트는 관객의 반응을 실시간으로 분석하여 보다 직접적이고 설득력 있는 구조의 맞춤형 콘텐츠를 제공한다. 관객은 작품에 적극적으로 참여하고 해당 환경에 몰입함으로써, 일방적인 관람방식의 전시나 공연으로는 전달하기 어려운 다양한 예술적 감흥을 경험할 수 있다.

예를 들어, 사용자와 실시간으로 상호작용하는 게임엔진에 인공지능의 지능적 판별 데이터를 유기적으로 연계하여 관객과 지속적으로 소통하는 구조를 적용하거나, 가상현실(VR), 증강현실(AR), 혼합현실(MR), 확장현실(XR) 기술과 결합한 실감형 공간을 구현함으로써 실제의 물리적 감각 경험까지 전달할 수 있다. 이러한 방식은 기존과는 다른 형태의 예술성 전달을 가능하게 하며, 그 과정 또한 보다 구체적이고 능동적이다. 관찰을 통한 수동적 감상이 아니라 작품에 직접 참여함으로써 관객의 능동적 반응을 유도하고, 예술적 경험의 외연을 확장할 수 있다. 감성적 경험과 기술에 대한 새로운 해석을 바탕으로 융합적 예술을 실현한다는 점에서 예술의 의미 확장과도 맞닿아 있다.

(5) 윤리적·사회적 논쟁

예술에 대한 인공지능의 역할은 작품의 소유권, 저작권, 예술적 주체성에 대해 기존과는 다른 윤리적·사회적 논의를 요구할 수 있다. 예를 들어, 인공지능이 생성한 작품에 모방 또는 표절 요소가 포함될 경우, 이는 원작자의 권리를 침해하는 문제로 이어질 수 있다. 인공지능의 미디어 데이터 생성 알고리즘은 대부분 기존의 방대한 데이터를 분석하고 학습한 결과를 바탕으로 작동하며, 제시어에 특정 예술적 트렌드나 패턴이 요구될 경우 기존 스타일의 일부 혹은 여러 스타일이 결합된 형태가 자연스럽게 반영될 수 있다.

이러한 경우 재현 정도나 유사성을 평가하기 이전에, 결과물이 예술가의 사회적 가치를 위협할 수 있으며 이는 곧 예술의 본질적 가치와 작가의 생존 문제로까지 논의가 확장될 수 있다. 인공지능을 활용한 예술 창작이 점차 대중화되고 그 가치가 인정받는 과정에서, 권리 침해 가능성에 대한 윤리적 기준과 법적 제도 마련이 요구된다. 더불어 인공지능이 창작한 예술물에 대한 권리와 책임의 소재 역시 명확하게 규범화되어야 하며, 앞서 언급한 바와 같이 사회적 합의와 가치관의 변화를 수용하기 위한 구체적인 노력도 함께 이루어져야 할 것이다.

2 예술과 인공지능의 협업

(1) 변화하는 순수예술

기술의 발전과 함께 예술의 의미와 인식이 변화함에 따라, 전통적인 순수예술(Fine Art) 영역에서도 인공지능을 비롯한 다양한 디지털 기술이 점차 활용되고 있다. 이는 작품의 발상과 표현 과정은 물론, 순수예술의 가치 보존과 지속 가능성을 위한 영역에서도 마찬가지다. 순수예술 작가들은 전통적인 표현 기법을 계승하면서도, 디지털 미디어를 통한 소통과 소비가 보편화된 사회 현실 속에서 첨단 기술을 완전히 배제하기 어렵다.

작품을 기획하고 표현하기 위한 과정에서, 오랜 시간 축적된 데이터 속에서 적절한 표현의 맥락을 찾아내는 능력은 순수예술 작가에게 중요한 역량으로 요구된다. 이때 방대한 양의 데이터를 분석하고, 의도에 맞는 사례를 선별하여 그 의미를 파악하는 데 인공지능은 매우 유용한 도구가 될 수 있다. 다양한 표현 기법의 조합 가능성과 이를 기반으로 한 새로운 방식의 개발은 새로운 대상 표현으로 이어질 수 있으며, 이는 작가에게 보다 진화된 창작의 기회를 제공한다. 인공지능이 과거의 다양한 예술 사례들을 학습하여 새로운 형태, 패턴, 색상 등을 조합 · 구성

그림 6.1 Mario Klingemann의 Memories of Passersby at Espacio SOLO
자료: Wikimedia, Namile17

함으로써 새로운 예술적 스타일을 제안하고, 작가가 이를 수용하고 조력자로 인정한다면, 이는 전통적 순수예술에 대한 새로운 패러다임으로 자리 잡을 수 있을 것이다.[3]

디지털 아티스트 '마리오 클링게만(Mario Klingemann)'은 인공지능 알고리즘을 활용하여 초현실적이고 예측 불가능한 추상 형상의 작품을 창작한다. 그의 대표작인 'Memories of Passersby 1'에서는 GAN (Generative Adversarial Network, 생성적 적대 신경망) 기반의 딥러닝 알고리즘을 통해 독특한 이미지 생성 과정을 시각화하여, 예술의 새로운 가능성을 제시하고 기존과는 다른 독창적인 작품 스타일로 주목받고 있다. 그는 자신의 표현 의도에 따라 인공지능이 생성한 이미지 결과물을 선별하고 수용함으로써 창작 과정에 개입한다. 캔버스 위에 표현된 전통적인 회화와 인공지능이 시각적으로 구성한 형상은 그 생성 방식에서는 차이를 보이지만, 관람자의 입장에서는 그 감상 경험에 있어 큰 차이를 느끼지 못할 수도 있다.

(2) 인터랙티브 아트의 확장

인터랙티브 아트는 앞서 언급과 같이 전통적 관람방식에서 벗어나 관객과 작품, 작가와 관객 사이를 적극적이고 구체적인 상호작용을 유도하는 표현 형식을 가진다. 관객이 작품에 직접 참여함으로써 작품의 일부가 되는 관람방식으로 예술을 단방향의 감상 대상에서 적극적으로 경험하고 참여하는 대화의 장으로 변화시킨다. 그러한 과정에 인공지능이 활용되면서 디지털 구조 및 시각 콘텐츠에 의한 보편적 상호작용을

3 'The Influence of AI in the Art World', Katlin Rogers, .ART blog, 2023.04.

벗어나 참여에 대해 더 유기적이고 적극적으로 반응하는 새로운 예술 경험의 방식으로 진화하고 있다. 특히 관객의 움직임 판별은 물론 지능적으로 그 변화를 예측하여 정교하게 대응함으로써 예술의 표현과 그 관람방식을 보다 유동성이고 지능적으로 진화시키고 있다.

예술 그룹 '팀랩(TeamLab)'은 관객의 움직임과 상호작용하기 위해 인공지능 알고리즘을 기반으로 한 프로젝션 맵핑(Projection Mapping) 기술을 활용한 작품 환경을 제시한다. 대표작 'TeamLab Borderless'는 관객이 전시 공간을 자유롭게 이동하며, 그 움직임에 따라 공간 자체가 지능적으로 반응하고 변화하는 형식으로 구성되어 몰입감 있는 환영적 경험을 제공한다. 기존의 공간 맵핑과는 달리, 더 높은 밀도의 가상 객체를 활용해 관객의 위치와 움직임을 정밀하게 인식하고 상호작용함으로써 관객의 보다 능동적인 참여와 몰입을 유도하며, 이는 작가의 표현 의도와 결합되어 새로운 형태의 예술적 경험을 창출한다.

그림 6.2 teamLab의 Borderless Tokyo(2024) 전시 영상 중 일부 캡처
자료: teamLab, teamlab.art/ko/e/tokyo

(3) 기계와의 협업

전통 예술에서 창작의 주체는 인간이다. 그러나 앞서 언급과 같이 인공지능의 개입으로 인해 창작 과정에서 예술가와 기계(machine)는 표현적 논의에서 상호 공존적 관계로 해석될 수 있다. 최초 발상에서 표현 대상의 관찰과 선택에 이르기까지 인공지능의 개입을 수용한다면 창작 주체의 의미가 공유 또는 확장될 수 있다. 창작에 대한 작가 고유의 본질과 그 표현 의지에 대한 논의가 배제된다면 예술 창작의 주체는 인간과 인공지능이 될 수 있으며 예술적 협업이 인정될 수 있을 것이다. 이러한 인식이 수용된다면 예술 창작의 변화, 예술 의미의 변화로 인식될 수 있다.

미디어 아티스트 '래픽 아나돌(Rafik Anadol)'은 인공지능 알고리즘을 활용해 세계 각지의 건축물 데이터를 분석하고, 이를 바탕으로 추상적

그림 6.3 Refik Anadol의 Unsupervised—Machine Hallucinations(2022–23) 전시 장면 캡처
자료: Refik Anadol Studio, https://refikanadol.com/works/unsupervised

구조의 작품을 창조하여 환상적이고 몽환적인 예술 경험을 제공한다. 그의 작품은 재생 과정에서 인공지능이 주도하는 데이터 재구성을 통해 입체적인 화면 공간을 끊임없이 변화하는 형상으로 채워나가며 '기계 기억(Machine Hallucinations)'이라는 주제를 시각적으로 구현한다. 이 사례는 예술의 주체를 인간에 한정하지 않고 기계와의 공동 창작을 수용하고 인정함으로써, 협업의 예술성과 그 가능성을 드러내며 예술의 새로운 지평을 여는 시도로 평가받는다.

전통적인 형식의 예술은 사전에 정의된 규격을 기반으로 정적인 상태를 유지하며 관람자의 관찰을 기다리는 경향이 있다. 이에 반해, 인공지능이 개입된 작품은 생성된 데이터를 시각화하는 과정을 통해 지속적인 변화를 보여주며, 끊임없이 새로운 형태로 관객을 맞이한다.

작가 '제이슨 살라반(Jason Salavon)'은 실시간으로 갱신되는 대중문화와 정치적 이슈에 관한 데이터를 활용해 작품을 제작한다. 이러한 데

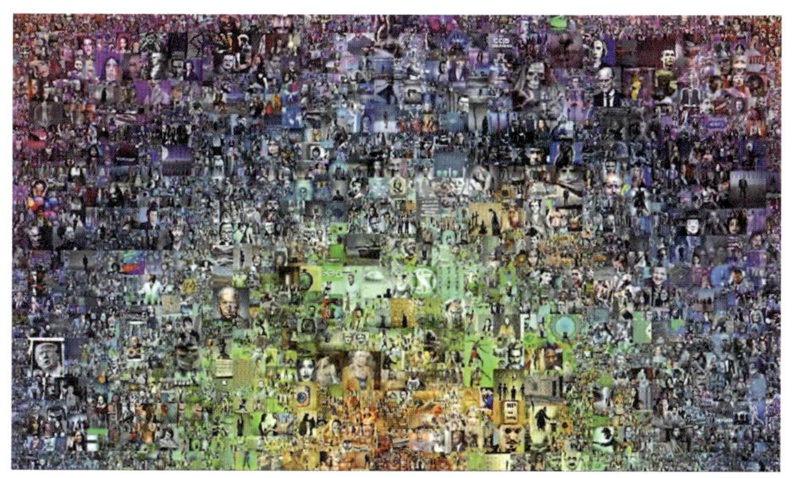

그림 6.4 Jason Salavon의 TODEM(2023) 전시 이미시 캡처

자료: Jason Salavon, http://salavon.com/work/todem

이터 기반 작품은 시간의 흐름에 따라 끊임없이 변화하며, 특정 순간에 생성된 예술의 의미를 강조한다. 그의 작품은 현재에도 실시간으로 변화하고 있으며, 모자이크 형식의 시각 구조 속에 다양한 이슈가 반영되어 표현되고 있다. 이러한 형식은 정적이고 고정된 예술의 의미를 벗어나, 순간적인 가치와 변화의 수용을 강조하며 오늘날 찰나적 관찰 문화의 반영으로 해석된다.

(4) 새로운 해석과 가치 부여

인공지능이 순수예술 창작에 활용되면서 작품의 의미와 해석 또한 더욱 다양화되고 있다. 인공지능의 패턴 분석을 기반으로 이미지, 텍스트, 사운드 등을 생성하는 과정에서는 언제든지 예기치 않은 결과가 도출될 수 있다. 이러한 결과는 기존 예술에서는 보기 어려운 형상이나, 익숙하지 않은 표현 방식으로 나타날 수 있기 때문에 새로운 해석의 가능성을 열어준다.

예술가 '하롤드 코헨(Harold Cohen)'은 인공지능 프로그램 'AARON'을 활용해 작품을 제작한다. AARON은 1973년부터 구상된 프로젝트로, 코헨이 평생에 걸쳐 협업한 인공지능 프로그램으로 잘 알려져 있다. 색상과 화면 구성에 대한 무작위 데이터를 바탕으로 인공지능의 선택과 작가의 참여가 결합되어 하나의 작품이 완성된다. AARON이 생성한 형태를 작가가 색으로 완성하는 방식은, 인공지능이 만들어낸 결과를 단순한 도구의 산물로 보지 않고 창조와 의도의 의미로 재해석하여 그 가치를 인정하는 시도로 해석된다.[4]

4 Harold Cohen: 'Once upon a time there was an entity named Aaron', Kate Vass, 2024.04.

이러한 해석은 인간의 창작물과 인공지능이 생성한 결과를 서로 다른 관점에서 바라보아야 함을 의미하며, 인간에 의해 만들어진 결과물과는 구별되는 시각적 · 인지적 가치를 부여함으로써 새로운 의미로 해석될 수 있음을 전달한다. 그의 시도는 인간과는 다른 새로운 대상에 대한 접근과 그 해석을 모색하고 있으며, 기존 순수예술의 본질이 변화할 수 있다는 가능성을 토대로 창조 개념의 확장을 시도하는 것으로 이해될 수 있다.

그림 6.5 AARON이 드로잉한 형태에 색을 칠하는 Harold Cohen(1982)[5]

자료: https://computerhistory.org/blog/harold-cohen-and-aaron-a-40-year-collaboration

5 'Harold Cohen and AARON—A 40-Year Collaboration', Chris Garcia, Computer History Museum, 2016.08.23.

(5) 관람방식의 변화와 예술의 확장

웹, 모바일 앱, 가상현실 등 디지털 기술과 인공지능을 활용한 전시가 구체화되면서 전시의 구조와 관람 방식 역시 변화하고 있다. 인공지능 기반 작품들이 디지털 플랫폼을 통해 고품질 멀티미디어 콘텐츠로 구현되면서, 오프라인 전시 공간을 찾지 않더라도 다양한 온라인 플랫폼을 통해 작품 감상이 가능해졌다. 특히, 소셜 미디어의 발전과 다양한 플랫폼의 등장은 작품과 관련된 폭넓은 정보를 연계함으로써 예술 경험과 참여를 확장시키고 있다. 기존 대면 관람 방식이 지닌 현장적 가치를 완전히 대체할 수는 없지만, 물리적 제약 없이 작가와 작품에 접근할 수 있다는 점은 작가와 관람객 모두에게 중요한 가치로 작용한다.

디지털 콘텐츠로 전환된 예술은 감상과 소비의 측면에서 시간과 공간의 제약이 없는 새로운 예술 형식으로 자리잡고 있으며, 이러한 작품 감상과 예술성의 전달은 인공지능과 같은 진보된 매체를 통해 점차 일상화되고 있다. 세계 유수의 미술관과 박물관들은 이미 오래전부터 디지털 전시 플랫폼을 활용하여 온라인 감상 서비스를 제공하고 있다. 더 나아가 '디센트럴랜드(Decentraland)[6]'와 같은 디지털 콘텐츠 기반 갤러리는 가상현실 플랫폼과 웹을 통해 그래픽 작품 전시와 판매를 동시에 운영하면서, 창작자와 소비자가 시간과 장소의 제약 없이 전시, 감상, 구매 활동을 병행할 수 있게 하고 있다. 이러한 플랫폼은 기존 갤러리의 역할을 디지털 플랫폼으로 대체할 수 있음을 보여주며, 작가와 관객, 예술과 일상 사이의 거리를 좁히는 동시에 새로운 예술 소비 방식의 가능성을 시사한다.

6 https://decentraland.org

또한, 인공지능은 전 세계의 다양한 문화와 그 구성요소를 학습하고 통합할 수 있는 능력을 갖고 있다. 특정 지역의 문화나 양식에 국한되지 않고 다양한 문화적·예술적 요소를 융합함으로써 새로운 예술의 형태가 탄생할 수 있으며, 이는 곧 문화적 다양성의 확장으로 이어질 수 있다. 예를 들어, 여러 장르의 음악이나 미술 양식을 혼합한 작품은 특정 문화권에 한정되지 않으면서도 다양한 문화 정체성을 포괄하는 새로운 예술성을 구현할 수 있다. 이러한 과정에서 예술과 문화의 경계가 모호해지며, 그 결과물은 세계 관객이 공감할 수 있는 글로벌 문화 콘텐츠로 인식되고, 융합과 통섭을 통한 국제적 보편성으로 해석될 수 있다.

(6) 인공지능 협업 작품의 거래

인공지능 기반 예술 작품의 전시와 판매가 증가함에 따라 대중의 관심도 확대되고 있으며, 이에 따른 경제적 가치 또한 인정받고 있다. 특히 NFT와 결합된 디지털 아트 시장이 주목받으면서, 인공지능 기반 작품의 거래 역시 활발해지고 있다.

예술가 그룹 '오비어스(Obvious)'는 앞서 언급된 사례와 유사하게 GAN 기반 딥러닝 알고리즘을 활용한 초상화 시리즈를 선보이며 작가와 관람객 모두에게 새로운 예술적 경험을 제공하고 있다. 이 기술은 대규모 데이터셋에 대한 학습을 기반으로 하며,[7] 오비어스는 14세기부터 20세기까지의 초상화 이미지 약 15,000개를 데이터셋으로 활용하여 창의적이고 독창적인 작품 생성을 시도했다.

특히, 주목할 만한 작품으로는 '에드몽 드 벨라미 초상화(Portrait of

7 'Unsupervised Image-to-Image Translation Networks', Ming-Yu Liu, Thomas Breuel, Jan Kautz, 31st Conference on Neural Information Processing Systems(NIPS 2017), CA, USA. 2017.

그림 6.6 Portrait of Edmond De Belamy, Ovious, 2018
자료: https://www.christies.com

Edmond De Belamy)'가 있다. 이 작품은 2018년 5월 크리스티(Christie) 경매에서 약 43만 2천 달러(432,500달러)에 낙찰되며 큰 화제가 되었고, 인공지능과 예술의 협업 가능성과 예술적 가치 인정을 동시에 보여준 획기적인 사례로 평가되었다. 이는 전통적인 미술 시장에 변화를 가져온 사례일 뿐 아니라, 인공지능 기반 예술 작품의 상업적 가치를 재조명하는 계기가 되었다. 회의적인 시선도 존재하지만, 인공지능과 예술의 협업 사례 중 그 가치가 실질적으로 드러난 사례로서 다양한 분야에서 주목받고 있다. 나아가 디지털 예술 시장의 활성화, 인공지능 예술의 확대, 그리고 새로운 장르의 등장으로까지 해석될 수 있다.

인공지능 로봇 '소피아(Sophia)'는 2021년 인간 예술가와 협업해 디지털 아트 작품을 제작하였으며, 이 작품은 NFT(Non-Fungible Token) 플랫폼에서 약 70만 달러에 판매된 바 있다. 인공지능 로봇이 직접 창작

그림 6.7 NFT 작품 경매 전 자신의 그림을 감상하는 소피아 로봇[8]
자료: https://www.nytimes.com/2021/03/25/arts/sophia-robot-nft.html

에 참여한 이 사례는 NFT 시장에서 높은 가치를 인정받으며, 인공지능이 예술의 주체로 수용될 수 있는 가능성을 보여주었다. 동시에 디지털 아트와 NFT의 결합이 갖는 잠재력을 입증한 사례로 평가되고 있다.

인공지능 기반 이미지 생성기인 미드저니(Midjourney)는 사용자가 입력한 텍스트를 바탕으로 독창적인 디지털 아트를 생성한다. 이렇게 생성된 작품들은 NFT로 발행된 후 오픈씨(Opensea) 등 NFT 거래 플랫폼에서 판매되며, 일부 인기 작품은 수천 달러에 거래되기도 한다. 앞서 소피아 사례처럼 작가와의 협업이나, 작가 주도로 인공지능 생성기를 활용해 만든 작품들이 NFT 플랫폼에서 거래되는 사례도 점차 늘고 있다. 이 흐름은 인공지능 예술이 전통 예술 시장을 넘어 온라인 플랫폼을 기반으로 상업적 성과를 거둘 수 있음을 보여준다.

8 'The Latest Artist Selling NFTs? It's a Robot', Mike Ives, The New York Times, 2021.03.04.

'Async Art'는 인공지능과 상호작용하는 형식의 예술(Interactive Art) 작품을 제작 · 판매할 수 있는 플랫폼으로, 작품은 여러 레이어(Layer)로 구성되며 구매자가 각 레이어를 소유하고 변경할 수 있다. 이와 같은 방식은 인공지능 기반 작품을 실시간으로 변화시키며 예술적 경험을 확장시키는 역할을 했고, 대중적 주목을 받았다. 현재는 운영이 종료되었으나, 인공지능과 블록체인 기술을 결합한 창의적 디지털 예술 플랫폼으로서 새로운 예술 패러다임을 제시한 사례로 평가된다. 구매자가 작품의 일부를 소유하고 변형할 수 있다는 개념은 기존 예술 시장에서 불가능했던 것으로, 인공지능이 작품을 계속 변화시키고 대중의 직접 참여를 이끈다는 점에서 그 의미가 크다. Async Art는 예술, 기술, 상업의 혁신적 융합 사례로 주목받았으며, 해당 작품들은 현재 NFT로 등록되어 IPFS(Inter-Planetary File System: 탈중앙화 분산 파일 시스템)에 보관되고 있다.[9]

이상의 사례들은 인공지능 기반 예술이 전통 예술 시장을 넘어 디지털 플랫폼과 NFT와 같은 새로운 장에서도 성공 가능성을 입증한 것이다. 인공지능이 생성한 예술 작품은 독창성과 상호작용성을 바탕으로 전 세계에 실시간으로 공유될 수 있다는 점에서 높은 가치를 평가받고 있다. 이러한 흐름은 예술과 기술의 효과적인 융합 사례로 해석되며, 문화와 예술의 상업적 가치 확장에도 적극적으로 기여하고 있다.

(7) 예술가의 역할

새로운 기술의 등장은 예술가에게 전통적인 창작자의 역할을 넘어서

9 async.art

는 새로운 과제를 요구한다. 급속도로 발전하는 인공지능 기술을 효과적으로 활용하기 위해서는 기술적 구현 논리와 구조에 대한 이해가 선행되어야 하지만, 무엇보다도 작가는 자신의 표현 의도와 목적에 맞춰 필요한 기술을 유연하게 수용하고, 예술적 관점에서 그 당위성을 드러낼 수 있어야 한다. 이러한 접근을 통해 기술 개입의 예술적 효용성과 가치를 확인하고, 창작의 다양성, 예술의 확장, 다원적 역할에 대한 논의로 나아갈 수 있을 것이다.

앞서 언급한 바와 같이, 인공지능은 창작 주체에 대한 기존의 논의를 벗어날 수 있다면 예술가에게 매우 유용한 표현 도구이자, 새로운 아이디어를 구체화할 수 있는 창의적 조력자가 된다. 작가는 인공지능과의 협업을 효과적으로 수행하기 위해 그 관계를 구체화하고, 생성된 결과물의 예술적 정당성을 확보하기 위한 실험과 연구를 지속적으로 수행해야 한다. 예술과 기술이 교차하는 과정에서는 컴퓨터, 관람객, 비평가와의 다양한 채널을 통해 소통하는 역할도 함께 요구된다. 특히 인공지능은 방대한 데이터를 기반으로 작동하기 때문에, 예술가는 데이터에 대한 논리적 해석과 예술적 변환을 자유롭게 넘나드는 역량을 갖춰야 한다. 이는 전통적인 창작 방식과는 확연히 다른 접근이며, 예술가에게 결코 가볍지 않은 부담일 수 있다.

결국, 예술가가 인공지능과 협력하여 예술의 경계를 확장하고자 한다면, 기술에 대한 이해를 바탕으로 자신의 예술성을 주체화하는 새로운 역할이 요구된다. 이와 같은 과정을 통해 예술가는 더 이상 고립된 창작자가 아니라, 기술과 협업하여 예술의 의미를 지속적으로 재정의하는 '융합적 매개자'로 진화할 수 있으며, 예술은 그러한 과정 속에서 끊임없이 새롭게 창조되고 확장될 수 있을 것이다.

(8) 인공지능을 거부하는 예술

예술 창작 과정에 인공지능의 개입이 구체화되면서, 많은 작가와 예술 단체들은 그 도입 자체에 반대 입장을 보이며 창작 과정과 가치에 대한 깊은 우려를 표명하고 있다. 이들은 인공지능이 생성한 콘텐츠뿐 아니라, 그 기술 자체가 예술의 본질과 창작자의 역할, 그리고 가치를 위협할 수 있다고 주장한다. 다음은 대표적인 저항 사례들이다.

'Human Artistry Campaign'은 미국의 대표적인 예술가 단체 연합으로, 2023년 워싱턴 DC와 텍사스 오스틴에서 레코딩 아카데미(Recording Academy), 전미 음악출판협회(NMPA), 미국 작곡가, 저작권자, 출판사 협회(ASCAP) 등 40여 개 단체와 함께 인공지능의 창작 개입이 예술의 본질을 위협한다는 주장을 펼쳤다.[10] 이들은 인공지능의 영향력 확대를 견제하고자 다양한 대응 활동을 전개하고 있으며, 2024년에는 그래미 어워즈에서 인공지능 음악 수용에 대한 가이드라인 제정을 제안하는 등 제도적 개입을 포함한 구체적이고 적극적인 입장을 취하고 있다.[11] 이들의 핵심 주장은 인공지능이 인간의 창의성을 대체할 수 없고, 인공지능 작품은 인간 창작물에서 파생된 결과이므로 원작자의 권리를 침해할 수 있다는 것이다. 특히 음악, 문학, 미술 등 창작 전반에서 인공지능의 개입이 심화되면 예술가의 수익과 창작 고유성이 훼손될 수 있다는 우려를 제기한다.

한편, 인공지능 이미지 생성 기술의 급속한 발전과 함께 Midjourney, Stable Diffusion, DALL-E 등의 플랫폼을 통한 창작 방식은 직업 예술가

10 '17 Mar The Guild Joins the Human Artistry Campaign', Rebecca Blake, The Graphic Artist Guild. Guild News, 2023.03.16.

11 brunch.co.kr/@uxn00b/323

의 전통적 가치를 위협할 수 있다. 특히, 'ArtStation'과 같은 디지털 아트 플랫폼에서 기존 작품들을 학습 데이터로 활용하고 있는 현실에 대해, 그래픽 아트 작가들은 심각한 저작권 침해와 윤리적 문제를 지적하고 있다.[12] 인공지능이 인간의 작품을 모방하고 특정 스타일을 무단 차용할 경우, 이는 창작자의 권리를 침해하는 행위가 될 수 있다. 더불어 인공지능 작품이 상업적 목적으로 즉시 활용되는 경우, 예술 창작에 대한 존중과 가치가 크게 훼손될 수 있다는 주장도 제기된다. 이에 따라 일부 작가들은 인공지능 기반 작품의 표시 의무화 또는 플랫폼 내 금지를 요구하고 있다. 이와 같은 입장은 창작 스타일 무단 차용, 저작권 침해 등 구체적인 문제들을 중심으로 인공지능 창작 기술을 비판한다.

또한, 일부 독립 영화 감독과 작가들은 인공지능이 시나리오 작성, 영상 편집, 연출 등 창작 전반에 개입하는 것에 대해 강한 반대 입장을 보이고 있다. 이들은 인공지능이 상업적 대중성을 우선하는 경향을 보이면서, 예술적 다양성과 실험성이 희생될 수 있다고 우려한다. 특히, 독립 영화와 같은 실험적 예술이 사라질 수 있다는 점을 들어, 인공지능의 영화 및 공연예술 분야 개입에 대해 강하게 문제를 제기하고 있다. 이들의 주장은 상업성에 의해 예술성이 훼손될 수 있으며, 다양한 예술 표현의 보호를 위해 인공지능의 개입은 제한되어야 한다는 관점이다.

국내에서는 '한국화가협회' 등 전통 예술 단체들이 인공지능 도입에 대해 유사한 우려를 표명하고 있다. 이들은 전통 회화는 예술가의 감성과 오랜 수련, 노력의 결과로 이루어진 것으로, 인공지능은 이러한 예술 창작의 진정성을 대체할 수 없다고 주장한다. 특히 인공지능 예술의 상

12 'AI의 습격, 인간의 반격–할리우드 창작자 7인 인터뷰', 한겨레신문, 임지선, 2024.02.13.

업화가 과도하게 진행될 경우, 전통 예술의 고유 가치가 훼손될 수 있다는 점에서 깊은 우려를 표하고 있다. 이들은 인공지능이 문화적 깊이나 예술적 감동을 담아내지 못하며, 전통 예술의 본질을 위협한다고 지적한다.

이러한 주장들은 전반적으로 창작에 대한 인공지능의 개입을 경계하며, 창작의 진정성, 저작권 보호, 직업적 안정, 예술의 순수성과 다양성 유지를 핵심으로 한다. 기본적인 해결책으로는 인간 창작물과 인공지능 창작물의 명확한 구분, 인공지능 개입 여부의 표시 의무화 등이 제시되며, 이는 단순한 기술 반대가 아니라 인간 창의성의 본질적 가치를 보호하려는 시도로 해석할 수 있다. 결국, 기술적 가능성과 예술의 본질 사이에서 균형을 모색하는 논의가 필요하며, 예술의 중심은 여전히 인간에 있다는 인식이 이러한 논의의 출발점이 되고 있다.

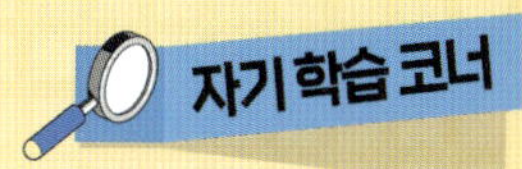

01 역사에서 예술 창작의 역할과 가치를 설명해 보자.

02 인공지능 예술의 영역과 변화를 확인할 수 있는 사례를 찾아 설명해 보자.

03 예술 가치의 변화를 일상에서 찾아보고 인식 변화와의 연관성을 고찰해 보자.

7장

인공지능과 컴퓨터

1 인공지능이란 무엇인가?

(1) 인공지능의 정의

인공지능(AI, Artificial Intelligence)은 인간의 지능이 수행하는 다양한 작업을 기계가 모방하도록 설계된 첨단 기술을 말한다. 기계가 인간처럼 학습하고, 추론하며, 문제를 해결하고 언어를 이해할 수 있도록 만드는 것이 그 핵심이다. 다시 말해, 인공지능은 "기계가 생각하게 만드는 기술"이라 할 수 있으며, 이를 통해 인간의 활동을 더 효과적으로 지원하고 업무의 효율성을 높이는 데 활용된다.

인공지능의 핵심 목표 중 하나는 학습이다. 이는 데이터를 바탕으로 지식을 축적하고, 이를 통해 새로운 상황에 적응하거나 문제를 해결하는 능력을 의미한다. 학습과 더불어, AI는 논리적 판단에 기반해 문제를

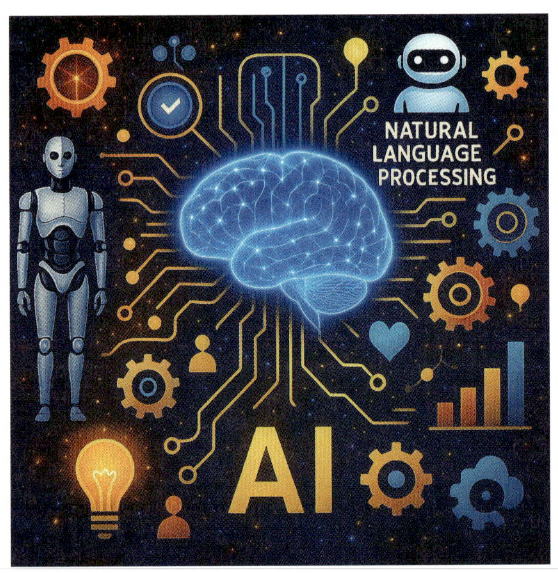

그림 7.1 인공지능(AI)의 개념

해결하는 추론 기능도 갖추고 있어 복잡한 상황에서도 적절한 결정을 내릴 수 있다. 이러한 학습과 추론 능력은 인공지능이 실질적으로 작동하고 응용될 수 있는 기반이 된다.

또한, 자연어 처리와 자율성 역시 주요한 요소로 꼽힌다. 자연어 처리는 인간의 언어를 이해하고 생성하는 기술로, 대화형 AI나 번역 시스템 등에서 핵심적인 역할을 한다. 자율성은 인공지능이 인간의 직접적인 개입 없이 독립적으로 작업을 수행할 수 있는 능력을 뜻하며, 이를 통해 자율주행 차량, 로봇, 스마트 시스템 등 다양한 기술적 진보가 가능해졌다. 이처럼 인공지능은 인간의 삶을 더 편리하게 만들고, 새로운 가능성을 여는 핵심 기술로 자리매김하고 있다.

(2) 인공지능의 분류

인공지능은 그 지능의 수준과 목적에 따라 크게 세 가지 유형으로 나눌 수 있다. 좁은 인공지능(Narrow AI), 일반 인공지능(General AI), 초지능(Superintelligence)으로 구분되며, 각각은 기술적 특성과 발전 단계에 따라 뚜렷한 특징을 가진다. 이러한 분류는 인공지능의 발전 흐름을 이해하고, 그에 따라 발생할 수 있는 사회적·윤리적 영향에 대해 살펴보는 데 중요한 기준이 된다.

첫 번째로, 좁은 인공지능(Narrow AI)은 특정한 작업에 특화된 인공지능을 의미한다. 이 유형은 하나의 구체적인 기능에 집중하며, 정해진 범위 내에서 높은 효율을 발휘한다. 예를 들어, 음성인식을 수행하는 시리나 구글 어시스턴트, 사용자의 취향에 맞춘 콘텐츠를 추천하는 넷플릭스나 유튜브의 알고리즘 등이 대표적인 사례다. 좁은 인공지능은 현재 일상에서 가장 흔히 접할 수 있는 형태로, 다양한 생활 속 문제

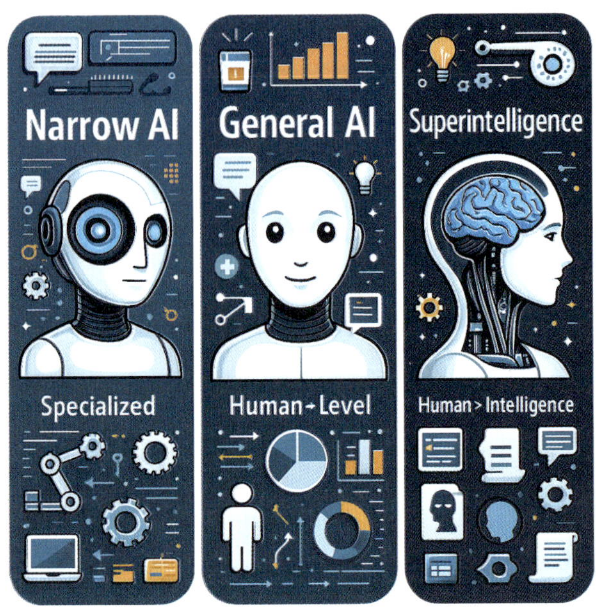

그림 7.2 인공지능의 세 가지 분류

해결에 폭넓게 활용되고 있다.

두 번째는 일반 인공지능(General AI)으로, 인간처럼 다양한 작업을 수행할 수 있는 능력을 지닌 인공지능을 말한다. 이는 특정 분야에 한정되지 않고 여러 문제에 유연하게 대응할 수 있는 능력을 목표로 한다. 현재 일반 인공지능은 연구 단계에 있으며, 이를 완전히 실현하기 위해서는 기술적 · 철학적 과제가 여전히 많이 남아 있다. 만약 실현된다면, 인공지능 기술은 새로운 전환점을 맞이하며 사회 전반에 혁신적인 변화를 일으킬 가능성이 크다.

마지막으로, 초지능(Superintelligence)은 인간의 지능을 훨씬 능가하는 수준의 인공지능을 뜻한다. 이는 단순히 인간의 작업을 대신하는 것을 넘어, 인간의 사고력과 판단 능력까지 뛰어넘는 존재로 간주된다.

초지능은 아직 현실화되지 않은 개념으로, 주로 이론적 · 철학적 논의나 SF 작품에서 다뤄진다. 이 수준의 인공지능은 그 잠재력이 막대한 만큼, 윤리적 · 사회적 문제에 대한 깊이 있는 논의가 필요하며, 향후 인간과 인공지능의 관계에 대해 근본적인 성찰을 요구한다.

(3) 인공지능의 구성 요소

인공지능은 다양한 기술과 구성 요소가 유기적으로 결합되어 작동하며, 이를 통해 학습, 예측, 문제 해결 등 여러 작업을 수행한다. 이러한 구성 요소들은 인공지능의 핵심 작동 원리를 이해하는 데 중요한 역할을 하며, 각 요소는 서로 긴밀하게 연결되어 있다. 인공지능을 이루는 주요 요소로는 머신러닝, 딥러닝, 데이터, 알고리즘 등이 있다.

먼저, 머신러닝(Machine Learning)은 데이터를 기반으로 학습하여 미래를 예측하거나 결정을 내리는 기술이다. 인공지능의 기반이 되는 기술 중 하나로, 데이터를 분석하고 그 속에서 패턴을 도출함으로써 새로운 상황에서도 유의미한 결과를 만들어낼 수 있다. 금융 예측, 의료 진단, 고객 행동 분석 등 다양한 분야에 활용되며, 학습을 통해 지속적으로 성능을 개선할 수 있는 특징을 지닌다.

딥러닝(Deep Learning)은 머신러닝의 하위 분야로, 인공 신경망(Artificial Neural Network, ANN)을 기반으로 복잡한 데이터를 학습한다. 다층 구조의 신경망을 활용하여 음성인식, 이미지 분류, 자연어 처리 등 고난도의 작업을 수행할 수 있으며, 사람처럼 데이터를 다층적으로 이해하고 처리하는 능력을 갖춘 것이 특징이다. 자율주행 자동차나 인공지능 비서와 같은 기술에도 널리 활용되고 있다.

데이터는 인공지능 학습의 기본 자원으로, 그 자체가 인공지능의 작동을 가능하게 하는 핵심 요소다. 이미지, 텍스트, 숫자 등 다양한 형태의 데이터가 입력되며, 인공지능은 이를 바탕으로 학습과 추론을 수행한다. 데이터의 품질과 양은 인공지능 성능에 직접적인 영향을 미치기 때문에, 신뢰할 수 있고 충분한 데이터를 확보하는 것은 인공지능 개발에서 매우 중요한 과제다.

마지막으로, 알고리즘은 인공지능이 학습하고 문제를 해결할 수 있도록 돕는 절차와 규칙의 집합이다. 데이터를 분석하고 적절한 모델을 학습시키며, 주어진 문제를 해결하는 데 필요한 방법을 제공한다. 다양한 유형의 알고리즘이 존재하며, 문제의 특성에 따라 적합한 알고리즘을 선택하는 것이 중요하다. 인공지능의 성능과 효율성은 알고리즘의 설계와 구현에 크게 좌우되며, 이를 통해 인공지능이 실질적으로 기능을 수행하게 된다.

(4) 인공지능의 사례

인공지능은 다양한 기술을 통해 일상생활에 혁신을 가져오고 있으며, 그중에서도 음성인식, 컴퓨터 비전, 추천 시스템은 대표적인 응용 사례로 꼽힌다. 이러한 기술들은 각각의 작동 원리를 바탕으로 사용자 경험을 향상시키고, 업무의 효율성을 높이는 데 기여하고 있다.

먼저, 음성인식은 사용자의 음성을 텍스트로 변환한 뒤 이를 분석하여 명령을 수행하는 기술이다. 구글 어시스턴트, 시리, 알렉사와 같은 인공지능 기반 음성 비서는 이 기술을 활용해 사용자와 대화를 나누고, 일정 관리, 정보 검색, 스마트 기기 제어 등의 작업을 수행한다. 자연어 처리 기술과 신경망 기술이 발전하면서, 음성인식의 정확성과 자연스러움은 지속적으로 향상되고 있다.

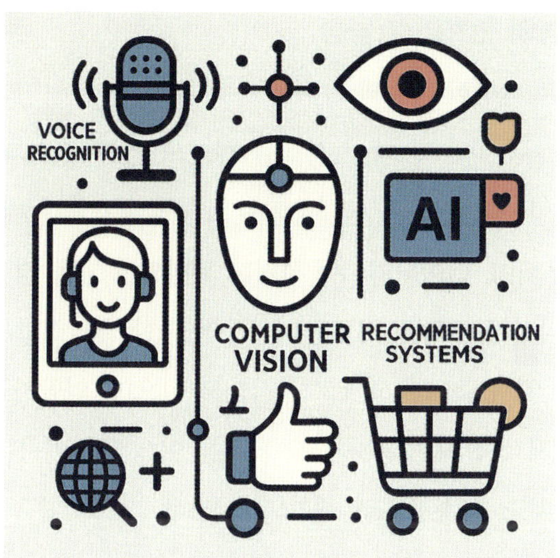

그림 7.3 인공지능의 주요 응용 사례

컴퓨터 비전은 이미지를 분석해 물체나 사람을 식별하는 기술로, 얼굴 인식이나 자율주행 자동차와 같은 첨단 응용 사례를 가능하게 한다. 이 기술은 딥러닝 기반의 신경망을 통해 이미지 속 패턴과 특징을 추출하고 분석하며, 사람의 얼굴을 인식하거나 주변 환경을 실시간으로 파악할 수 있도록 한다. 현재 컴퓨터 비전은 보안 시스템, 의료 영상 분석, 제조업 자동화 등 다양한 산업 분야에서 활용되고 있다.

추천 시스템은 사용자의 취향을 분석해 맞춤형 콘텐츠를 제공하는 기술이다. 넷플릭스, 유튜브, 쇼핑 플랫폼 등 다양한 서비스에서 활용되며, 사용자가 이전에 선호한 콘텐츠나 행동 데이터를 바탕으로 관련도 높은 추천을 생성한다. 이 기술은 사용자의 만족도를 높이는 동시에, 기업의 고객 유지율을 향상시키는 데 중요한 역할을 한다. 추천 시스템은 데이터 분석과 머신러닝 알고리즘을 기반으로 지속적으로 정교화되고 있으며, 개인화된 경험을 제공하는 핵심 기술로 자리잡고 있다.

(5) 인공지능의 한계와 가능성

인공지능은 다양한 기술과 응용을 통해 우리의 삶에 깊은 영향을 미치고 있지만, 동시에 몇 가지 분명한 한계도 안고 있다. 그중 하나는 데이터 의존성이다. 인공지능의 성능은 학습에 활용되는 데이터의 품질에 크게 좌우되며, 데이터가 부족하거나 편향되어 있을 경우 결과 또한 부정확하거나 불공정하게 나타날 수 있다. 또한 개인정보 보호와 같은 윤리적 문제 역시 중요한 과제로 부각되고 있으며, 인공지능의 결정 과정이 지나치게 복잡해 사용자가 그 과정을 이해하기 어려운 '설명 가능성' 부족 문제도 지속적으로 제기되고 있다.

이러한 한계에도 불구하고, 인공지능은 다양한 가능성을 열어가고 있다. 특히 의료 분야에서는 질병의 진단과 치료를 지원하며 의료 혁신을 이끌고 있고, 스마트 도시는 교통 흐름 개선과 에너지 관리 등 다양한 측면에서 효율적이고 지속 가능한 도시 환경을 구축하는 데 활용되고 있다. 이와 함께, 자연재해 예측 및 대응과 같은 환경 보호 분야에서도 인공지능은 중요한 역할을 하고 있어, 기후 변화 대응과 재난 관리에 실질적인 도움을 주고 있다.

결국 인공지능은 한계와 가능성을 동시에 지닌 기술이며, 이를 어떻게 다루느냐에 따라 사회 전반에 미치는 영향이 달라질 것이다. 기술적 · 윤리적 문제를 함께 해결해 나간다면, 인공지능은 의료, 도시 관리, 환경 보호 등 여러 분야에서 지속 가능한 발전과 혁신을 이끌 수 있는 중요한 도구가 될 수 있다.

2 인공지능과 데이터

(1) 데이터의 중요성

데이터는 인공지능의 핵심 요소로, 인공지능이 학습하고 의사결정을 내리는 데 필요한 기반이 된다. 인공지능은 데이터를 통해 패턴을 인식하고, 이를 바탕으로 문제를 해결하거나 새로운 상황에 적절히 대응한다. 데이터 없이는 인공지능의 학습과 작동이 이루어질 수 없으며, 데이터의 품질과 양은 인공지능의 성능에 직접적인 영향을 미친다. 따라서 인공지능을 성공적으로 개발하고 다양한 분야에 응용하기 위해서는 신뢰할 수 있고 충분한 데이터를 확보하는 것이 무엇보다 중요하다.

데이터는 인공지능에서 세 가지 중요한 역할을 수행한다. 첫째, 인공지능의 학습 재료로 활용되어 패턴과 상관관계를 파악하는 데 기여한다. 둘째, 학습된 모델은 새로운 데이터를 바탕으로 의사결정을 내리며, 이를 통해 다양한 문제를 해결할 수 있다. 셋째, 인공지능은 지속적으로

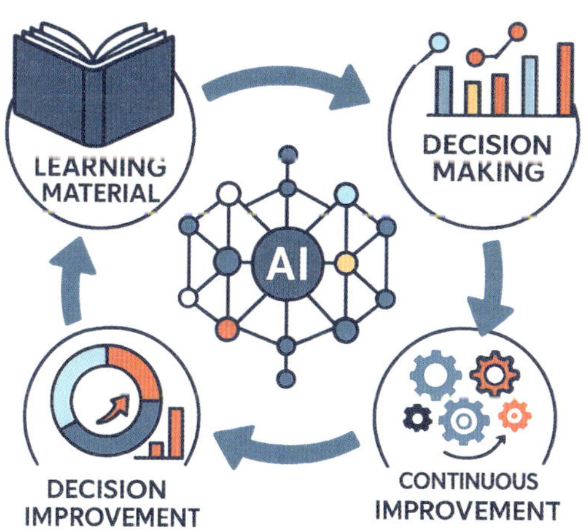

그림 7.4 데이터의 중요성

데이터를 수집하고 학습함으로써 성능을 점진적으로 향상시킨다. 이처럼 데이터는 인공지능의 작동과 발전을 이끄는 핵심 요소로 기술 혁신의 기반이 된다.

(2) 데이터의 종류

인공지능에서 활용되는 데이터는 그 형태와 구조에 따라 여러 유형으로 분류되며, 이를 이해하는 것은 인공지능 시스템을 설계하고 구현하는 데 중요한 요소가 된다. 데이터는 구조화된 데이터, 비구조화된 데이터, 반구조화된 데이터로 구분되며, 각 유형은 고유한 특성과 활용 사례를 지니고 있다.

첫째, 구조화된 데이터(Structured Data)는 행과 열로 구성된 데이터베이스 형태를 갖는다. 이 유형은 정형화된 형식 덕분에 검색과 분석이 용이하며, 일반적으로 엑셀 표나 SQL 기반의 데이터베이스에 저장된다. 구조화된 데이터는 금융, 의료, 물류 등 다양한 산업 분야에서 중요한 정보를 저장하고 처리하는 데 활용된다.

둘째, 비구조화된 데이터(Unstructured Data)는 일정한 형식이 없는

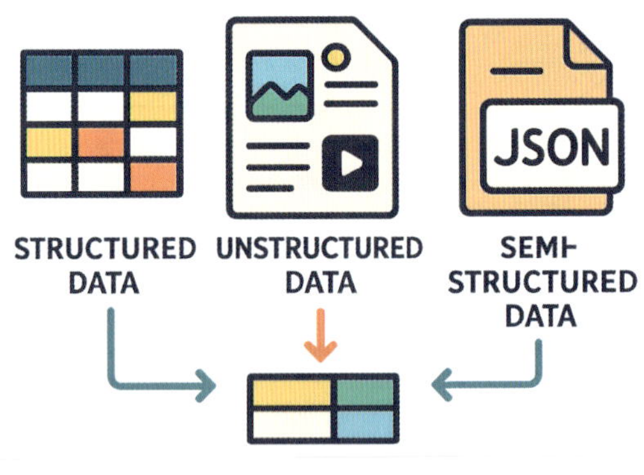

그림 7.5 데이터의 종류

데이터로, 텍스트, 이미지, 동영상 등의 형태를 포함한다. 이 데이터는 비정형적이고 복잡한 특성을 지니며, 자연어 처리나 컴퓨터 비전 등 인공지능 기술을 통해 분석된다. 전체 데이터 가운데 가장 큰 비중을 차지하며, 소셜 미디어, 이메일, CCTV 영상 등 일상적인 환경에서 광범위하게 생성된다.

마지막으로, 반구조화된 데이터(Semi-Structured Data)는 구조화된 데이터와 비구조화된 데이터의 중간 형태로, 고유한 형식을 가지고 있지만 엄격한 구조는 따르지 않는다. JSON이나 XML 파일이 대표적인 예로, 태그나 키-값 쌍을 통해 데이터의 의미를 표현한다. 반구조화된 데이터는 유연성과 구조성을 동시에 지니고 있어, 데이터 통합이나 교환에 효과적으로 활용된다. 이처럼 다양한 데이터 유형은 인공지능의 학습과 응용을 더 풍부하게 만드는 기반이 된다.

(3) 데이터 전처리 과정

인공지능 모델을 효과적으로 학습시키기 위해서는 데이터를 정리하고 준비하는 데이터 전처리 과정이 필수적이다. 데이터 전처리는 인공지능이 데이터를 올바르게 이해하고 활용할 수 있도록 돕는 중요한 단계로, 모델의 성능과 정확도에 직접적인 영향을 미친다. 이 과정은 데이터의 품질을 높이고, 불필요하거나 부정확한 정보를 제거함으로써 보다 효율적인 학습 환경을 조성한다.

데이터 전처리는 일반적으로 네 가지 주요 단계로 구성된다. 첫 번째는 다양한 출처로부터 데이터를 수집하는 단계이며, 이는 전처리의 출발점이 된다. 이후 수집된 데이터는 정제 과정을 거치게 되는데, 이 단계에서는 결측값을 처리하거나 중복 데이터를 제거함으로써 데이터의 신

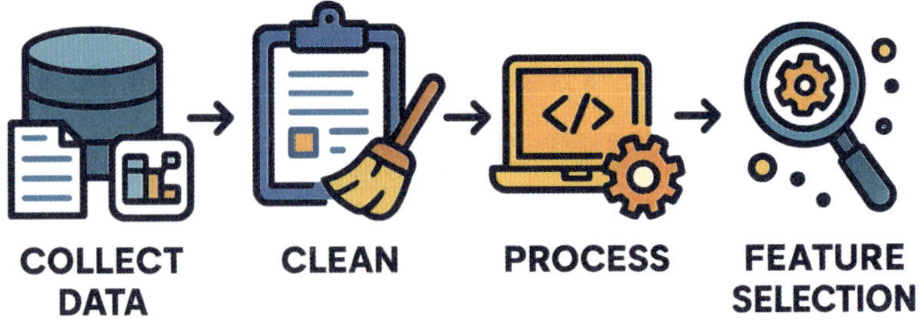

그림 7.6 데이터 전처리 단계

뢰도를 높인다.

이 과정에서 정제된 데이터는 인공지능이 효과적으로 처리할 수 있도록 적절한 형식으로 변환된다. 마지막으로는 모델 학습에 중요한 정보를 선별하는 특징 선택 단계가 이루어진다. 이 과정에서는 분석 목적에 가장 부합하는 변수들을 추려내어 학습 효율을 높인다. 이러한 전처리 절차는 인공지능 모델이 데이터를 보다 정확하고 효율적으로 활용할 수 있도록 하는 기반이 된다.

(4) 데이터와 윤리적 문제

데이터 활용에는 윤리적 고려가 필수적이다. 데이터를 부적절하게 사용하거나 편향된 데이터를 적용할 경우, 이는 사회적 문제로 이어질 수 있다. 특히 개인정보와 관련된 데이터는 사용자의 동의 없이 수집되거나 활용될 경우 개인의 권리를 침해하게 되며, 이는 법적·윤리적 논란을 불러일으킬 수 있다. 따라서 데이터를 사용할 때는 사용자 권리를 보호하고, 데이터 활용 과정의 투명성을 확보하는 것이 중요하다.

데이터와 관련된 주요 윤리적 이슈는 개인정보 보호, 데이터 편향, 투명성의 세 가지로 요약할 수 있다. 개인정보 보호를 위해서는 데이터를 수집하기 전 명확한 동의를 받는 절차가 반드시 선행되어야 한다. 또한, 편향된 데이터는 특정 집단에 불리한 결과를 초래할 수 있으므로, 공정하고 대표성 있는 데이터를 사용하는 것이 필수적이다. 마지막으로, 데이터의 활용 목적과 절차를 명확히 공개해 투명성을 확보해야 하며, 이를 통해 데이터 활용에 대한 사회적 신뢰를 높일 수 있다. 이러한 윤리적 고려는 데이터 기반 기술이 사회적 책임을 다하고 지속 가능한 발전을 실현하는 데 있어 중요한 기반이 된다.

(5) 데이터와 AI의 미래

데이터는 인공지능의 지속적인 발전을 뒷받침하는 핵심 요소로, 인공지능 모델의 학습과 성능 향상을 가능하게 한다. 특히 최근 빅데이터와 클라우드 컴퓨팅 기술의 발달은 데이터의 활용과 관리에 새로운 가능성을 열어주고 있다. 빅데이터 기술은 방대한 양의 데이터를 수집하고 저장하며 분석할 수 있도록 하여, 인공지능 모델이 더 많은 정보를 학습하고 정교하고 정확한 결과를 도출할 수 있도록 돕는다. 다양한 데이터 소스에서 수집된 대량의 데이터는 인공지능의 예측력과 문제 해결 능력을 강화하는 데 중요한 역할을 한다.

또한 클라우드 컴퓨팅 기술은 인공지능이 대규모 데이터를 효율적으로 처리하고 복잡한 모델을 학습하는 데 필수적인 인프라를 제공한다. 클라우드는 데이터의 중앙화와 실시간 접근을 가능하게 하여, 인공지능 개발 과정에서 발생할 수 있는 기술적 제약을 줄이고 비용 효율성도 높인다. 이러한 기술적 진보는 인공지능 연구자와 개발자에게 더 큰 유연성을 제공하며, 다양한 산업과 분야에서 혁신적인 솔루션을 실현할 수 있는 기반을 마련한다. 이처럼 빅데이터와 클라우드 컴퓨팅은 데이터 활용의 가능성을 확장시키며, 인공지능의 지속 가능한 발전을 위한 핵심 동력으로 작용하고 있다.

3 인공지능의 활용과 사회적 영향

(1) 인공지능의 응용 사례

인공지능은 다양한 분야에서 실질적인 응용을 통해 우리의 일상과 사회 전반에 걸쳐 큰 영향을 미치고 있다. 의료, 금융, 자율주행, 추천 시스템, 농업 등 여러 영역에서 인공지능 기술은 혁신적인 변화를 이끌며 삶의 질을 높이고, 업무의 효율성을 향상시키는 데 기여하고 있다.

의료 분야에서는 질병 진단, 맞춤형 치료, 의약품 개발에 인공지능이 적극적으로 활용되고 있다. X-ray나 MRI와 같은 의료 영상을 분석해 질병을 조기에 발견하고, 환자의 데이터를 기반으로 개인화된 치료 방안을 제시하는 데 도움을 준다. 또한 신약 개발 과정에서는 대규모 데이터를 분석해 유망한 후보 물질을 빠르게 선별함으로써 시간과 비용을 절감하고 있다.

금융 분야에서도 인공지능은 위험 관리, 사기 탐지, 투자 전략 수립 등에 널리 활용된다. 예를 들어, 대출 심사에서는 신청자의 신용 정보를 정밀하게 분석해 보다 정확한 평가를 가능하게 하며, 실시간으로 비정상 거래를 감지해 금융 사기를 예방한다. 아울러 머신러닝 기반 알고리즘을 통해 투자 포트폴리오를 최적화함으로써 금융 시장에서의 효율성도 높이고 있다.

자율주행 기술에서도 인공지능은 핵심적인 역할을 한다. 인공지능은 차량의 경로를 실시간으로 계산하고, 주변 환경을 센서를 통해 인식하여 보행자나 다른 차량을 감지함으로써 사고를 예방한다. 이 기술은 자율주행 자동차의 상용화를 앞당기고, 전반적인 교통 시스템의 혁신을 이끄는 핵심 동력이 되고 있다.

추천 시스템은 인공지능의 또 다른 중요한 응용 분야다. 넷플릭스, 유튜브 등의 플랫폼은 사용자의 시청 기록을 분석해 맞춤형 콘텐츠를 추천하고, 전자상거래 분야에서는 소비자의 구매 이력을 기반으로 관련 상품을 제안한다. 이러한 기능은 사용자 만족도를 높이고, 서비스 제공자의 고객 유지율 향상에도 크게 기여하고 있다.

농업 분야에서도 인공지능은 작물 관리와 수확량 예측에 효과적으로 활용되고 있다. 드론과 센서를 통해 작물의 생육 상태를 실시간으로 모니터링하고, 수집된 데이터를 분석해 수확량을 예측하거나 농업 생산성을 향상시키는 데 기여한다. 이러한 기술은 농작업의 효율성을 높이는 동시에, 자원 낭비를 줄이고 지속 가능한 농업을 실현하는 데 도움을

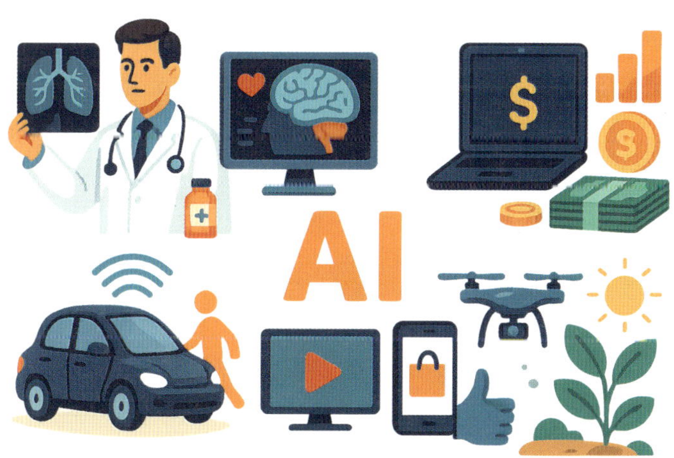

그림 7.7 다양한 분야에서의 인공지능 사례

준다. 이처럼 인공지능은 농업을 포함한 다양한 분야에서 우리의 삶을 더 편리하고 풍요롭게 만들어 주는 핵심 기술로 자리매김하고 있다.

(2) 사회적 영향

인공지능 기술의 발전은 우리 사회에 긍정적인 변화를 가져오는 동시에, 몇 가지 우려를 함께 불러일으키고 있다. 효율성과 생산성을 높이는 한편, 윤리적이고 사회적인 문제를 함께 고민하게 만드는 이중적인 특성을 지닌다.

인공지능의 긍정적인 영향 중 하나는 전반적인 효율성 향상이다. 다양한 산업 분야에서 작업의 자동화를 통해 생산성이 크게 증가했고, 기업은 시간과 비용을 절감하면서도 더 높은 품질의 서비스를 제공할 수 있게 되었다. 또한 인공지능은 새로운 기회를 창출하는 데에도 기여하고 있다. 인공지능 관련 신기술의 도입은 새로운 직업과 산업을 탄생시키며, 이를 통해 경제 성장과 기술 혁신이 촉진되고 있다. 더 나아가 의료, 교육, 교통 등 다양한 분야에서 인공지능은 삶의 질을 높이고, 보다 안전하고 편리한 생활 환경을 제공하는 데 이바지하고 있다.

반면, 인공지능 기술은 몇 가지 부정적인 영향을 초래할 가능성도 함께 지니고 있다. 자동화의 확산은 일부 직업의 소멸 가능성을 제기하며, 특정 직종의 일자리 감소는 사회적 불평등을 심화시킬 수 있다. 또한 개인정보 보호 문제 역시 우려되는 부분이다. 개인 데이터가 부적절하게 활용되거나 보호되지 않을 경우, 개인의 권리가 침해될 위험이 존재한다. 이와 함께, 인공지능이 학습 과정에서 편향된 데이터나 오류가 있는 데이터를 활용할 경우, 결과 또한 편향될 수 있으며 이는 차별이나 불공정을 야기할 수 있다. 이러한 부정적인 가능성들은 인공지능 기술을 도입하고 활용하는 데 있어 신중함과 책임 있는 접근이 필요함을 시사한다.

결과적으로, 인공지능은 사회 전반에 긍정적인 변화를 가져올 수 있는 잠재력을 지니고 있지만, 동시에 윤리적 · 사회적 문제에 대한 지속적인 논의와 해결이 반드시 뒤따라야 한다. 인공지능의 발전이 모두에게 혜택을 제공하기 위해서는 기술적 진보뿐 아니라, 이를 책임 있게 관리하고 통제할 수 있는 제도적 장치가 함께 마련되어야 할 것이다.

(3) 인공지능과 인간의 협업

인공지능은 인간의 능력을 보완하며, 협업을 통해 더 나은 결과를 이끌어낼 수 있는 중요한 도구로 자리잡고 있다. 인간과 인공지능이 함께 작업할 때, 각자의 강점을 결합해 기존의 한계를 극복하고, 다양한 분야에서 보다 효과적이고 혁신적인 성과를 만들어낼 수 있다.

의료 분야에서는 인공지능이 의사의 진단을 보조하는 역할을 한다. 예를 들어, 의료 이미지를 분석해 질병을 조기에 발견하거나, 환자 데이터를 기반으로 적절한 치료 방안을 제시함으로써 의사가 더 신속하고 정확하게 치료를 수행할 수 있도록 돕는다. 제조업에서는 인공지능 로봇이 위험한 작업을 대신 수행함으로써 작업자의 안전을 보장하고, 전반적인 작업 효율을 높이는 데 기여하고 있다.

또한 교육 분야에서도 인공지능은 의미 있는 역할을 하고 있다. AI 기반 튜터는 학습자의 데이터를 분석해 개인 맞춤형 학습을 제공하며, 학생이 자신의 수준과 속도에 맞춰 학습할 수 있도록 지원한다.

이처럼 인간과 인공지능의 협업은 다양한 산업에서 새로운 가능성을 열고 있으며, 기술과 인간이 조화를 이루며 함께 작동할 때 더 나은 결과를 만들어낼 수 있다. 인공지능은 인간의 능력을 대체하는 존재가 아니라, 이를 확장하고 보완하는 지원 도구로 기능하고 있다.

(4) 인공지능의 미래 전망

인공지능은 앞으로 더욱 강력한 역할을 수행하며, 기술의 발전과 함께 사회 전반에 깊숙이 통합될 것으로 예상된다. 다양한 산업과 분야에서 혁신을 이끌며 삶의 질을 높이는 핵심 기술로 자리매김할 것이며, 특히 스마트 도시, 환경 보호, 우주 탐사와 같은 미래 지향적 영역에서 그 영향력은 지속적으로 확대될 전망이다.

스마트 도시에서는 인공지능이 교통, 에너지, 안전 관리 등 도시 운영의 핵심 요소를 최적화하는 데 활용될 것이다. 실시간 데이터 기반의 교통 흐름 제어, 에너지 소비의 효율적 관리, 공공 안전 향상 등 다양한 분야에서 인공지능 기술은 더욱 정교하게 적용될 수 있다. 환경 보호 측면에서도 인공지능은 기후 변화 대응을 지원하는 중요한 도구가 될 수 있다. 방대한 데이터를 분석하고 예측 모델을 활용해 자연재해에 대비하거나, 지속 가능한 환경 정책 수립에 기여할 수 있다.

우주 탐사 영역에서도 인공지능의 역할은 점차 확대될 것으로 보인다. 복잡한 임무 수행, 우주 환경에서의 데이터 분석, 로봇을 이용한 탐사, 자원 탐색 등 다양한 작업에서 인공지능이 인간의 한계를 보완하며 우주 탐사의 새로운 가능성을 열어갈 수 있다.

이러한 변화는 인공지능이 미래 사회의 혁신과 지속 가능한 발전을 주도하는 중요한 기술로 자리 잡게 될 것임을 보여준다.

4 인공지능 윤리와 철학적 쟁점

(1) 인공지능과 윤리적 딜레마

인공지능 기술의 발전과 함께 윤리적 문제 역시 중요한 사회적 논의의 중심으로 자리 잡고 있다. 인공지능이 결정 과정에서 인간의 가치와 충돌하거나 예기치 못한 부작용을 초래할 가능성이 있기 때문에, 윤리적 관점에서 기술을 분석하고 적절히 관리하는 것이 필수적이다. 특히 데이터 편향, 책임 소재, 프라이버시 침해, 무기화 문제 등 주요 윤리적 쟁점들이 지속적으로 제기되고 있다.

첫째, 데이터 편향과 차별 문제는 인공지능 모델의 학습 과정에서 발생할 수 있다. 인공지능은 주어진 데이터를 기반으로 학습하고 판단하기 때문에, 데이터가 편향되어 있을 경우 그 결과 또한 특정 집단에 불공정하게 작용할 위험이 크다. 예를 들어, 채용 과정에서 특정 성별이나 인종에 불리하게 작용하는 사례는 사회적 불평등을 심화시킬 수 있다.

둘째, 책임 소재에 대한 문제는 인공지능 시스템이 내린 결정에 대해 누가 책임을 져야 하는지에 대한 논쟁을 불러일으킨다. 개발자, 사용자, 기업 중 어느 주체가 법적 · 윤리적 책임을 져야 하는지에 대해 명확한 기준이 부족하며, 이에 대한 사회적 합의가 요구된다.

셋째, 프라이버시 침해는 인공지능 기술의 또 다른 중요한 윤리적 이슈다. 인공지능이 개인 데이터를 분석하거나 사용자 동의 없이 활용할 경우, 개인의 권리가 심각하게 훼손될 수 있다. 이는 기술 활용에 대한 신뢰를 떨어뜨릴 수 있는 요소로 작용한다.

마지막으로, 인공지능의 무기화는 자율 무기 시스템과 같은 기술에

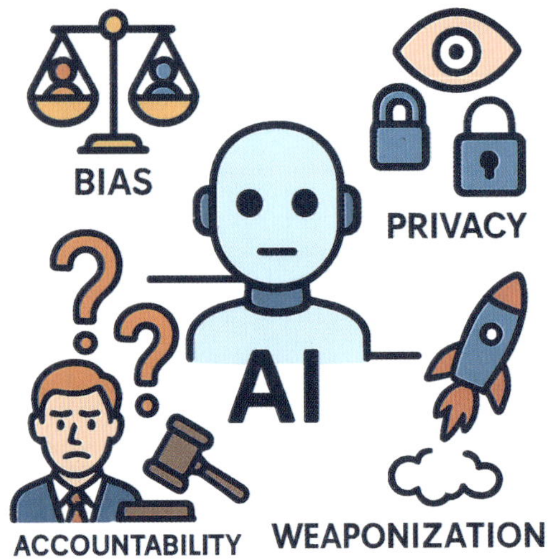

그림 7.8 인공지능의 윤리적 딜레마

대한 우려를 증폭시키고 있다. 이러한 시스템이 인간 생명에 대한 결정을 내리는 상황에 놓일 경우, 윤리적 · 도덕적 기준이 배제된 판단이 이루어질 수 있어 매우 신중한 접근이 요구된다.

이러한 윤리적 문제들을 해결하기 위해서는 기술적 대응뿐만 아니라 사회적, 법적 접근이 병행되어야 하며, 책임 있는 인공지능 개발과 활용을 위한 국제적인 협력과 규제 체계가 마련되어야 한다. 이를 통해 인공지능 기술이 인간 삶을 풍요롭게 만들면서도 사회적 가치와 조화를 이루는 방향으로 발전할 수 있을 것이다.

(2) 인공지능과 인간의 가치 충돌

인공지능은 인간의 윤리적 기준과 충돌하는 결정을 내릴 가능성이 있으며, 이는 기술 발전과 함께 중요한 윤리적 논쟁으로 이어지고 있다. 인공지능 시스템은 데이터를 기반으로 논리적인 판단을 수행하지만, 이러한 판단이 언제나 인간의 도덕적 가치와 일치하는 것은 아니다. 특히 예측하기 어려운 상황에서 인공지능이 독자적으로 결정을 내려야 할 때, 이러한 문제는 더욱 분명하게 드러난다.

대표적인 사례로 자율주행차의 윤리적 딜레마가 자주 언급된다. 자율주행차가 충돌이 불가피한 상황에 직면했을 때, 피해를 최소화하기 위해 어떤 결정을 내려야 하는가 하는 문제는 단순한 기술적 계산을 넘어 윤리적 복잡성을 드러낸다. 예를 들어, 차량에 탑승한 승객의 안전을 우선해야 하는지, 아니면 도로 위 보행자를 보호해야 하는지에 대한 판단을 인공지능이 내려야 하는 상황이 발생할 수 있다. 이러한 결정은 인간의 생명과 도덕적 가치에 직결되는 사안으로, 사회적 합의와 윤리 기준의 마련이 필수적이다.

따라서 인공지능이 인간의 윤리적 기준을 고려한 판단을 내릴 수 있도록 설계하는 것이 중요하다. 이를 위해서는 기술 개발 과정에서부터 윤리적 논의와 사회적 협의가 병행되어야 하며, 이러한 접근은 인공지능이 인간 중심의 가치 체계를 반영하고, 기술이 인간사회에 긍정적인 영향을 미치도록 만드는 데 기여할 것이다.

(3) 철학적 실문

인공지능 기술의 발전은 단순한 기술적 진보를 넘어, 인간의 본질과 존재에 대한 깊은 철학적 질문을 불러일으키고 있다. 인공지능의 능력이 고도화됨에 따라 인간과 인공지능 사이의 관계, 의식의 정의, 그리고 인공지능의 권리와 같은 주제가 본격적인 논의의 장으로 떠오르고 있다. 이러한 논의는 기술 발전의 윤리적 · 철학적 한계를 이해하고 조율하는 데 중요한 기반을 제공한다.

첫째, 인공지능이 의식을 가질 수 있는가에 대한 물음은 철학적 논쟁의 중심에 놓여 있다. 딥러닝 등 고도화된 기술을 바탕으로 인공지능은 인간처럼 학습하고 문제를 해결할 수 있게 되었지만, 진정한 의미의 '의식'을 지닐 수 있는지는 여전히 의문으로 남아 있다. 의식은 단순한 정보처리 능력을 넘어서, 자아를 인식하고 경험을 느끼는 존재적 차원을 포함한다. 이러한 점에서 인공지능은 여전히 인간과 본질적으로 구분되며, 의식을 모방하거나 재현할 수 있을지에 대해서는 회의적인 시각도 존재한다.

둘째, 인간과 인공지능의 차이점에 대한 질문은 인간만의 고유한 특성을 정의하는 데 중요한 실마리를 제공한다. 인간은 감정, 직관, 창의성, 도덕적 판단과 같은 능력을 지니며, 이는 현재의 인공지능이 구현하거나 흉내 내기 어려운 영역이다. 이러한 차이는 인간의 정체성과 가치를 다시 돌아보게 만들며, 인공지능 기술의 한계를 인식하는 데 중요한 관점을 제시한다.

셋째, 인공지능의 권리에 대한 논의는 고도화된 지능을 가진 인공지능이 등장할 경우, 그 존재를 어떻게 대우할 것인가에 대한 문제로 이어진다. 만약 인공지능이 인간과 유사한 수준의 지능을 가지고 행동하게 된다면, 인간과 동일한 권리를 부여해야 하는지에 대한 논의가 불가피해진다. 이는 기술적, 법적, 윤리적 측면에서 매우 복잡한 쟁점이며, 인간 중심의 가치 체계와 인공지능의 역할에 대한 심층적인 사회적 합의가 필요하다.

결국 인공지능의 발전은 인간 존재에 대한 철학적 질문을 다시금 조명하며, 기술과 인간의 관계를 성찰하는 데 중요한 계기를 제공한다. 이러한 논의는 인공지능의 책임감 있는 개발과 활용을 위한 필수 조건이며, 인간과 인공지능이 공존할 미래 사회를 설계하는 데 핵심적인 역할을 할 것이다.

(4) 윤리적 가이드라인

인공지능 기술의 개발과 활용이 점차 확산됨에 따라, 이를 윤리적으로 관리하기 위한 국제적 가이드라인의 필요성이 크게 주목받고 있다. 인공지능은 사회 전반에 긍정적인 영향을 미칠 수 있는 잠재력을 지니고 있지만, 그 사용이 적절히 통제되지 않거나 잘못 활용될 경우 윤리적 · 사회적 문제를 초래할 수 있다. 이러한 위험을 방지하고, 인공지능이 인류의 이익을 위해 책임감 있게 사용되도록 하기 위해 몇 가지 핵심 원칙이 요구된다.

첫째, 투명성은 인공지능 윤리의 기본이 되는 원칙이다. 인공지능 시스템의 작동 방식은 사용자와 이해관계자가 이해할 수 있는 수준으로 공개되어야 하며, 의사결정 과정이 어떻게 이루어지는지 명확하게 설명될 수 있어야 한다. 이는 인공지능에 대한 신뢰를 구축하고, 기술의 오용을 방지하기 위한 중요한 조건이다.

둘째, 공정성은 인공지능이 특정 개인이나 집단에 차별적으로 작용하지 않도록 보장하는 것을 의미한다. 이를 위해 인공지능이 학습하는 데이터에서 편향을 최소화하고, 모든 사용자에게 공정하게 작동할 수 있도록 알고리즘 설계에 주의를 기울여야 한다.

셋째, 책임성 역시 중요한 원칙이다. 인공지능 시스템이 내린 판단과 그에 따른 결과에 대해 명확한 책임 주체가 설정되어야 하며, 문제가 발생했을 때 이를 추적하고 해결할 수 있는 구조가 마련되어야 한다. 이는 법적 · 윤리적 책임을 명확히 하여 안전한 기술 활용을 가능하게 만든다.

마지막으로, 안전성은 인공지능이 예측 가능한 방식으로 작동하도록 보장하는 것을 뜻한다. 인공지능이 인간과 상호작용하거나 독립적으로 작동할 때, 사용자와 사회에 위해를 가하지 않도록 설계되어야 하며, 이를 위한 사전 점검과 지속적인 관리가 필요하다.

이러한 윤리적 원칙을 기반으로 한 국제적 가이드라인은 인공지능 기술의 책임감 있는 개발과 사용을 촉진하는 데 중요한 역할을 하게 될 것이다. 동시에 인공지능이 사회에 긍정적인 기여를 하면서도 인간 중심의 윤리적 가치를 유지할 수 있도록 돕는 필수적인 틀로 작용할 수 있다.

5 인공지능의 미래와 전망

(1) 사회와의 통합

인공지능은 앞으로 인간 사회와 더욱 밀접하게 통합되며, 일상생활은 물론 산업 전반의 효율성을 크게 높일 것으로 기대된다. 특히 스마트 시티, 개인 맞춤형 의료 서비스, 교육 혁신과 같은 다양한 분야에서 인공지능은 혁신적인 변화를 이끌고 있으며, 그 영향력은 점차 확대되고 있다.

먼저, 스마트 시티에서는 인공지능이 도시 운영의 효율성을 높이는 핵심 도구로 활용된다. 교통 관리 측면에서 인공지능은 실시간 데이터를 분석해 최적의 이동 경로를 제안하고, 교통 체증을 완화하는 데 기여한다. 에너지 관리 분야에서는 AI 기반의 스마트 그리드를 통해 전력 소비를 최적화하고, 재생 가능 에너지의 활용도를 높인다. 더불어, 공공 안전 영역에서는 보안 카메라와 같은 장비에서 수집된 데이터를 분석해 비정상적인 행동을 탐지하고, 잠재적인 위험 상황에 대한 경고를 제공함으로써 범죄 예방에도 도움을 준다.

다음으로, 개인화된 의료 서비스 분야에서는 인공지능이 의료의 새로운 가능성을 열고 있다. 유전체 분석을 기반으로 한 맞춤형 치료는 환자별 특성에 맞는 진단과 처방을 가능하게 하며, 치료 효과를 극대화하는 데 기여하고 있다. 또한 웨어러블 기기를 통해 수집된 생체 데이터를 실시간으로 분석하여 건강 상태를 모니터링하고, 조기 경고를 통해 질병 예방과 관리에 효과적으로 활용되고 있다. 이러한 변화는 건강 관리의 패러다임을 전환시키고 있다.

마지막으로, 교육 혁신 측면에서도 인공지능은 큰 변화를 이끌고 있다. 인공지능 기반 학습 시스템은 학습자의 데이터를 분석해 개인화된 학습 경로를 제공하고, 학습 효과를 높이는 데 기여한다. 또한 인공지능 튜터는 새로운 언어나 기술 학습을 지원하면서, 학습 환경을 보다 풍부하고 유연하게 만들어 준다. 이는 전통적인 교육 방식을 보완하고, 학습자 중심의 맞춤형 교육 실현에 가까워지고 있음을 보여준다.

이처럼 인공지능은 스마트 시티, 의료, 교육 등 다양한 분야에서 인간의 삶을 실질적으로 변화시키며, 사회 전체의 효율성과 편의성을 높이는 핵심 기술로 자리 잡고 있다. 앞으로 인공지능 기술의 발전과 함께 이러한 통합은 더욱 빠르게 진전될 것으로 예상된다.

(2) 새로운 직업과 산업

인공지능 기술의 발전은 단순히 기존 직업을 대체하는 것을 넘어, 새로운 직업과 산업을 창출할 수 있는 가능성을 열어주고 있다. 이는 기술 혁신이 가져오는 도전 과제를 해결하는 동시에, 미래 사회에 필요한 새로운 역량을 갖춘 인재의 필요성을 보여준다. 인공지능이 다양한 산업에 통합됨에 따라, 인공지능 관련 직업의 중요성은 점차 높아지고 있으며, 대표적으로 AI 개발자, 데이터 분석가, 윤리 전문가 등이 새로운 핵심 직업군으로 주목받고 있다.

먼저, AI 개발자는 인공지능 모델을 설계하고 개발하며, 이를 배포하고 유지 관리하는 데 중심적인 역할을 수행한다. 이들은 머신러닝과 딥러닝 기술을 활용해 다양한 문제를 해결할 수 있는 모델을 구축하고, 데이터 분석 능력과 프로그래밍 언어에 대한 깊이 있는 지식을 요구받는다. 이들은 인공지능 기술의 발전을 주도하는 핵심 직무로서 새로운 솔루션을 창출하고 기술 혁신의 최전선에서 활동한다.

다음으로, 데이터 분석가는 방대한 데이터를 분석해 조직이 전략적인 결정을 내릴 수 있도록 지원하는 역할을 한다. 이들은 데이터 전처리, 시각화, 통계 분석 등의 기술을 활용해 의미 있는 정보를 도출하고, 이를 바탕으로 데이터 기반 의사결정을 가능하게 한다. 인공지능 기술이 확산됨에 따라 데이터의 가치가 더욱 부각되고 있으며, 데이터 분석가는 현대 정보화 사회에서 필수적인 인력으로 자리 잡고 있다.

마지막으로, 윤리 전문가는 인공지능과 관련된 윤리적 문제를 분석하고, 이를 해결하기 위한 방안을 제시하는 역할을 맡는다. 인공지능이 사회 전반에 영향을 미치는 만큼, 윤리 전문가의 역할은 더욱 중요해지고 있으며, 이들은 기술의 공정성, 책임성, 사회적 수용성을 확보하기 위한 기준을 마련한다. 윤리학과 법률, 사회학적 관점을 바탕으로 인공지능 기술이 인간 중심의 방향으로 발전하도록 기여한다.

이처럼 인공지능 기술은 새로운 직업과 산업을 만들어 내며 경제와 사회에 긍정적인 영향을 미치고 있다. 앞으로 인공지능이 더욱 발전하고 그 활용 범위가 확장됨에 따라, 이러한 직업군의 중요성은 더욱 커질 것으로 예상된다.

(3) 미래의 도전 과제

인공지능이 사회 전반에 통합되면서 많은 긍정적인 변화를 가져오고 있지만, 동시에 해결해야 할 다양한 도전 과제들도 함께 나타나고 있다. 이러한 과제들은 사회적, 법적, 기술적 측면에서 종합적인 접근이 필요하며, 인공지능 기술이 지속 가능하고 공정하게 활용되기 위해서는 꾸준한 노력이 뒤따라야 한다.

먼저, 사회적 불평등은 인공지능 도입 과정에서 가장 우려되는 문제 중 하나이다. 기술이 특정 지역이나 계층에 집중될 경우, 디지털 격차가 심화되고 일부 집단은 인공지능의 혜택에서 배제될 수 있다. 이는 오히려 기존의 사회적 불균형을 강화하고, 기술 발전의 효과를 제한하는 결과를 초래할 수 있다. 더불어 인공지능이 기존 일자리를 대체하면서, 새로운 기술에 적응할 수 있도록 교육과 재훈련을 제공하는 체계적인 지원이 필요하다. 이러한 노력이 뒷받침되어야만 노동 시장의 변화에 능동적으로 대응하고, 미래 사회에 필요한 인재를 효과적으로 양성할 수 있다.

다음으로, 규제와 법률은 인공지능 기술의 공정성과 안전성을 확보하기 위한 필수적인 요소이다. 현재는 국가별로 인공지능 개발과 활용에 대한 규제 수준이 크게 다르며, 이에 따라 글로벌 협력과 국제적 기준 마련이 시급한 상황이다. 표준화된 규제 체계는 기술의 남용을 방지하고, 윤리적이고 책임 있는 사용을 유도하는 데 중요한 역할을 한다. 아울러 인공지능이 내린 결정에 대해 법적 책임을 누구에게 물을 것인지 명확히 해야 한다. 책임 소재가 불분명할 경우, 기술에 대한 신뢰가 약화되고 불필요한 법적 갈등이 발생할 수 있다.

마지막으로, 신뢰 문제는 인공지능 기술의 채택과 확산에 있어 중요한 장애물로 작용한다. 인공지능의 의사결정 과정이 불투명하거나 설명력이 부족할 경우, 사용자는 그 결과를 신뢰하지 않게 되며, 이는 기술의 수용성을 저해할 수 있다. 또한 인공지능이 학습하는 데이터가 편향되어 있다면, 그 결과 역시 편향되기 쉽고 이는 공정성을 해칠 수 있다. 이런 문제는 사회적 신뢰를 저하시킬 뿐만 아니라, 인공지능의 실질적인 활용 가능성에도 부정적인 영향을 미친다.

따라서 인공지능의 성공적인 통합을 위해서는 이러한 도전 과제들을 해결하기 위한 체계적이고 지속적인 노력이 반드시 필요하다. 사회적 불평등을 줄이고 신뢰와 공정성을 확보하며 명확한 법적 기준을 마련하는 것은 인공지능 기술이 인간 사회에 긍정적인 영향을 미치는 데 핵심적이다. 또한, 이를 통해 보다 넓은 영역에서 안정적으로 활용될 수 있게 된다.

(4) 기술 발전과 인공지능의 한계 극복

인공지능 기술의 발전과 활용이 가속화되면서, 인간과 인공지능 간의 협업과 지속적인 연구 개발의 중요성이 더욱 부각되고 있다. 인공지능은 인간의 삶을 보다 풍요롭고 효율적으로 변화시킬 수 있는 잠재력을 지니고 있지만, 이를 실현하기 위해서는 인간 중심의 설계와 기술적 진보가 함께 이루어져야 한다.

우선, 인간과 인공지능의 협업은 인공지능 기술 발전의 핵심 방향

중 하나다. 인간 중심의 인공지능 설계를 통해 인간의 가치와 윤리가 반영된 시스템을 구축하는 것이 중요하며, 이는 인공지능이 사회에 긍정적인 영향을 미치고 윤리적 문제를 줄이는 데 기여할 수 있다. 아울러 인공지능은 인간의 의사결정을 보조하고 작업의 효율을 높이는 보조적 도구로 기능해야 하며, 단순한 자동화 기술을 넘어 인간과 함께 문제를 해결하는 협력적 파트너로 자리매김해야 한다.

또한, 지속적인 연구 개발은 인공지능 기술이 더 높은 수준으로 발전하는 데 필수적인 조건이다. 새로운 알고리즘의 개발은 인공지능의 학습 능력과 추론 능력을 강화하며, 이를 통해 보다 복잡하고 다양한 문제를 해결할 수 있는 기반을 마련할 수 있다. 이와 함께, 데이터의 품질 개선도 중요한 과제로 떠오르고 있다. 다양한 환경에서 수집된 고품질의 데이터를 활용해야 인공지능이 보다 신뢰성 있고 공정한 결과를 도출할 수 있다.

결국 인간과 인공지능의 협업을 강화하고, 이를 뒷받침할 연구 개발 노력을 지속하는 것은 인공지능 기술이 사회 전반에 긍정적인 영향을 미치기 위한 필수 조건이다. 이러한 접근을 통해 인공지능이 인간의 역량을 보완하고, 기술과 인간이 조화를 이루는 지속 가능한 미래를 실현할 수 있을 것이다.

(5) 미래 전망

인공지능은 기술적 진보를 통해 인류에게 긍정적인 변화를 가져올 가능성을 지니고 있지만, 동시에 해결이 필요한 잠재적인 부정적 전망도 함께 내포하고 있다. 이러한 전망은 인공지능 기술이 사회와 조화를 이루며 발전하기 위해 어떤 방향으로 나아가야 할지를 진지하게 고민하게 만든다.

먼저, 긍정적인 측면에서 인공지능은 인류가 직면한 주요 문제를 해결하는 데 강력한 도구가 될 수 있다. 예를 들어, 기후 변화와 관련된 방대한 데이터를 분석해 효과적인 대응 전략을 제시하거나, 감염병의 확산 경로를 예측하고 조기 대응 체계를 구축하는 데 활용될 수 있다. 더불어 의료, 교육, 일상생활 등 다양한 영역에서 인공지능은 삶의 질을 향상시키는 데 기여하고 있으며, 이러한 기술적 진보는 인간의 복지를 증진시키고 사회적 문제에 대한 새로운 해결책을 제시할 수 있다.

반면, 인공지능이 가져올 수 있는 부정적인 전망도 간과해서는 안 된다. 인공지능이 인간의 통제를 벗어나거나 악의적인 목적으로 사용될 가능성은 사회적으로 큰 우려를 불러일으키고 있다. 특히 자율 무기 시스템과 같은 사례는 인공지능이 인간의 생명에 대한 결정을 내리는 상황을 초래할 수 있으며, 이는 윤리적이고 도덕적인 논쟁을 일으킨다. 또한 인공지능 기술이 특정 계층에만 집중된다면, 경제적 불평등과 사회적 갈등이 심화될 가능성도 존재한다. 이는 기술 발전이 오히려 사회적 격차를 확대하지 않도록 조치가 필요함을 시사한다.

결국 인공지능은 긍정적 가능성과 부정적 위험을 동시에 지닌 기술이며, 그 사회적 영향은 어떻게 설계되고 활용되는가에 따라 달라질 수 있다. 인공지능이 인류의 발전에 기여하면서도 그로 인한 부작용을 최소화하기 위해서는 책임 있는 연구와 기술 관리, 그리고 사회적 합의가 반드시 수반되어야 한다. 이러한 노력이 뒷받침될 때, 인공지능은 지속 가능한 발전을 위한 핵심 도구로서 안정적으로 자리 잡을 수 있을 것이다.

6 인공지능과 교육

(1) 인공지능 기반 학습 시스템

인공지능은 교육의 개인화를 실현하며, 학생들의 학습 경험에 혁신적인 변화를 가져오고 있다. 맞춤형 학습과 자동화된 피드백은 인공지능이 교육에 미치는 대표적인 긍정적 영향으로, 학생들이 보다 효과적이고 개별화된 방식으로 학습할 수 있도록 돕는다.

먼저, 맞춤형 학습은 인공지능을 활용한 교육의 핵심적인 변화로 자리 잡고 있다. 인공지능은 학습자의 성취도, 학습 속도, 관심 분야 등 다양한 학습 데이터를 분석해 개인별 학습 경로를 제시한다. 이를 통해 학생들은 자신의 수준과 스타일에 맞는 콘텐츠를 제공받으며 학습할 수 있어, 학습 효율이 크게 향상된다. 이러한 접근은 학습자가 자기 주도적으로 학습에 참여할 수 있도록 도와주며, 학습 격차를 줄이는 데에도 긍정적인 효과를 미친다.

또한 자동화된 피드백 기능은 학생과 교사 모두에게 실질적인 혜택을 제공한다. 인공지능은 과제나 시험 결과를 분석해 실시간으로 피드백을 제공함으로써, 학생이 자신의 학습 성과를 빠르게 인식하고 부족한 부분을 개선할 수 있게 돕는다. 교사 역시 인공지능의 분석 결과를 바탕으로 학생의 취약한 영역을 보다 정밀하게 파악할 수 있으며, 이에 맞춰 개별 학생에게 적절한 지도를 제공할 수 있다. 이러한 시스템은 교사의 업무 부담을 줄이는 동시에 교육의 질을 높이는 데 기여한다.

결과적으로 인공지능은 교육 환경에 혁신을 가져오며, 학생들이 학습 잠재력을 최대한 발휘할 수 있는 기반을 마련하고 있다. 맞춤형 학습과 자동화된 피드백은 인공지능이 교육의 개인화와 효율성을 높이는 대표적인 사례이며, 앞으로 교육 현장에서 인공지능의 역할은 더욱 확대될 것으로 기대된다.

(2) AI 튜터

AI 튜터는 교사의 역할을 보조하거나 학생들에게 독립적인 학습 도구로 활용되며, 교육 현장에서 점점 더 중요한 역할을 하고 있다. 특히 언어 학습 지원 측면에서 인공지능은 음성인식과 자연어 처리 기술을 바탕으로 발음 교정, 문법 검사 등 다양한 학습 활동을 효과적으로 지원하고 있다.

AI 튜터는 학습자의 발화 내용을 분석해 정확한 피드백을 제공하고, 학습자가 자주 범하는 오류를 실시간으로 수정해 주는 기능을 갖추고 있다. 이러한 기능은 특히 외국어 학습에서 유용하며, 학습자의 언어 능력 향상에 실질적인 도움을 준다.

또한 AI 튜터는 24시간 언제 어디서든 접근이 가능하다는 점에서 기존의 교육 방식과 차별화된다. 시간과 장소의 제약 없이 학습 자료를 제공하고 질문에 응답함으로써 학생들이 필요할 때마다 학습을 이어갈 수 있는 환경을 조성한다. 이러한 지속적인 지원은 자기주도 학습을 유도하며, 학습 접근성과 효율성을 함께 높이는 데 기여한다.

이처럼 AI 튜터는 학생의 개별적인 학습 필요를 충족시키는 동시에, 교사에게는 보조 도구로 활용될 수 있는 가능성을 보여주며, 교육의 유연성과 다양성을 확장하는 데 중요한 역할을 하고 있다.

(3) 교육의 접근성 향상

인공지능은 물리적 · 경제적 한계를 넘어 교육의 접근성을 확대하는 데 중요한 역할을 하고 있다. 특히 원격 학습 환경에서는 인공지능 기반 온라인 학습 플랫폼이 지리적 제약을 극복하며, 전 세계 누구에게나 교육 기회를 제공할 수 있는 기반을 마련하고 있다. 이는 교육 자원이 부족한 지역이나 이동이 어려운 상황에서도 지속적인 학습을 가능하게 해주며, 교육의 문을 보다 넓게 열어주고 있다.

또한 장애 학생 지원 측면에서도 인공지능은 의미 있는 기여를 하고 있다. 시각, 청각, 운동 장애를 가진 학생들을 위한 맞춤형 보조 도구는 학습 과정에서의 어려움을 줄이고, 보다 원활하게 교육에 참여할 수 있도록 돕는다. 예를 들어, 음성 인식 기술은 청각 장애 학생을 위한 자막 제공에 활용되고, 이미지 분석 기술은 시각 장애 학생을 위한 음성 안내 기능과 결합될 수 있다. 이러한 도구들은 학생 개개인의 특성에 맞춘 지원을 통해 학습의 포괄성과 형평성을 강화하고 있다.

결과적으로 인공지능은 교육의 접근성을 높이고, 다양한 학습자들이 교육의 혜택을 고르게 누릴 수 있도록 하는 데 중요한 기술로 자리매김하고 있다. 이는 교육의 형식과 경계를 확장시키며, 보다 포용적이고 평등한 학습 환경을 실현하는 데 기여하고 있다.

(4) 한계와 우려

인공지능을 교육에 적용함으로써 여러 이점을 얻을 수 있지만, 몇 가지 문제점도 함께 발생할 수 있다.

첫째, 인공지능은 교사와 학생 간의 인간적인 상호작용을 완전히 대체할 수 없기 때문에 정서적 지지가 부족할 수 있다. 이는 학생들이 학습 과정에서 느끼는 공감과 소통의 부재로 이어질 수 있다. 둘째, 학생의 학습 데이터를 수집하고 분석하는 과정에서 개인정보 보호 문제가 발생할 수 있다. 이는 윤리적 우려를 불러일으키며, 데이터의 안전한 관리가 필요하다. 셋째, 인공지능에 대한 과도한 의존은 학생의 독립적인 사고력과 문제 해결 능력을 약화시킬 수 있다는 우려도 있다.

이러한 문제들은 인공지능을 교육에 활용할 때 기술 중심이 아닌 학습자 중심의 균형 잡힌 접근이 필요하다는 점을 보여준다.

(5) 교육의 미래

인공지능을 활용한 교육은 지속적으로 발전하고 있으며, 앞으로 더욱 혁신적인 변화를 이끌 것으로 기대된다.

예를 들어, 초개인화 학습에서는 인공지능이 학습자의 학습 스타일뿐 아니라 감정 상태까지 분석해, 개인 맞춤형 학습 경로를 설계할 수 있게 될 것이다. 또한 가상 현실(VR)과의 결합을 통해 몰입감 있는 학습 환경이 조성되며, 보다 현실감 있는 학습 경험이 가능해질 것으로 보인다.

더 나아가 인공지능은 성인 학습과 직업 훈련까지 확장되어, 평생 학습을 지원하는 시스템으로 발전할 수 있다. 이는 개인의 역량 개발과 지속적인 성장에 기여하며, 모든 학습자에게 더욱 다양하고 풍부한 교육 기회를 제공할 것으로 전망된다.

7 인공지능과 의료

(1) 진단과 치료

인공지능은 의료 분야에서 정확하고 신속한 진단과 치료 계획 수립에 중요한 역할을 하고 있으며, 의료 서비스의 질을 높이고 환자 건강 관리의 새로운 가능성을 열어가고 있다.

첫째, 인공지능은 질병 예측과 조기 진단에서 높은 성과를 보이고 있다. 환자의 의료 기록과 유전자 데이터를 분석하여 암이나 심혈관 질환 등의 발병 가능성을 사전에 예측하고, 조기에 발견할 수 있도록 돕는다. 이는 예방적 대응을 가능하게 하며, 환자의 생존율 향상에 기여한다.

둘째, 인공지능은 CT, MRI, X-ray 등 의료 영상 데이터를 분석해 병변을 빠르고 정확하게 찾아내는 데 활용된다. 이를 통해 의료진의 진단을 보조하고 오진률을 낮추는 데 도움을 주며, 의료 서비스의 신속성과 정확성을 함께 높인다.

셋째, 인공지능은 환자의 개별 데이터를 기반으로 맞춤형 치료 계획을 수립하는 데 기여한다. 치료법의 적합성과 약물 반응, 부작용까지 예측할 수 있어 보다 정밀한 의료가 가능해진다. 이는 환자 중심의 의료 환경을 실현하는 데 중요한 역할을 한다.

이처럼 인공지능은 진단과 치료의 정확도를 높이고, 개인화된 서비스를 통해 의료 시스템 전반에 긍정적인 변화를 가져오고 있다. 앞으로 기술이 더욱 고도화되면 의료 현장의 효율성과 효과성은 더욱 강화될 것으로 기대된다.

(2) 의료 시스템의 효율화

인공지능은 병원 운영의 효율성을 높이고, 의료 서비스의 접근성을 확대하는 데 중요한 역할을 하고 있다. 병원 내 자원 배분부터 원격 진료에 이르기까지 다양한 영역에서 인공지능은 의료 시스템을 보다 정교하게 설계하고 운영할 수 있도록 돕는다.

우선, 병원 운영 측면에서 인공지능은 환자 흐름과 자원 관리를 최적화함으로써 대기 시간을 줄이고 운영 비용을 절감하는 데 기여하고 있다. 예를 들어, 인공지능은 환자의 방문 패턴, 진료 시간, 치료 과정을 분석해 병원 내 의료진과 진료실, 검사 장비 등의 배치를 효율적으로 조정할 수 있다. 이를 통해 특정 시간대에 몰리는 업무 부담을 분산시키고, 의료진의 피로도를 낮추며 병원 전반의 운영 효율을 높일 수 있다. 나아가 진료 예약과 접수, 수납 등의 행정 업무를 자동화함으로써 환자의 대기 시간을 줄이고, 보다 원활한 진료 경험을 제공하는 데도 도움을 준다.

또한, 인공지능은 원격 의료 서비스의 핵심 기술로 의료 접근성이 낮은 지역이나 이동이 어려운 환자에게 양질의 의료 서비스를 제공할 수 있도록 지원한다. AI 기반 챗봇은 간단한 건강 상담이나 증상 평가를 자동으로 수행할 수 있으며, 원격 진단 시스템은 화상 통화를 통해 의료 전문가와의 실시간 상담을 가능하게 한다. 이러한 기술은 의료 인프라가 부족한 지역에서도 적절한 진료와 상담을 받을 수 있는 환경을 조성하며, 응급 상황에서의 초기 대응이나 만성질환 관리에도 활용될 수 있다.

결과적으로 인공지능은 병원 운영의 효율성을 향상시키는 동시에, 더 많은 사람들에게 의료 서비스를 제공할 수 있는 기반을 마련하고 있다. 이는 의료 자원의 불균형 해소와 건강 형평성 증진에도 긍정적인 영향을 미칠 것으로 기대된다.

(3) 신약 개발

인공지능은 신약 개발 과정에 혁신적인 변화를 가져오고 있다. 전통적으로 수년 이상 걸리던 초기 후보 물질 탐색 단계에서, 인공지능은 방대한 화합물 데이터를 빠르게 분석하여 유망한 후보를 도출함으로써 연구 기간을 크게 단축시킨다.

또한, 인공지능은 임상 시험 데이터를 분석해 약물의 효과와 부작용을 조기에 파악할 수 있도록 돕는다. 이를 통해 임상 시험의 효율성을 높이고, 성공 가능성을 향상시킬 수 있다. 특히, 적절한 환자군 선별이나 용량 조절 등에 있어 정밀한 판단을 지원한다는 점에서 주목받고 있다.

이처럼 인공지능은 신약 개발에 드는 시간과 비용을 줄이는 동시에, 더 안전하고 효과적인 치료제를 보다 빠르게 시장에 출시할 수 있도록 돕고 있다.

(4) 윤리적 고려

인공지능이 의료 분야에서 폭넓게 활용되면서, 결정 책임과 데이터 프라이버시에 대한 논의가 중요하게 대두되고 있다.

우선, 인공지능이 진단이나 치료 계획을 제안하는 경우, 그 결정에 대한 책임이 누구에게 있는지에 대한 명확한 기준이 필요하다. 인공지능은 의료진의 판단을 보조하는 도구이지만, 최종 결정은 의료진이 내리는 만큼 두 역할 간의 분명한 경계와 책임 분담이 체계적으로 정리되어야 한다. 이는 의료 사고 발생 시 책임 소재를 명확히 하고, 인공지능 기술에 대한 신뢰를 높이는 데 중요한 기반이 된다. 또한, 인공지능이 처리하는 의료 데이터의 프라이버시 역시 해결해야 할 핵심 과제다. 환자의 민감한 의료 정보를 보호하기 위해서는 강력한 보안 체계가 필수이며, 데이터는 익명화 처리와 함께 윤리적으로 관리되어야 한다. 데이터 유출이나 오용을 방지하기 위한 기술적 · 제도적 장치가 마련되어야만, 환자와 의료진 모두가 안심하고 인공지능 기술을 활용할 수 있는 환경이 조성될 수 있다.

(5) 의료의 미래

인공지능은 의료 기술의 중심으로 자리잡으며, 향후 의료 시스템 전반에 걸쳐 다양한 혁신을 이끌 것으로 기대된다. 예방 중심 의료, 정밀 로봇 수술, 글로벌 의료 접근성 향상 등은 대표적인 변화의 예다.

우선, 예방 중심 의료에서는 인공지능이 개인의 의료 데이터를 분석해 건강 위험 요인을 조기에 발견하고, 이를 사전에 관리할 수 있도록 돕는다. 이러한 기술은 질병이 발생하기 전에 개입을 가능하게 하여, 환자의 건강을 개선하고 장기적으로 의료 비용 절감에도 기여할 수 있다. 또한, 인공지능은 수술 로봇과의 결합을 통해 정밀 수술을 가능하게 하고, 의료진의 한계를 보완함으로써 수술의 안전성과 성공률을 높인다. 더불어 AI 기반의 원격 의료 시스템은 의료 인프라가 부족한 지역에서도 효과적으로 활용될 수 있어, 의료 서비스의 접근성을 높이고 세계적인 의료 격차 해소에도 긍정적인 영향을 줄 것으로 보인다.

이러한 변화는 인공지능이 미래 의료 체계의 핵심 기술로서, 진단과 치료를 넘어 예방과 접근성 개선까지 폭넓게 기여하게 될 것임을 보여준다.

8 인공지능과 환경

(1) 환경 데이터 분석

인공지능은 방대한 환경 데이터를 신속하게 처리하고 분석함으로써, 기후 변화 대응과 자연재해 예측, 생물 다양성 보호 등 지구 환경 문제 해결에 점점 더 중요한 역할을 하고 있다.

특히 기후 변화 대응 분야에서는 위성 이미지와 기상 데이터를 기반으로 기후 패턴을 분석하고, 이를 바탕으로 예측 모델을 구축할 수 있다. 이러한 모델은 기온 상승, 해수면 변화, 이상 기후 등의 변화를 사전에 예측할 수 있도록 하여, 정책 결정자들이 더 효과적으로 대응 전략을 수립하는 데 도움을 준다.

예를 들어, 인공지능은 탄소 배출량을 모니터링하거나 에너지 소비 패턴을 분석하여 탄소 감축 및 에너지 효율화 정책을 설계하는 데 활용될 수 있다. 이처럼 AI는 환경 문제에 대한 보다 정밀하고 실질적인 대응 방안을 마련하는 데 기여하고 있다.

또한 인공지능은 자연재해 예측 분야에서도 실질적인 도움을 주고 있다. 지진, 홍수, 태풍과 같은 재해 발생 가능성을 사전에 파악하여 피해를 줄일 수 있도록 정보를 제공함으로써, 인명과 재산 피해를 최소화하는 데 기여하고 있다. 예를 들어, AI 기반의 홍수 경고 시스템은 실시간 기상 데이터와 지형 정보를 분석해 위험 지역을 조기에 식별하고, 경보를 발령함으로써 주민의 신속한 대피를 가능하게 한다. 이러한 기술은 재난 대응의 정확성과 효율성을 높이는 데 중요한 역할을 하고 있다.

생물 다양성 보호 분야에서도 인공지능은 의미 있는 역할을 수행하고 있다. AI는 멸종 위기종의 서식지 데이터를 분석해 보존이 시급한 지역을 식별하고, 적절한 보호 전략을 제안할 수 있다. 또한 드론, 센서 등과 결합해 밀렵 활동을 감시하거나, 생물 서식지를 실시간으로 모니터링함으로써 자연 생태계의 파괴를 방지하는 데 기여하고 있다.

이처럼 인공지능은 인간의 접근이 어려운 영역에서도 환경 보호에 효과적으로 활용되며, 지속 가능한 미래를 위한 핵심 기술로 자리 잡아

가고 있다.

(2) 자원 관리 최적화

인공지능은 에너지 효율화와 자원 관리를 통해 지속 가능한 미래를 실현하는 데 중요한 역할을 하고 있다. 전력 소비 패턴을 분석해 에너지 사용을 최적화하고, 불필요한 낭비를 줄이는 데 기여함으로써 전체적인 에너지 효율을 높인다.

스마트 그리드 시스템과 결합된 AI 기술은 재생 가능 에너지의 활용을 극대화하고, 실시간 수요와 공급을 정밀하게 조정할 수 있도록 한다. 이를 통해 전력 생산과 소비의 균형을 맞추고, 탄소 배출을 줄이는 데도 도움이 된다. 궁극적으로 이는 에너지 자원의 지속 가능성 확보에 중요한 기반이 된다.

또한, 인공지능은 물 관리 분야에서도 점점 더 큰 역할을 하고 있다. AI는 물 사용 데이터를 분석해 농업이나 산업 현장에서의 물 소비를 최적화하고, 물 부족 문제 완화에 기여할 수 있다. 예를 들어, 작물의 수분 요구량을 정밀하게 예측하거나, 산업 공정에서의 물 재사용을 극대화하는 방안을 제시함으로써 자원의 효율적인 사용을 가능하게 한다.

이처럼 인공지능은 에너지와 물 자원의 효율적 관리에 기여하며, 지속 가능한 환경을 위한 핵심 관리 기술로 활용되고 있다.

(3) 폐기물 관리

인공지능은 재활용과 폐기물 관리의 효율을 높여 지속 가능한 환경을 만드는 데 점점 더 중요한 역할을 하고 있다.

우선, 재활용 과정에서는 인공지능의 이미지 인식 기술이 폐기물을 정확하게 분류하고 재활용 가능한 자원을 효과적으로 선별하는 데 활용된다. 이로써 분리배출의 정확도가 높아지고, 재활용 효율이 향상되며 자원 낭비도 줄어든다. 또한, 인공지능은 소비자 행동 데이터를 분석해 폐기물 발생 원인을 파악하고, 이를 줄일 수 있는 방안을 제시할 수 있다. 예를 들어, 과잉 포장이나 불필요한 소비 패턴을 식별하여 보다 지속 가능한 생산과 소비를 유도하는 데 기여한다.

이러한 기술은 환경 부담을 줄이는 동시에 자원을 다시 활용하는 순환 경제 체제를 실현하는 데 중요한 도구로 자리 잡아 가고 있다.

(4) 환경 보호의 미래

인공지능은 환경 보호를 위한 핵심 기술로 부상하고 있으며, 앞으로 탄소 배출 저감과 지속 가능한 도시 개발에 있어 중요한 역할을 할 것으로 기대된다.

먼저, 탄소 배출 감소 측면에서 인공지능은 산업 현장의 에너지 사용을 정밀하게 분석하고 최적화함으로써 불필요한 낭비를 줄이고, 효율적인 생산 공정을 설계하는 데 기여할 수 있다. AI는 실시간 데이터를 바탕으로 온실가스 배출원을 빠르게 식별하고, 기업이나 정책 입안자에게 효과적인 감축 방안을 제시함으로써 기후 변화 대응 전략 수립에도 도움을 준다.

또한, 지속 가능한 도시 개발과 생태계 복원 분야에서도 인공지능의 활용 가능성은 크다. 도시 설계 단계에서 교통 흐름, 에너지 소비, 폐기물 처리 등을 데이터 기반으로 분석해 환경 영향을 최소화하는 방향으로 계획을 수립할 수 있다. 동시에, AI는 생태계 파괴 지역을 분석해 복원 우선순위와 실행 전략을 제시함으로써 자연 회복을 지원하는 데도 기여할 수 있다.

이처럼 인공지능은 인간과 자연이 조화를 이루는 지속 가능한 환경 조성을 위한 핵심 기술로서의 역할을 점차 확대해 나가고 있다.

9 인공지능과 경제

(1) 경제적 영향

인공지능은 전 세계 경제에 광범위한 영향을 미치며, 다양한 산업의 생산성과 효율성을 크게 향상시키고 있다. 특히 산업 자동화, 서비스 혁신, 신산업 창출 등 여러 측면에서 경제 구조에 실질적인 변화를 이끌고 있다.

먼저, 산업 자동화는 인공지능이 가장 활발히 적용되고 있는 분야 중 하나다. 제조업에서는 로봇 공정 자동화(RPA)를 통해 반복적이고 시간이 많이 소요되는 작업을 자동화하여 비용을 절감하고 생산성을 높이고 있으며, 물류 분야에서도 AI 기반 시스템이 배송 경로를 최적화하고 재고 관리를 개선함으로써 물류 운영의 효율성을 극대화하고 있다.

또한, 인공지능은 서비스 혁신을 통해 기업의 경쟁력을 강화하는 데 크게 기여하고 있다. 고객 응대에서는 AI 챗봇이 24시간 자동응답을 가능하게 하여 고객 만족도를 높이고, 마케팅 분야에서는 소비자 데이터를 분석해 개인 맞춤형 광고와 추천을 제공함으로써 고객의 참여를 유도하고 브랜드 충성도를 높이는 데 도움을 준다.

인공지능은 기존 산업의 틀을 넘어서 새로운 산업을 창출하는 데도 중요한 역할을 한다. 자율주행차, 스마트 헬스케어, 정밀 농업 등은 모두 AI 기술을 기반으로 한 신산업으로, 이는 새로운 일자리와 경제 성장의 원천으로 작용하고 있다.

이처럼 인공지능은 산업 자동화에서부터 서비스 혁신, 신산업 창출에 이르기까지 경제 전반에 걸쳐 영향을 확대하고 있으며, 앞으로도 세계 경제를 견인하는 핵심 기술로서 그 중요성이 더욱 커질 것으로 예상된다.

(2) 고용 시장 변화

인공지능은 고용 시장에 구조적인 변화를 불러오며, 기존 직무의 감소와 새로운 직무의 창출이라는 두 가지 상반된 영향을 동시에 나타내고 있다.

먼저, 자동화로 인해 사라지는 직무는 주로 반복적이고 예측 가능한 업무들이다. 데이터 입력, 단순 조립, 기본적인 고객 응대처럼 정형화된 작업은 인공지능과 로봇 기술에 의해 대체될 가능성이 높으며, 이는 산업 전반의 효율성을 높이는 반면, 일부 직종에서는 일자리 감소로 이어질 수 있다.

반면 인공지능의 발전은 새로운 직무와 산업을 창출하며, 고용 시장에 새로운 기회를 제공하고 있다. 데이터 과학자, 머신러닝 엔지니어, AI 윤리 전문가 등은 대표적인 신직종으로, 기술 전문성과 문제 해결 능력을 요구하는 일자리들이 늘어나고 있다. 이러한 변화는 고용 구조를 재편하고, 더 많은 창의적이고 복합적인 역량이 요구되는 방향으로 노동 수요를 이동시키고 있다.

이러한 변화에 효과적으로 대응하기 위해서는 기존 노동자들이 변화된 환경에 적응할 수 있도록 하는 재교육과 재훈련이 필수적이다. 단순한 기술 전환을 넘어서, 기존 경험을 바탕으로 새로운 역량을 개발할 수 있는 교육 기회를 제공해야 하며, 이는 개인의 노력뿐 아니라 기업과 정부의 적극적인 지원이 함께 이루어져야 한다.

결과적으로 인공지능은 고용 시장에 도전과 기회를 동시에 가져오고 있으며, 지속 가능한 노동 환경을 위해서는 일자리 전환과 인재 양성을 위한 체계적인 대응이 필요하다.

(3) 금융과 투자

인공지능은 금융 산업에서 효율성을 높이고 새로운 기회를 창출하며, 리스크 관리와 투자 관리에 혁신적인 변화를 가져오고 있습니다.

리스크 관리 분야에서는 인공지능이 대출 심사나 보험 청구 과정에서 데이터를 분석해 금융 기관이 보다 신뢰할 수 있는 결정을 내릴 수 있도록 지원합니다. 머신러닝 알고리즘은 방대한 데이터를 기반으로 사기 거래를 실시간으로 탐지하고, 사전 대응이 가능하도록 하여 금융 범죄 예방에 기여하고 있습니다.

또한, 자동화된 투자 관리에서도 인공지능은 핵심적인 역할을 하고 있습니다. AI 기반 로보 어드바이저는 투자자의 성향과 목표를 분석해 맞춤형 포트폴리오를 제공하며, 개인 투자자의 재정 관리를 보다 간편하고 효율적으로 만들어 줍니다. 이를 통해 투자 경험이 부족한 사람들도 전문적인 금융 서비스를 이용할 수 있게 되고, 금융 접근성이 크게 향상되고 있습니다.

마지막으로, 인공지능은 빅데이터와 머신러닝을 활용해 금융 시장의 변동성을 분석하고 예측하는 데도 활용됩니다. 방대한 시장 데이터를 실시간으로 처리해 투자 기회를 포착하거나 잠재적인 위험 요인을 조기에 경고함으로써, 투자자는 보다 민첩하게 대응할 수 있고 금융 기관은 안정적이고 효율적인 서비스를 제공할 수 있습니다.

이처럼 인공지능 기술은 금융 산업 전반의 생산성과 대응력을 높이며, 새로운 혁신 기회를 지속적으로 창출하고 있다.

(4) 인공지능과 경제 성장

인공지능은 경제 성장의 핵심 촉매제로 작용하며, 기업과 국가의 생산성과 경쟁력을 크게 높이고 있습니다.

우선 생산성 측면에서, 인공지능은 기업의 운영 효율을 개선하고 반복적이고 시간이 많이 드는 업무를 자동화함으로써 인적 자원을 보다 창의적이고 고부가가치 활동에 집중할 수 있도록 돕습니다. 이는 기업의 비용을 절감하는 동시에 전반적인 생산성을 높이는 효과를 가져와 경제 성장에 직접적으로 기여합니다.

또한, 인공지능은 글로벌 경쟁력 강화에도 중요한 역할을 합니다. AI를 적극적으로 도입한 기업과 국가는 기술 혁신을 기반으로 글로벌 시장에서 경쟁 우위를 확보할 수 있으며, 특히 AI 관련 연구개발(R&D)에 대한 투자는 장기적인 경제 성장의 기반이 됩니다.

이러한 변화는 인공지능이 미래 산업 경쟁력의 핵심 요소로 자리 잡고 있음을 보여주며, 기업과 국가 차원에서 전략적으로 AI를 활용해야 할 필요성을 분명히 하고 있다.

(5) 인공지능과 경제적 불평등

인공지능의 확산은 경제적 기회를 넓히는 동시에, 불평등 문제를 심화시킬 가능성도 함께 지니고 있다.

디지털 격차는 AI 기술에 접근할 수 있는 기업과 그렇지 못한 기업 사이의 간극을 더욱 벌릴 수 있다. 대기업은 충분한 자원과 인력을 바탕으로 AI를 적극 도입해 경쟁력을 높이는 반면, 중소기업은 기술 도입에 필요한 자금이나 전문 인력 부족으로 인해 뒤처질 위험이 있다. 이러한 격차를 줄이기 위해 중소기업을 대상으로 한 기술 지원과 인프라 구축 등의 정책적 노력이 필요하다.

또한, 인공지능의 발전은 고숙련 인력에게 더 많은 기회를 제공하는 반면, 단순 업무에 종사하는 저숙련 노동자들의 일자리 감소와 소득 격차를 유발할 수 있다. 이로 인해 노동 시장 내 소득 불균형이 심화될 우려가 있다.

아울러, 인공지능 기술의 개발과 활용이 특정 지역이나 계층에 불리하게 작용할 수 있다는 점에서 윤리적 고려도 필요하다. AI 기술이 사회 전반에 공정하고 책임 있게 쓰일 수 있도록, 지속적인 사회적 논의와 정책적 대응이 함께 이루어져야 한다.

(6) 경제의 미래와 인공지능

인공지능은 앞으로도 경제 전반에 걸쳐 깊은 영향을 미치며, 스마트 경제와 지속 가능한 경제로의 전환을 이끄는 핵심 기술로 작용할 것이다.

스마트 경제는 인공지능, 사물인터넷(IoT), 빅데이터의 융합을 기반으로 형성될 전망이다. 스마트 팩토리에서는 생산 공정을 자동화하고 최적화하며, 스마트 농업은 작물 관리와 자원 활용의 효율을 높인다. 또한 스마트 도시는 교통, 에너지, 환경 관리 등 다양한 영역에서 혁신을 일으킬 수 있어, 경제 활동 전반의 효율을 극대화하는 데 기여할 것이다.

지속 가능한 경제로의 전환에서도 인공지능의 역할은 매우 중요하다. AI는 자원의 낭비를 줄이고 에너지 사용을 최적화하는 데 도움을 주며, 재생 가능 에너지의 활용을 높여 환경 부담을 줄이는 데 기여할 수 있다. 이러한 변화는 장기적인 경제 성장과 환경 보호를 동시에 실현할 수 있는 기반이 될 수 있다.

더불어 인공지능 기술은 국제적 협력과 경쟁이라는 두 가지 흐름을 함께 촉진하고 있다. AI 기술의 발전은 국가 간 협력을 필요로 하면서도, 기술 개발을 둘러싼 경쟁을 심화시킬 수 있다. 만약 기술의 개발과 활용이 특정 국가에 집중된다면, 국제적 불균형이나 갈등으로 이어질 수 있다. 이를 방지하기 위해서는 기술 표준과 윤리적 활용에 대한 국제적 합의가 요구된다.

결국 인공지능은 스마트 경제와 지속 가능한 경제를 포함한 새로운 경제 체제를 형성해 나갈 것이며, 그 과정에서 기술의 책임 있는 사용과 공정한 접근을 위한 사회적 · 국제적 노력이 중요한 과제로 남는다.

10 인공지능과 사회적 도전 과제

(1) 인공지능의 윤리적 딜레마

인공지능 기술의 빠른 발전은 프라이버시 침해, 데이터 편향, 책임 소재 문제와 같은 윤리적 · 사회적 쟁점을 불러오고 있으며, 이를 해결하기 위한 적극적인 대응이 필요하다.

프라이버시 침해는 인공지능이 방대한 개인 데이터를 수집하고 분석하는 과정에서 특히 두드러진다. 예를 들어, 스마트폰이나 사물인터넷(IoT) 기기 등이 사용자 정보를 수집하는 과정에서, 민감한 개인정보가 의도치 않게 외부로 유출될 위험이 존재한다. 이러한 상황을 예방하려면, 데이터 보호 체계를 강화하고, 사용자 동의를 바탕으로 데이터를 활용하는 투명한 시스템을 마련하는 것이 중요하다.

데이터 편향 문제 역시 인공지능의 공정성과 신뢰성에 심각한 영향을 줄 수 있다. 인공지능은 학습에 사용된 데이터의 특성에 따라 편향된 판단을 내릴 수 있으며, 이는 실제로 채용 과정 등에서 특정 성별이나 인종에 대한 차별로 이어진 사례에서도 확인된 바 있다. 따라서 다양한 배경과 관점을 반영한 학습 데이터의 확보와 지속적인 품질 관리가 필요하다.

아울러 인공지능이 내린 판단에 대한 책임 소재도 분명히 해야 한다. 기술을 개발한 사람, 이를 사용하는 사람, 그리고 그로 인해 영향을 받는 사람 사이의 역할과 책임을 명확히 구분하고, 이에 대한 법적 · 윤리적 기준을 마련하는 일이 시급하다.

결국 인공지능의 발전이 사회 전반에 긍정적인 변화를 이끌기 위해서는, 기술적인 진보와 함께 윤리적 기준과 제도적 장치가 함께 마련되어야 한다. 이는 인공지능이 신뢰받는 기술로 자리 잡기 위한 필수 조건이다.

(2) 인공지능과 인간의 협력

인공지능은 인간과 협력하여 더 나은 결과를 만들어낼 수 있는 강력한 도구이며, 이를 실현하기 위해서는 인간 중심적인 인공지능 개발이 중요하다. 인간-인공지능 협력 모델은 인공지능이 인간의 의사결정을 보조하고, 반복적이고 시간이 많이 드는 작업을 대신 수행함으로써 전반적인 효율성을 높이는 데 목적이 있다. 예를 들어, 인공지능은 방대한 데이터를 빠르게 분석하고, 이를 기반으로 인간이 보다 전략적인 결정을 내릴 수 있도록 돕는다. 또한, 인공지능은 디자인, 예술, 연구와 같은 창의적 분야에서도 인간과 협력하여 새로운 아이디어를 탐색하고 발전시키는 데 기여할 수 있다. 이러한 협력은 창작 과정에서 인간의 영감을 자극하고, 다양한 가능성을 실현하는 데 활용된다.

이와 함께, 인간 중심의 인공지능 설계는 인공지능이 인간의 가치와 윤리를 존중하며 개발될 때 실현 가능하다. 이는 단순히 기술적인 성능 향상에 그치지 않고, 사용자 경험(UX)과 접근성까지 고려한 설계를 의미한다. 누구나 쉽게 활용할 수 있는 인공지능 시스템은 사회 전반에 긍정적인 영향을 미치고, 사용자들로부터 신뢰를 얻는 데 중요한 역할을 한다.

결국, 인간과 인공지능의 협력은 인공지능이 단순한 도구를 넘어, 인간과 함께 문제를 해결하고 새로운 가능성을 창출하는 동반자로 자리잡을 수 있도록 하는 핵심 기반이 된다.

(3) 사회적 불평등과 인공지능

인공지능 기술은 경제적 · 사회적 불평등을 심화시킬 가능성을 내포하고 있으며, 이를 완화하기 위한 다양한 노력이 요구된다. 특히 기술 격차는 인공지능에 접근할 수 있는 사람들과 그렇지 않은 사람들 간의 간극을 더욱 벌릴 수 있다. 인공지능 기술을 잘 활용할 수 있는 계층은 더 많은 기회를 얻는 반면, 그렇지 못한 계층은 디지털 환경에서 점차 소외될 위험이 크다. 이를 해결하기 위해서는 디지털 교육의 확대와 함께 기술 접근성을 높이기 위한 정책적 노력이 필요하다. 예를 들어, 취약 지역이나 계층에 디지털 기기와 인터넷 환경을 제공하고, 기초적인 기술 교육 프로그램을 마련함으로써 격차를 줄일 수 있다.

또한, 인공지능은 노동 시장에도 변화를 불러오며 직업의 재편과 실업 문제를 동반할 수 있다. 반복적이고 규칙적인 업무는 인공지능에 의해 자동화되며, 그 결과 일부 직무는 점차 사라질 수 있다. 반면, 데이터 분석가나 머신러닝 전문가처럼 새롭게 생겨나는 직무도 존재한다. 그러나 이러한 변화에 적응하지 못한 노동자들은 고용 불안에 직면할 수 있기 때문에, 기술 변화에 대응할 수 있도록 지원하는 재교육과 직업 전환 프로그램이 필수적이다.

결국 인공지능 기술이 초래할 수 있는 불평등 문제를 완화하기 위해서는 교육, 인프라, 고용 정책 등 다각적인 접근과 사회 전체의 협력이 뒷받침되어야 한다.

(4) 인공지능의 사회적 책임

인공지능은 사회적 책임을 갖고 개발되고 활용되어야 하며, 이를 위해 투명성과 신뢰성이 중요하게 요구된다. 인공지능 시스템이 어떻게 작동하며 어떤 근거로 판단을 내리는지를 사용자에게 명확히 전달할 수 있어야 기술에 대한 신뢰를 형성할 수 있다. 특히, 의료, 금융, 법률과 같은 분야에서는 인공지능의 판단 과정이 더욱 민감하게 작용하기 때문에, 결과를 설명할 수 있는 '설명 가능 인공지능(Explainable AI)' 기술이 핵심 요소로 떠오르고 있다. 설명 가능 인공지능은 사용자와 이해관계자들이 인공지능의 결정 과정을 이해하고 검토할 수 있도록 해주며, 이로 인해 기술의 공정성과 책임성 또한 강화된다.

또한, 인공지능은 사회적으로 공정하고 환경적으로 지속 가능한 방향으로 발전해야 한다. 특정 집단에 불이익을 주는 판단을 피하기 위해, 인공지능은 편향 없는 데이터 기반으로 학습되어야 하며, 알고리즘의 공정성을 지속적으로 점검하고 개선하는 과정이 필요하다. 예를 들어, 채용이나 신용 평가에 사용되는 인공지능이 성별이나 인종, 지역 등으로 인해 불공정한 결정을 내리지 않도록 검증 절차를 강화해야 한다. 아울러 인공지능 시스템의 개발과 운영 과정에서 에너지 소비를 줄이고 친환경적인 기술을 적용하는 등의 환경적 고려도 병행되어야 한다. 이러한 노력들은 인공지능이 사회에 미치는 부정적인 영향을 최소화하고, 지속 가능하고 책임감 있는 기술로 자리 잡을 수 있도록 하는 중요한 기반 된다.

(5) 인공지능의 미래와 사회적 역할

인공지능은 공공 서비스의 효율성과 접근성을 향상시키는 데 중요한 역할을 할 수 있다. 의료, 교육, 행정 등 다양한 분야에서 인공지능을 활용하면 보다 빠르고 정확한 서비스를 제공할 수 있으며, 시민들이 체감하는 편의성도 함께 높아진다. 예를 들어, 인공지능 기반의 교통 관리 시스템은 실시간 데이터를 바탕으로 교통 흐름을 조절하고 체증을 완화할 수 있으며, 범죄 예방 시스템에서는 데이터를 분석해 위험 지역을 파악하고 조기 대응을 가능하게 한다. 이러한 기술은 공공 서비스의 질을 높이고, 보다 많은 시민들이 그 혜택을 누릴 수 있도록 한다.

또한, 인공지능은 기후 변화 대응, 전염병 확산 방지, 빈곤 문제 해결과 같은 글로벌 과제에도 기여할 수 있다. 위성 데이터나 환경 센서를 분석하여 기후 변화의 패턴을 파악하고, 전염병 확산 경로를 예측함으로써 효과적인 대응 전략을 마련하는 데 도움을 줄 수 있다. 빈곤 문제의 경우에는 인공지능이 데이터를 기반으로 자원 분배를 최적화하고, 취약 계층의 필요를 정확히 파악하여 보다 정밀한 정책을 수립할 수 있도록 지원한다. 이러한 활용을 확대하기 위해서는 국제기구와의 협력이 필요하며, 인공지능을 공동의 문제 해결에 활용할 수 있는 글로벌 협력 체계를 마련하는 것이 중요하다.

마지막으로, 인공지능의 발전 방향과 활용에 있어 윤리적 기준의 정립은 필수적이다. 기술이 사회에 긍정적인 영향을 미치기 위해서는 공정성과 책임성을 확보할 수 있는 국제적인 기준과 제도가 마련되어야 한다. 예를 들어 유네스코와 같은 국제기구는 인공지능 윤리 가이드라인을 제시함으로써 기술이 인간의 권리와 가치를 침해하지 않도록 기준을 제안하고 있다. 이러한 윤리적 기준은 인공지능이 남용되거나 오용되는 것을 방지하고, 기술 발전이 인간 중심의 방향으로 나아가는 데 기초가 된다.

인공지능의 기술적 발전은 사회 전반에 긍정적인 변화를 가져오지만, 동시에 해결해야 할 윤리적 과제들도 함께 제기된다. 특히, 기술 개발자는 인공지능이 사회에 미치는 영향을 고려해 윤리적 책임감을 갖고 개발에 임해야 한다. 의료, 교육, 금융 등 여러 분야에서 인공지능은 효율성과 정확성을 높이며 혁신을 이끌고 있지만, 데이터 편향이나 프라이버시 침해, 책임 소재의 불분명성과 같은 문제도 발생할 수 있다. 따라서 인공지능 시스템은 공정하고 투명하게 작동해야 하며, 인간의 가치를 중심에 두고 설계되어야 한다. 특히 인공지능의 의사결정 과정이 사회의 신뢰를 얻기 위해서는 사용자가 그 판단의 근거를 이해할 수 있도록 설명 가능한 인공지능(Explainable AI) 기술이 필요하다.

이와 함께, 정부와 기업은 이러한 윤리적 책임을 뒷받침할 정책과 제도를 마련해야 한다. 기술의 남용이나 오용을 방지하기 위해서는 공정성과 투명성을 보장하는 규제 체계가 필요하며, 인공지능이 사회적 가치를 증진하는 방향으로 활용될 수 있도록 적극적인 지원이 이루어져야 한다. 예를 들어, 정부는 인공지능을 공공 서비스와 사회 문제 해결에 효과적으로 활용하는 동시에, 디지털 격차로 인해 소외되는 계층이 생기지 않도록 포용적 정책을 마련해야 한다. 기업 또한 기술을 통해 경제적 가치를 창출하는 데 그치지 않고, 사회적 책임을 함께 고려하는 방식으로 인공지능을 개발하고 적용할 필요가 있다.

결국 인공지능이 인간의 삶을 더 나은 방향으로 이끄는 기술이 되기 위해서는, 개발자, 정부, 기업이 함께 협력하여 윤리적이고 책임 있는 인공지능 생태계를 구축해 나가야 한다는 점이 분명히 강조된다.

참고문헌

- Russell, S. J., & Norvig, P. (2020). Artificial Intelligence: A Modern Approach (4th ed.). Pearson.
- Goodfellow, I., Bengio, Y., & Courville, A. (2016). Deep Learning. MIT Press.
- Mitchell, T. M. (1997). Machine Learning. McGraw-Hill.
- Domingos, P. (2015). The Master Algorithm: How the Quest for the Ultimate Learning Machine Will Remake Our World. Basic Books.
- Chollet, F. (2018). Deep Learning with Python. Manning Publications.

- Bishop, C. M. (2006). Pattern Recognition and Machine Learning. Springer.
- Gurney, K. (2004). An Introduction to Neural Networks. CRC Press.
- Daugherty, P. R., & Wilson, H. J. (2018). Human + Machine: Reimagining Work in the Age of AI. Harvard Business Review Press.
- LeCun, Y., Bengio, Y., & Hinton, G. (2015). Deep Learning. Nature, 521(7553), 436–444.
- Mnih, V., Kavukcuoglu, K., Silver, D., et al. (2015). Human-level control through deep reinforcement learning. Nature, 518(7540), 529–533.
- Jordan, M. I., & Mitchell, T. M. (2015). Machine learning: Trends, perspectives, and prospects. Science, 349(6245), 255–260.
- Silver, D., et al. (2016). Mastering the game of Go with deep neural networks and tree search. Nature, 529(7587), 484–489.
- Bostrom, N. (2014). Superintelligence: Paths, Dangers, Strategies. Oxford University Press.
- Kaplan, A., & Haenlein, M. (2019). Siri, Siri in my hand: Who's the fairest in the land? On the interpretations, illustrations, and implications of artificial intelligence. Business Horizons, 62(1), 15–25.
- Brynjolfsson, E., & McAfee, A. (2014). The Second Machine Age: Work, Progress, and Prosperity in a Time of Brilliant Technologies. W. W. Norton & Company.
- OpenAI. (2023). Research papers and articles. Retrieved from https://www.openai.com/

- Google AI. (2023). Machine Learning Research. Retrieved from https://ai.google/research/
- IBM. (2023). Artificial Intelligence Research. Retrieved from https://www.ibm.com/watson/
- MIT Technology Review. (2023). The Artificial Intelligence Issue. Retrieved from https://www.technologyreview.com/
- Stanford Artificial Intelligence Laboratory. (2023). Research Publications. Retrieved from https://ai.stanford.edu/
- European Commission. (2023). Ethics Guidelines for Trustworthy AI. Retrieved from https://digital-strategy.ec.europa.eu/
- National Institute of Standards and Technology (NIST). (2023). Artificial Intelligence: A Resource Center. Retrieved from https://www.nist.gov/artificial-intelligence
- McKinsey Global Institute. (2018). Notes from the AI frontier: Insights from hundreds of use cases. Retrieved from https://www.mckinsey.com/
- World Economic Forum. (2023). The Future of Jobs Report. Retrieved from https://www.weforum.org/
- OECD. (2023). Artificial Intelligence in Society. Retrieved from https://www.oecd.org/ai/
- Ethical AI Initiative. (2023). Best Practices for Ethical AI. Retrieved from https://ethical-ai.org/

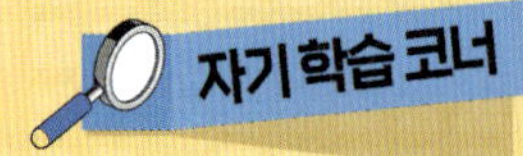

01 컴퓨터와 인공지능의 발전이 '노동'을 중심으로 형성된 기존 사회 구조에 어떤 변화를 가져오는지 자신의 생각을 정리해 보자.

02 인공지능 기술이 만들어 낼 미래 사회가 유토피아가 될지, 디스토피아가 될지는 무엇에 의해 결정된다고 생각하는가? 그 이유를 서술해 보자.

03 인공지능이 인간의 노동을 대체하는 사회에서 인간에게 새롭게 요구되는 역할은 무엇이라고 생각하는지 정리해 보자.

04 노동이 줄어드는 사회에서 정부와 사회는 어떤 역할을 해야 한다고 생각하는지, 사회적 경제나 공공 영역의 관점에서 의견을 제시해 보자.

05 인공지능 시대에 인간의 가치는 '효율성'이 아닌 다른 기준으로 재정의되어야 한다는 주장에 대해 자신의 생각을 정리해 보자.

06 제시된 인공지능 미래 사회의 모습이 현실화될 가능성이 높다고 생각하는지, 현재 사회의 사례를 들어 설명해 보자.

07 인공지능 시대에 '인간다움'이란 무엇을 의미하는지 자신의 언어로 정의해 보자.

8장

인공지능과 미디어

1 인공지능과 미디어 변화

인공지능 기술은 콘텐츠의 창작, 유통, 소비 전반에 걸쳐 커다란 근본적인 변화를 이끌고 있으며, 미디어 산업은 광고 및 콘텐츠 유통 방식의 혁신을 통해 소비자와의 직접적인 상호작용을 더욱 강화하고 있다. 기술적으로는 자연어 처리, 이미지 생성, 음성 합성 등 다양한 인공지능 기반 도구가 개발되면서 콘텐츠 제작의 효율성이 크게 향상되고 있으며, 소셜 미디어와 OTT 서비스 등 플랫폼에서는 인공지능을 활용한 개인화된 콘텐츠 제공을 통해 전통적인 방송 시장에 도전하고 있다. 반면, 가짜 뉴스나 딥페이크와 같은 정보 왜곡 문제는 인공지능 기술에 대한 윤리적·법적 논의의 필요성을 제기하며, 팩트 체크와 데이터 검증 기술의 발전을 함께 요구하고 있다. 이러한 상황에서 미디어 분야는 창의적인 활용 가능성과 더불어 규제와 신뢰성 확보를 위한 노력을 병행하고 있다. 인공지능은 단순한 창작 도구를 넘어 점차 창작의 주체로 전환되고 있으며, 이에 따라 미디어 또한 새로운 도전과 변화의 과정을 겪고 있다.

2 예술과 미디어의 경계

인공지능 기반 예술과 미디어의 관계는 최근 몇 년 사이 급격하게 변화하고 있으며, 이는 기술 발전과 사회적 요구에 따라 더욱 긴밀해지고 있다. 앞서 '인공지능과 예술'에서 언급한 바와 같이, 인공지능이 예술의 창작 과정에 융합되면서 기존의 창작 방식을 넘는 새로운 유형의 작품들이 등장하고 있다. 이러한 변화는 예술가에게 더 많은 자유와 소통의 기회를 제공하며, 그 결과 더욱 다양하고 독창적인 작품들이 탄생하고 있다.

대표적인 장르인 미디어 아트는 과거와는 다른 방식으로 진화하며 표현의 다양성과 형식의 동적 변화가 확대되고 있다. 인공지능의 진보한 학습 능력은 관람객과의 상호작용을 개별적이고 구체적으로 처리하여, 참여자마다 고유한 경험을 제공한다. 이처럼 각각 다르게 생성되는 콘텐츠는 맞춤형 결과를 제공하며, 관람자의 경험과 기억을 중심으로 예술 소비 방식에 변화를 가져온다. 나아가 소셜 미디어 플랫폼과 연계되어, 작품은 서사적으로 소비되고 손쉽게 공유되는 방식으로 확장된다.

이러한 변화 속에서 인공지능 생성물에 대한 저작권 논의도 활발히 진행되고 있으며, 프랑스, 미국 등 여러 국가에서는 인공지능이 생성한 작품에 대해 저작권을 인정하는 사례가 늘어나고 있다. 인공지능을 창작 주체로 보는 관점이 확산되면서, 다양한 영역에서 그 역할과 가치를 재고하고 수용하려는 움직임이 이어지고 있다. 그에 따라 예술성과 응용 미디어 콘텐츠 제작 간의 연결이 자연스러워지고, 단일적이기보다 융합적 형태의 개입이 본격화되고 있다.

미디어 아트는 표현의 의도와 방식에 따라 다양한 미디어 요소를 포함한다. 컴퓨터와 같은 디지털 매체가 활용되는 경우, 영상, 소리, 문자, 기호뿐 아니라 기계적 구조의 물리적 상호작용까지 디지털 제어 논리를 통해 표현된다. 이 과정에서 인공지능이 적용되면 새로운 형태의 예술성과 미디어적 응용이 가능해지고, 예술과 기술의 경계 또한 점점 사라지고 있다. 이처럼 새로운 협업 구조 속에서 예술과 미디어는 긴밀하게 연결되며, 인공지능은 단순한 도구를 넘어 창작의 주체로 변모하고 있다.

예술 작품이 작가와 관람객 사이에서 소통을 매개하듯, 미디어는 정보 생산자와 수요자 사이에서 정보를 전달하고 소비를 유도한다는 점에서 양자 간 유사성을 발견할 수 있다. 그러나 예술이 표현의 다양성과 해석의 확장성을 강조하는 반면, 미디어는 객관성과 사실성에 기반한 합리적 논리를 추구한다는 점에서 차이가 있다. 특히 인공지능을 매개로 한 예술의 주체성 논의와 미디어의 사실성 논의는 서로 다른 관점을 요구한다. 예를 들어, 딥페이크(Deepfake)와 같은 사실적 묘사는 그 사용 목적에 따라 표현과 인식의 다양성 속에서 사실 왜곡 논쟁으로 이어질 수 있으며, 이는 법적·윤리적 판단의 대상이 되기도 한다.

이처럼 미디어 또한 인공지능의 적극적 활용을 통해 새로운 가능성을 확장하고 있지만, 동시에 생성 주체의 판별이라는 문제와 직면하고 있다. 특히 예술에서는 '표현 주체'가 논의 중심이 되는 반면, 미디어에서는 '생성 주체'에 대한 판단이 중요해지며, 이때 미디어가 지향해야 할 사실성과 객관성의 원칙이 핵심 쟁점으로 떠오르고 있다.

3 미디어 콘텐츠와 인공지능

(1) 콘텐츠 제작 방식의 혁신

인공지능은 여러 논란에도 불구하고 미디어 콘텐츠 제작의 시간과 비용을 크게 절감시키고, 창작의 가능성을 획기적으로 확장하고 있다는 사실은 부정하기 어렵다. 특히 인공지능은 지능화와 함께 창작의 자동화를 실현하는 도구로 인식되면서, 앞서 살펴본 인공지능 기반 예술 사례처럼 누구나 손쉽게 미디어 콘텐츠 제작에 참여할 수 있는 환경을 만들어 내고 있다. 기술의 빠른 발전 속에서 다양한 물리적 환경이 디지털 형식으로 가공되고 처리되면서, 현실 세계의 요소들은 멀티미디어 기반의 개별 데이터로 분해되고, 다시 콘텐츠로 변환되고 있다.

이러한 과정에서 인공지능은 전 과정을 지능적으로 학습하고, 추출된 데이터를 확률과 통계의 논리에 따라 분석하여, 수요에 적합한 맞춤형 콘텐츠로 생산해낸다. 이때 생성된 콘텐츠는 기존의 가치를 정밀하게 재조합하거나 유사성을 줄임으로써, 독창성과 차별성을 지닌 새로운 가치로 인식될 수 있다.

디지털 매체의 무한 복제 가능성과 실시간 공유의 특성은 인공지능의 개입으로 인해 독립성과 개별성을 지닌 콘텐츠 생성 도구로 전환되고 있으며, 이는 전통 예술이 지닌 유일성 개념의 변화를 반영한다. 결과적으로, 미디어 콘텐츠도 언제든지 독자적인 가치를 지닌 창작물로 생성되고 소비될 수 있는 새로운 환경이 조성되고 있다.

(2) 미디어 산업의 변화

미디어 산업은 콘텐츠의 생성, 유통, 소비 방식에서 다른 산업과 뚜렷이 구분되며, 인공지능 활용 측면에서도 고유한 변화를 만들어내고 있다.

이 산업의 주요 수익 구조는 광고와 홍보에 기반을 두고 있으며, 일반적으로 콘텐츠를 무료로 제공하면서 광고 수익을 창출하거나, 광고가 없는 구독형 서비스를 통해 수익을 확보하는 방식을 취한다. 이는 소비자에게 콘텐츠 이용 부담을 줄이는 동시에 시장 확대를 유도하는 전략으로, 제품을 직접 판매하거나 관련 서비스를 제공해 수익을 얻는 다른 산업의 방식과는 본질적으로 다르다.

따라서 미디어 산업은 광고주와의 관계는 물론, 콘텐츠를 소비하는 이용자의 참여와 반응이 핵심 요소로 작용한다.[1]

미디어는 발현된 정보를 소비하고, 그 과정에서 이루어지는 상호작용을 기반으로 매개 역할을 수행한다. 미디어의 상호작용 방식은 콘텐츠에 대한 소비자의 반응에 신속하게 대응하고, 그 영향을 빠르게 분석해 반영할 수 있도록 진화해 왔다. 이러한 특성으로 인해 미디어는 새로운 기술의 등장에 빠르게 반응하며 적극적으로 수용하고 적응하는 경향을 보여 왔고, 인공지능 기술 또한 가장 활발히 활용되는 분야 중 하나로 평가된다.

소셜 미디어 플랫폼과 인공지능 기술의 발전은 소비자들이 직접 콘텐츠를 생성하고, 소비하며, 유통까지 주도하는 흐름을 일반화시키고 있다. 이러한 변화는 미디어 기업과 광고주의 관계에도 영향을 미쳐, 광고주가 소비자이자 콘텐츠 생성 주체인 이용자와 직접 연결되는 구조로 진화하고 있다.

많은 산업이 인공지능의 효율성에 주목하고 있지만, 미디어 산업은 특히 창의성 구현의 수단으로 인공지능의 가치를 높이 평가한다. 예술 창작에 대한 인공지능의 개입이 논의되는 것처럼, 미디어 콘텐츠 생산 역시 자동화와 지능적 판단을 넘어 새로운 표현 방식과 연결된다. 기술의 빠른 수용은 기존과는 다른 형태의 표현을 가능하게 하고, 기술 소비를 기반으로 한 개별적 시도는 다양한 관점의 인식을 가시화하며, 즉각

1 '[광고 잡학사전] 미디어와 콘텐츠산업의 비즈니스 모델 이해하기', 공병훈, 반디뉴스, 2024.08.27.

적인 공유가 가능한 환경을 조성한다. 같은 정보에 대한 다양한 해석과 시각화는 예술적 창의성의 발현 가능성을 높이며, 인공지능의 구조적 자동화는 콘텐츠 제작 시간을 줄이고 창작과 소비를 보다 쉽게 만드는 문화로 이어진다.

이에 따라 인공지능이 생성하는 콘텐츠에 대한 저작권, 진정성, 윤리성에 대한 논의도 활발하게 전개되고 있다. 인공지능 기반의 콘텐츠 생성은 제시어 또는 기존 콘텐츠를 바탕으로 연계 자원을 생성함으로써 높은 효율성을 발휘한다. 자연어 처리(NLP, Natural Language Processing), 자연어 이해(NLU, Natural Language Understanding), 자연어 생성(NLG, Natural Language Generation) 기술을 통해 기존에는 인간의 고유 영역이었던 미디어 기획, 콘텐츠 시나리오, 방송 대본, 뉴스 기사, 보고서 등이 자연스럽게 자동 생성되고 있다. 특히 날씨, 교통, 주식, 스포츠 등과 같이 대규모 데이터 연산과 연결되는 분야에서는 그 효용성이 더욱 커지고 있다. 과거에는 이 같은 작업에 많은 시간과 인력, 높은 비용이 필요했지만, 인공지능 기술의 도입으로 미디어 콘텐츠 제작에 필요한 자원과 비용이 크게 절감되고 있다.

이러한 흐름은 소비 패턴의 변화를 유도하면서 콘텐츠의 생산과 유통 방식도 급속히 변화시키고 있다. 다양한 소셜 미디어 플랫폼과 OTT (Over The Top) 서비스의 등장은 전통적인 방송 시장에 새로운 변화를 요구하고 있으며, 인공지능 기반의 맞춤형 추천 시스템은 개인화된 콘텐츠 제공을 통해 소비자의 선호에 부합하는 스트리밍 환경을 조성하고 있다. 이는 전통 방송이 가진 한계를 극복하고자 하는 움직임과 맞물리며, 소비자 만족도를 높이고 서비스 및 플랫폼에 대한 충성도를 강화하는 결과로 이어지고 있다.

(3) 미디어 콘텐츠의 변화

미디어는 효과적인 정보 전달을 위해 엔터테인먼트(Entertainment) 요소를 함께 제공함으로써 소비자의 지속적인 관심을 유도하고, 정보에 대한 적극적인 인식과 자연스러운 소비 연계를 촉진하고 있다. 여기서 말하는 엔터테인먼트 요소는 단순한 오락뿐만 아니라 예술, 과학, 문화, 정치, 경제, 교육 등 사회 전반의 다양한 영역을 포함한다. 특히 민감한 사회적 이슈는 중요한 콘텐츠로 부상하고 있으며, 공영방송 등 전통 미디어에서 다루기 어려운 주제를 엔터테인먼트 요소와 결합해 개인의 의사 표현과 사회적 갈등에 대한 소통과 참여를 보다 자연스럽고 능동적으로 이끌어내는 환경이 조성되고 있다.

전통적인 미디어 영역인 저널리즘과 뉴스 보도에서도 인공지능의 도입에 따라 많은 변화가 일어나고 있다. 인공지능은 대규모 데이터의 수집과 분석을 바탕으로 유의미한 인사이트를 도출하고, 연관된 뉴스 정보를 제시함으로써 객관적이고 포괄적인 기사 작성과 독자의 이해를 가능하게 만든다. 이러한 기능은 저널리즘 운영의 효율성을 높일 뿐 아니라, 뉴스 정보의 가치와 다층적인 분석 및 해석을 통해 다양한 인식의 확장을 유도하며, 미디어의 유기적인 활용 가치를 높인다.

그러나 인공지능의 효용성에도 불구하고, 수집된 데이터의 오류 구분이나 통계 소스 분석 과정에서 발생할 수 있는 한계도 존재한다. 알고리즘의 완성도나 처리 과정에서의 변수에 따라 오류가 발생할 수 있으며, 이로 인해 뉴스 데이터의 왜곡이나 오해의 가능성 또한 지속적으로 제기되고 있다. 따라서 인공지능의 활용은 효율성과 함께 그 한계에 대한 지속적인 검토와 보완이 병행되어야 한다.

(4) 저널리즘의 변화

콘텐츠 제작 방식의 변화는 전통적인 미디어의 관점과 그에 대한 인식을 변화시키고 있다. 자동 기사 작성, 데이터 기반 저널리즘, 실시간 번역 등의 기술은 뉴스 제작의 효율성과 다양성은 물론, 그 주제와 범위의 비약적인 확장을 가능하게 만든다. 특히, 대규모 언어 모델(LLM, Large Language Model)은 방대한 데이터를 기반으로 사용자 맞춤형 언어 모델을 빠르게 구축해 주요 정보를 요약하고, 이를 바탕으로 복잡한 뉴스 스토리를 신속하게 구성하여 배포를 유도할 수 있다.[2] 이러한 알고리즘은 사용자의 관심과 선호를 분석해 맞춤형 뉴스 콘텐츠를 제공할 수 있으며, 개인화된 뉴스 경험은 사용자 만족도를 높이고 해당 플랫폼에 대한 충성도를 강화할 수 있다. 그러나 사용자의 관심에만 의존한 정보 취사선택은 편향된 정보 소비로 이어질 수 있으며, 필터 버블(Filter Bubble)로 인해 가짜 뉴스에 노출될 가능성도 커진다. 이에 대한 의식적 대응과 제도적 장치가 뒤따르지 않는다면 뉴스의 공정성과 객관성이 심각하게 훼손될 수 있다는 우려 또한 함께 제기된다.[3]

인공지능이 주도하고 있는 콘텐츠 제작의 혁신은 저널리즘의 윤리적 기준에 대한 재검토를 요구하고 있다. 딥페이크, 가짜 뉴스, 편향된 알고리즘 등은 정보의 신뢰성과 언론의 객관성에 본질적인 도전 과제를 제시하고 있다. 그러나 이는 반복적이고 기계적인 작업에서 벗어나 보다 창의적이고 효율적인 분석을 바탕으로 보도의 가치를 획기적으로 높일 수 있는 기회이기도 하다. 이러한 측면에서 볼 때, 데이터 해석, 심층

2 'What does the public in six countries think of generative AI in news?', AI AND THE FUTURE OF NEWS, Richard Fletcher and Rasmus Kleis Nielsen, 2024.05.28.

3 '가짜뉴스가 필터 버블로…의도적 팩트 체크 필요한 때', 반론보도 닷컴, 유정무, 2024.01.09.

보도, 맥락 분석 등 미디어 고유의 영역에서 인간의 역할은 오히려 더욱 강화될 것으로 보인다.

인공지능 기반의 번역 기술은 빠르게 발전하고 있으며, 저널리즘에서 언어의 장벽을 빠르게 허물고 있다. 이는 뉴스에 대한 다원적 접근을 가능하게 하고, 데이터 포집의 대상 범위를 획기적으로 확대하는 역할을 한다. 전 세계의 뉴스와 유의미한 정보에 대한 접근성이 높아진다는 점에서, 정보의 객관성과 기능이 향상되는 결과로 이어질 수 있으며, 인공지능의 활용은 저널리즘의 확장을 위한 중요한 요인이 될 수 있다. 이런 흐름 속에서 인공지능은 저널리즘의 근본적 재구성을 요구하며, 여러 도전과 함께 획기적인 발전의 기회도 함께 제공하고 있다.

(5) 미디어 정보의 왜곡과 대응

딥페이크(Deepfake)와 같은 실사 왜곡 기술이나 정보 조작은 미디어 분야에서 인공지능 활용에 대한 부정적 인식을 형성하고 있는 대표적인 사례 중 하나다. 대규모 다중 데이터를 기반으로 학습과 분석이 이루어지기 때문에, 잘못된 정보에 대한 판별 기준이 포함되지 않은 적절한 필터링 기법이 적용되지 않는다면, 생성된 결과는 미디어 콘텐츠로서의 가치를 인정받기 어렵다. 특히 이러한 결과로 인해 발생할 수 있는 문제는 깊이 고민하지 않더라도 쉽게 예측 가능하며, 실제로 사회적 파장을 일으킨 사례도 어렵지 않게 찾아볼 수 있다.[4]

이러한 문제에 대응하기 위해, 가짜 정보 탐지 및 판별을 목적으로 한 인공지능 기반 기술들이 다양하게 개발되어 활용되고 있으며, 기술

4 'Inside the deepfake porn crisis engulfing Korean schools', BBC, Jean Mackenzie, Leehyun Choi, 2024. 09.03.

의 신뢰도 확보를 위한 연구와 시도 또한 활발히 진행 중이다.[5] 앞서 언급한 NLP, NLU 기반의 사실 검증 자동화 기술이 적극적으로 활용되고 있으며, 대규모 데이터를 기반으로 교차 분석과 정밀 분석을 통해 허위 정보를 식별하고, 문장의 감정, 편향성, 사실성 등을 동시에 평가하는 시스템들이 실제로 적용되고 있다.

그림 8.1 인공지능으로 제작된 가짜 뉴스 콘텐츠[6]
자료: https://www.bbc.com/korean/articles

그림 8.2 Deepfakes Web
자료: https://deepfakesweb.com

5 '가짜 뉴스의 위험과 팩트 체크 기술', 박광석, 모두의연구소, 2023.03.04.
6 'AI가 생성한 '가짜 이미지'로 흑인 유권자 공략하는 트럼프 지지자들', BBC News 코리아, 마리아나 스프링, 2024.03.06.

클레임리뷰 프로젝트(The Claim Review Project)[7]를 비롯해 구글의 클레임리뷰 알고리즘,[8] 팩트 체크 툴(The Fact Check Tools) 등은 대표적인 사례로, 기사의 사실성과 객관성을 자동으로 검증하고 평가하는 시스템의 개발과 적용, 그리고 그에 따른 피해를 줄이고 인식 확산을 위한 다양한 활동이 활발히 이루어지고 있다. 인공지능의 이미지 생성 기술은 높은 효용성 덕분에 여러 분야에서 적극적으로 활용되고 있다. 그러나 기존 이미지 데이터를 종합·가공하여 원본에서 벗어난 이미지를 생성한다는 점에서 원본 왜곡 기술로 인식될 가능성도 존재한다.

실시간으로 생성되는 이미지들에 대해 사실 왜곡 여부를 판단하는 기준을 마련하고 이를 판별하는 과정은 매우 복잡하고 까다로운 일이지만, 미디어가 수용 가능한 범위를 벗어나거나 타인의 권리와 가치를 침해하는 경우에는 반드시 제지되어야 한다. 마이크로소프트와 페이스북 등 주요 인공지능 기술 기업들은 정지 영상과 동영상에 포함된 조작된 영역을 탐지하는 기술을 개발하고 있으며, 영상 내 미세한 불일치나 왜곡된 패턴을 식별하여 진위를 가려내고 있다.

소셜 미디어 플랫폼은 영상 콘텐츠가 가장 활발히 생산되고 소비되는 공간으로, 조작된 영상 사례를 흔히 확인할 수 있다. 관심을 끌거나 흥미 유발을 위한 경우 용인되는 사례도 있지만, 개인적 피해나 사회적 갈등을 유발하는 콘텐츠라면 상시 모니터링과 제재가 필수적이다. 유튜브(YouTube), 트위터(Twitter/X), 페이스북(Facebook) 등의 플랫폼은 허위 정보의 확산 패턴을 감지하여 관련 콘텐츠나 계정을 차단하고 있으며, 감지 대상은 특정 키워드, 출처, 확산 속도, 등록된 패턴과 유사

7 The ClaimReview Project: claimreviewproject.com

8 https://developers.google.com/search/docs/appearance/structured-data/factcheck?hl=ko

한 콘텐츠 등을 포함한다.

미디어 영역에서 가짜 뉴스와 정보 왜곡은 개인과 사회 전반에 심각한 영향을 끼칠 수 있는 중대한 문제다. 다양한 대응이 이루어지고는 있지만, 새로운 기법으로 생성되는 허위 정보에 완전히 대응하기에는 여전히 한계가 존재한다. 정보 왜곡에 대한 법적 기준 마련과 기술적 대응 역시 필요하지만, 그보다 앞서 사회 전반의 문제 인식과 개선을 위한 공동의 노력이 절실한 시점이다.

(6) 인공지능 기반의 콘텐츠 제작 프로그램

인공지능은 단순한 도구를 넘어, 반복적인 작업을 자동화함으로써 콘텐츠 제작의 창의성을 높이고 전략적 기획과 효과적인 제작에 더 집중할 수 있는 효율적인 환경을 제공하는 데 기여하고 있다.[9] 인공지능 기반 콘텐츠 제작 프로그램은 그림, 음악, 작문, 영상 등 대부분의 제작 단계에 활용되고 있으며 그 개발도 꾸준히 이루어지고 있다. 이러한 프로그램들은 콘텐츠의 개인화, 멀티모달(Multi-Modal) 구현, 자동화된 제작 과정, 창의적 결과 생성 등의 특징을 지니고 있으며, 학습 과정에서의 개인정보 보호와 윤리적 가치 훼손 문제로 인해 관련 기준은 점차 엄격해지는 추세다.

다음은 실제 창작 현장에서 활발히 활용되며 높은 사용성을 인정받고 있는 프로그램들을 소개하고자 한다. 인공지능 기반 콘텐츠 제작 도구는 다양하게 개발 · 상용화되고 있으나, 그중에서도 뚜렷한 특성을 가진 대표적인 사례들을 중심으로 활용 방식과 특징을 살펴본다.

9 'AI 기반 콘텐츠 제작: 기계가 인간보다 더 잘 쓸 수 있을까?', TIS Digital Brands, 2024.11.29.

① 텍스트 생성

'Jasper AI'는 창의적 글쓰기와 데이터 분석에 특화된 도구로, 다양한 텍스트 형식의 콘텐츠를 생성할 수 있다. 특히, SEO(Search Engine Optimization)에 최적화된 콘텐츠 작성에 유용하며, 사용자가 원하는 스타일과 톤을 반영하여 글을 생성하는 기능을 갖추고 있다. 블로그 포스트, 마케팅 문구, 소셜 미디어 게시글 등 다양한 콘텐츠 제작에 활용된다.

'ChatGPT'는 잘 알려진 대화형 인공지능으로, 기획, 보고서 작성, 업무 자동화, 코드 생성 등 폭넓은 분야에서 사용된다. 사용자가 설정한 주제에 대한 대화형 기능을 바탕으로 비즈니스 환경에서 프로젝트 기획, 아이디어 브레인스토밍, 복잡한 데이터 분석 결과 요약 등에 적극 활용된다.

'Copy.ai'는 마케팅 문구 및 광고 카피 작성에 적합한 도구로, 요청한 스타일에 따라 빠르게 콘텐츠를 생성할 수 있다. 특히 소셜 미디어 광고, 이메일 마케팅, 블로그 제목 작성 등에서 효율적으로 활용 가능하다.

'Grammarly'는 영문 작문 시 문법 검사와 작문 개선에 특화된 도구로, 글쓰기의 정확성과 완성도를 높이는 데 유용하다. 작성된 텍스트의 문법, 철자, 문체 등을 점검하고 개선할 수 있으며, 비즈니스 문서, 학술 논문, 이메일 등 다양한 목적의 글쓰기에서 효과적으로 활용된다. 문자 입력 시 실시간으로 작동하며, 표현 개선 제안을 통해 결과물의 품질을 높일 수 있다.

② 이미지 생성

'Canva AI'는 텍스트 기반 제시어(Prompt)를 활용해 다양한 스타일의 디자인 이미지를 생성할 수 있는 도구이다. 목적에 맞는 결과물을 손쉽게 구현할 수 있도록 다양한 이미지 스타일을 지원하며, 직관적인 사용자 인터페이스를 통해 초보자도 쉽게 사용할 수 있는 환경을 제공한다.

'DALL·E'는 OpenAI에서 개발한 이미지 생성 프로그램으로, 입력한 텍스트에 따라 맞춤형 이미지를 생성한다. 특히 'DALL·E 3'는 ChatGPT와 통합되어 있어 사용 편의성과 생성 이미지의 품질이 더욱 향상되었으며, 단일 주제에 대해서도 다양한 시각화 방식이 적용된다. 빠른 생성 속도와 고유한 스타일이 구현이 강점이다.

'Midjourney'는 예술적 완성도가 높은 이미지를 생성하는 플랫폼으로, 일러스트레이션 디자인 분야에서 널리 활용되고 있다. 다양한 스타일을 모방할 수 있으며, 섬세하고 정교한 결과물이 특징이다. 영어 기반의 프롬프트를 인식하고, 디스코드(Discord) 서버에서 작업이 이루어지기 때문에 다른 도구들에 비해 사용 환경이 다소 제한적이지만, 시각적 완성도 면에서는 높은 평가를 받고 있다.

③ 비디오 생성

'Synthesia'는 인공지능 아바타를 활용해 비디오 콘텐츠를 제작하는 방식으로, 새로운 사용자 경험을 제공한다. 다양한 언어를 지원하며, 입력된 텍스트를 기반으로 아바타가 말하는 형태의 비디오를 생성할 수 있다. 이러한 기능은 교육, 마케팅, 커뮤니케이션 등 다양한 분야에서 효과적으로 활용된다.

'InVideo'는 4,000개 이상의 템플릿을 제공함으로써 비디오 제작의 진입 장벽을 낮추는 서비스를 제공한다. 비디오 편집 과정에서도 인공지능이 적용되어 손쉽게 효과적인 콘텐츠를 제작할 수 있도록 지원하며, 마케팅 및 브랜딩에 적합한 형식과 스타일로 콘텐츠 크리에이터와 마케터들 사이에서 높은 인지도를 얻고 있다.

'Pictory'는 블로그 글이나 기사 등 장문의 텍스트를 처리하여 이를 소셜 미디어 형식의 영상 콘텐츠로 변환한다. 쉬운 사용성을 바탕으로 소셜 미디어 마케팅과 브랜딩에 효과적으로 활용할 수 있는 도구이다.

④ 오디오 생성

'Murf AI'는 인공지능 기반의 음성 합성 도구로, 입력된 텍스트를 자연스러운 음성으로 변환한다. 다양한 언어와 목소리를 지원하여 글로벌 콘텐츠 제작에 활용되며, 광고, 교육, 오디오북 등 다양한 분야에서 효과적으로 사용된다. 특히, 사용자의 목소리 톤과 스타일을 학습하여 맞춤형 콘텐츠 제작이 가능하다.

'ElevenLabs'는 텍스트 프롬프트와 선택된 음성을 기반으로 다양한 음향 효과를 생성하는 도구이다. 구체적인 소리를 텍스트로 묘사하면 여러 형태의 음향으로 변환할 수 있어 광고 마케팅이나 포트폴리오 제작 등에 활용도가 높다.

'AudioCraft'는 메타(Meta)에서 개발한 오픈소스 기반 프로그램으로, 입력된 텍스트를 바탕으로 고품질의 음악과 음향 효과를 생성한다. 뮤직젠(MusicGen), 오디오젠(AudioGen), 인코덱(EnCodec) 세 가지 모델로 구성되어 있으며, 음악, 배경음, 효과음 등 다양한 소리를 생성해 사운드 콘텐츠 제작의 범위를 확장한다.

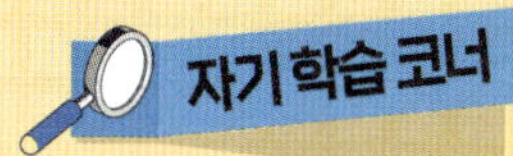

01 일상의 사건들을 대상으로 인공지능 기사 생성기를 활용하고 그 효과를 고찰해 보자.

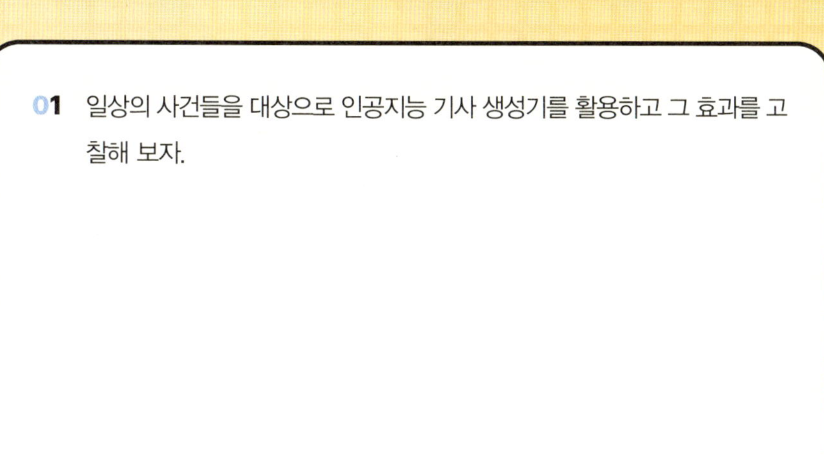

02 사실 확인(Fact check) 기술의 원리와 구조, 사례를 살펴보자.

03 인공지능 기반의 다양한 콘텐츠 생성 프로그램을 경험해 보자.

9장

인공지능과 기술

1 인공지능 기술의 개요

인공지능 기술은 머신러닝, 딥러닝, 자연어 처리 등 핵심 요소를 기반으로 다양한 산업 분야에서 혁신을 주도하고 있다. 의료, 금융, 제조, 농업, 에너지 등에서 실제 사례를 통해 그 활용 가능성과 효과가 입증되고 있으며, 데이터 수집과 전처리, 학습 과정을 거쳐 높은 성능을 발휘하고 있다. 그러나 인공지능의 성과는 데이터의 품질과 평가 방식에 따라 크게 달라질 수 있다. 신경망, 의사결정 트리 등 주요 알고리즘의 작동 원리와 이를 평가하는 지표를 이해하는 것은 인공지능 모델의 성능과 한계를 보다 분명히 파악하는 데 중요하다.

인공지능 기술의 발전은 산업 구조는 물론 사회 전반에 긍정적 변화를 이끌고 있지만, 동시에 윤리적 문제와 기술적 과제도 수반하고 있다. 따라서 인공지능이 인간과 사회에 미치는 장기적 영향을 다각도로 분석하고, 그 한계를 극복하기 위한 노력을 함께 모색하는 것이 필요하다. 이러한 논의는 인공지능이 단순한 문제 해결 도구를 넘어 미래 사회의 핵심 축으로 기능하는 데 필수적인 과정이라 할 수 있다.

2 인공지능 기술의 핵심 개념

인공지능은 컴퓨터가 인간처럼 학습하고 문제를 해결할 수 있도록 하는 기술로, 다양한 알고리즘과 데이터 처리 방식을 통해 구현된다. 기술적 핵심은 머신러닝, 딥러닝, 자연어 처리 등 컴퓨터과학과 통계적 방법론에 기반을 두고 있으며, 이를 통해 인공지능은 복잡한 데이터 분석

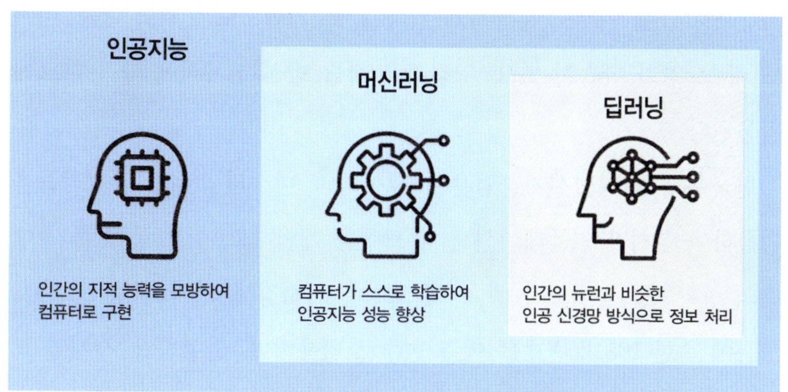

그림 9.1 인공지능, 머신러닝, 딥러닝의 차이와 관계

과 패턴인식 작업을 수행할 수 있다. 이러한 개념을 이해함으로써 인공지능이 정보를 어떻게 인식하고 활용하는지를 보다 명확히 파악할 수 있다.

(1) 머신러닝

머신러닝(Machine Learning, 기계학습)은 인공지능의 핵심 요소로, 컴퓨터가 데이터에서 패턴을 학습하고 이를 바탕으로 예측할 수 있도록 한다. 그 기본 원리는 대량의 데이터를 기반으로 학습된 모델을 통해 새로운 데이터에 대한 예측을 수행하는 것이다. 예를 들어, 스팸 메일 필터는 머신러닝 알고리즘이 스팸과 정상 메일 데이터를 학습함으로써

그림 9.2 머신러닝

자동으로 스팸 여부를 분류하게 된다. 주요 기법으로는 지도 학습, 비지도 학습, 강화 학습이 있으며, 각각은 학습 방식과 목적에 따라 다르게 활용된다.

한국은행 디지털신기술팀은 빅데이터와 머신러닝(ML) 알고리즘을 활용하여 실시간 인플레이션 전망 모형을 개발하고, 이를 통해 물가 예측의 정확도를 높이고자 했다. 이 모형은 거시경제, 가격, 금융 등 10개 그룹에 속한 298개 변수를 예측 변수로 활용하며, 선형회귀, 시계열 모형, ML 알고리즘을 조합해 당월, 3개월, 12개월 단위로 물가 전망을 제시한다. 특히, 변동성이 컸던 최근 시기에도 평균 방향 정확도(MDA)가 0.7에 달해 예측의 신뢰성을 보여준다. 이 기술은 실시간으로 인플레이션 변동을 예측해 물가 안정에 기여할 수 있지만, 장기 예측에서의 오차와 일부 한계에 대한 보완이 필요하다는 점도 지적되었다.[1]

이 사례는 빅데이터와 머신러닝을 활용하여 경제 지표를 실시간으로 예측함으로써, 전통적인 경제 전망의 정확성을 높이는 데 중요한 전환점을 마련했다. 특히, 방대한 양의 변수를 처리할 수 있는 머신러닝의 특성을 통해 더욱 정밀한 예측이 가능해졌다는 점에서, 향후 경제와 금융은 물론 다양한 분야에서 머신러닝 기술이 정책 결정과 실시간 대응 능력을 높이는 데 기여할 수 있음을 보여준다.

(2) 지도학습

지도학습(Supervised Learning)은 입력 데이터와 그에 대응하는 정답(레이블)이 함께 주어지는 방식으로, 모델이 주어진 입력에 대해 정확한 출력을 예측할 수 있도록 학습한다. 예를 들어, 다양한 꽃의 특징(입력)

1 매일경제, 2024.02. (https://www.mk.co.kr/news/economy/10937632)

그림 9.3 지도학습

과 해당 품종(레이블)을 학습하여 새로운 꽃의 품종을 예측하는 모델을 만드는 것이 이에 해당한다. 이 방식은 주로 분류(Classification)와 회귀(Regression) 문제에 활용된다.

(3) 비지도학습

비지도학습(Unsupervised Learning)은 입력 데이터에 정답(레이블)이 주어지지 않은 상태에서 데이터의 구조나 패턴을 스스로 학습하는 방식이다. 주로 군집화(Clustering)나 차원 축소(Dimensionality Reduction)에 사용되며, 데이터 속에 숨겨진 관계나 구조를 발견하는 데 초점을 둔다. 예를 들어, 고객의 구매 데이터를 분석하여 유사한 구매 성향을 가진 고객 그룹을 구분하는 것이 비지도학습의 사례다.

그림 9.4 비지도학습

(4) 강화학습

강화학습(Reinforcement Learning)은 에이전트가 환경과 상호작용하며 보상을 극대화하는 방향으로 행동을 학습하는 방식이다. 에이전트는 주어진 상태에서 특정 행동을 선택하고, 이에 따른 보상을 기반으로 학습을 진행한다. 이러한 방식은 주로 게임, 로봇 제어, 자율 주행 등의 분야에서 활용되며, 에이전트가 반복적인 시행착오를 통해 최적의 행동 전략을 스스로 익히도록 한다.

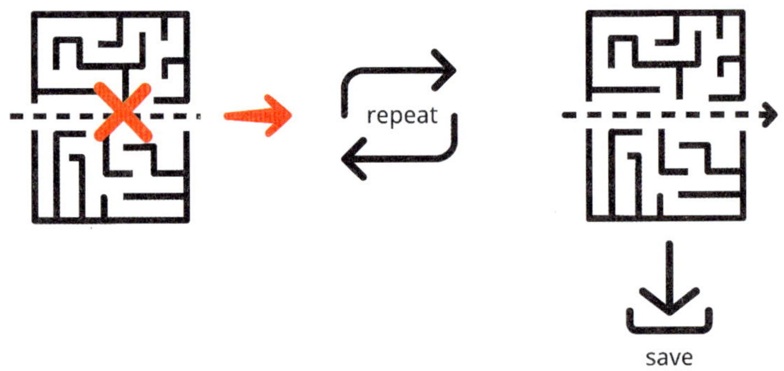

그림 9.5 강화학습

(5) 딥러닝

딥러닝(Deep Learning)은 머신러닝의 하위 분야로, 다층 신경망을 활용해 데이터를 학습하고 복잡한 패턴을 인식하는 기술이다. 주로 이미지 인식, 음성 인식, 자연어 처리 등 고차원 데이터 분석에서 뛰어난 성능을 발휘한다. 딥러닝의 핵심은 인공 신경망(ANN)을 통해 입력 데이터를 여러 계층에서 비선형적으로 처리하며 점진적으로 추상적인 표현을 생성하는 데 있다. 예를 들어, 딥러닝 모델은 방대한 이미지 데이터를 학습하여 사물을 구분하거나 얼굴을 인식하는 기능을 갖출 수 있다.

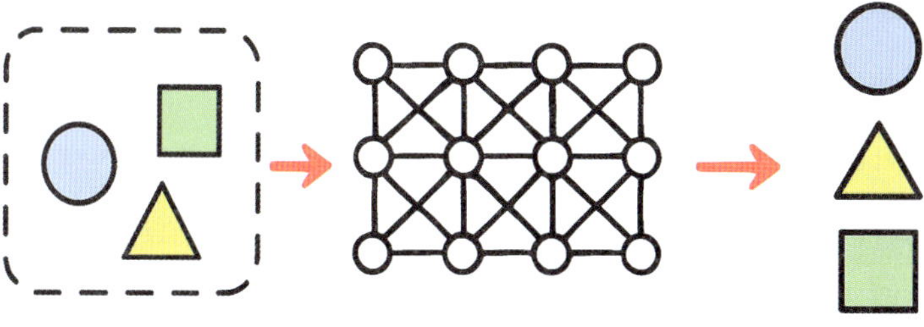

그림 9.6 딥러닝

(6) 자연어 처리

자연어 처리(Natural Language Processing, NLP)는 컴퓨터가 인간의 언어를 이해하고 분석할 수 있도록 하는 인공지능의 한 분야이다. 이 기술을 통해 텍스트나 음성 언어를 분석하고 그 의미를 파악할 수 있다. 주요 응용 분야로는 번역기, 음성 인식 시스템, 챗봇 등이 있으며, 이러한 기술은 인공지능이 사람과 자연스럽게 상호작용하는 데 핵심적인 역할을 한다. NLP는 텍스트 전처리, 단어 임베딩, 언어 모델링 등 다양한 하위 기술로 구성되며, 이를 통해 컴퓨터는 문장의 구조와 의미를 보다 정확히 이해할 수 있게 된다.

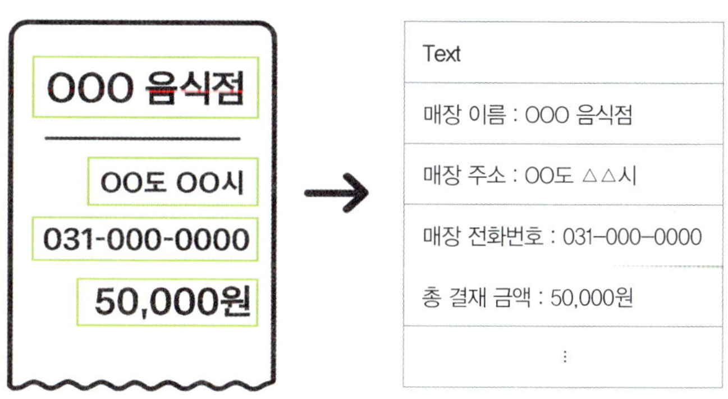

그림 9.7 문서 정보 추출(OCR 후처리)

(7) 컴퓨터 비전

컴퓨터 비전(Computer Vision)은 컴퓨터가 시각적 정보를 인식하고 해석하는 방법을 연구하는 인공지능의 한 분야이다. 이미지나 비디오 데이터를 기반으로 주변 환경을 분석하며, 자율 주행, 얼굴 인식, 감시 시스템 등에서 핵심적인 역할을 한다. 이 분야에는 이미지 분류, 객체 탐지, 영상 분할 등의 기술이 포함되며, 딥러닝을 활용해 시각적 데이터를 높은 정확도로 처리할 수 있다. 예를 들어, 자율 주행 차량은 컴퓨터 비전을 통해 도로의 장애물, 신호등, 보행자 등을 감지하고 이를 기반으로 주행 판단을 내린다.

그림 9.8 컴퓨터 비전

3 데이터 수집 및 처리 과정 이해

(1) 데이터 수집과 전처리

데이터 수집과 전처리는 인공지능 기술에서 매우 중요한 초기 단계이다. 인공지능 모델이 정확하게 작동하려면 신뢰할 수 있는 정제된 데이터가 필요하며, 이를 위해 데이터를 체계적으로 수집하고 정리하는 작업이 필수적이다. 이 과정에는 다음과 같은 주요 절차가 포함된다.

- **누락값 처리:** 누락된 데이터를 채우거나 제거하여 분석의 정확성을 유지한다.
- **이상치 제거:** 일반적인 범위를 벗어난 값을 식별하고, 결과에 영향을 주지 않도록 적절히 처리한다.
- **정규화:** 데이터값을 일정한 범위로 조정하여 모델이 효율적으로 학습할 수 있도록 한다.

예를 들어, 의료 데이터를 활용할 경우 환자의 건강 기록을 정리하고 전처리하여 분석에 최적화된 형태로 만드는 것이 중요하다. 이렇게 준비된 데이터는 인공지능 모델의 학습과 예측 정확도를 높이는 데 기여한다.

(2) 모델 학습과 평가

인공지능 모델을 만드는 과정은 크게 두 단계로 나눌 수 있다. '학습(Training)'과 '평가(Evaluation)'이다. 비유하자면, 학습은 모델이 문제 해결을 위해 공부하는 과정이고, 평가는 학습한 내용을 시험해 보는 단계라고 할 수 있다.

- **모델 학습(Training)**: 먼저 모델이 학습할 수 있도록 학습 데이터를 제공한다. 이 데이터는 인공지능이 어떤 정보를 학습해야 하는지, 어떤 패턴을 찾아야 하는지를 알려주는 역할을 한다. 예를 들어, 고양이와 개를 구분하도록 모델을 학습시키려면, 다양한 고양이와 개의 이미지를 학습 데이터로 보여준다. 이를 통해 모델은 각각의 특징을 인식하고 구별하는 방법을 배우게 된다.
- **모델 평가(Evaluation)**: 학습을 마친 모델이 실제 상황에서도 잘 작동하는지 확인하기 위해 검증 데이터를 사용한다. 검증 데이터는 학습에 사용되지 않은 새로운 데이터로, 모델의 일반화 능력을 평가할 수 있다. 이때 정확도(Accuracy), 정밀도(Precision), 재현율(Recall) 등 다양한 평가 지표를 사용하여 모델의 성능을 수치화한다. 예를 들어, 이미지 분류 모델이라면 고양이와 개를 얼마나 정확하게 구분하는지, 잘못 분류하는 경우는 얼마나 되는지를 분석한다.

이러한 학습과 평가 과정을 통해 모델이 실제 환경에서도 신뢰할 수 있도록 만드는 것이 가능하다.

(3) 컴퓨팅 자원과 인프라

인공지능이 점점 더 복잡하고 정교해질수록, 이를 구현하기 위한 컴퓨터 성능의 중요성도 커지고 있다. 인공지능 모델이 방대한 데이터를 처리하고 학습하기 위해서는 높은 연산 능력과 충분한 저장 공간이 필수적이다.

- **클라우드 인프라:** 인공지능 작업은 대규모 컴퓨터 자원이 요구되기 때문에, 많은 기업들이 클라우드 인프라를 활용하고 있다. 클라우드는 인터넷을 통해 원격 컴퓨팅 자원을 사용하는 방식으로, 필요할 때만 자원을 사용하고 비용도 효율적으로 관리할 수 있다. 다시 말해, 직접 고성능 컴퓨터를 갖추지 않아도 원격으로 강력한 자원을 빌려 쓸 수 있는 구조이다.
- **GPU와 TPU:** 인공지능 모델은 복잡한 연산을 빠르게 처리해야 하므로, 일반적인 컴퓨터보다는 GPU나 TPU 같은 특수한 장치가 사용된다. GPU(그래픽 처리 장치)는 원래 그래픽 작업을 위한 장비지만, 인공지능 학습 과정에서도 병렬 연산에 강점을 보여 널리 활용된다. TPU(텐서 처리 장치)는 구글이 인공지능 학습을 위해 개발한 하드웨어로, 특히 딥러닝 작업에서 높은 효율을 발휘한다.
- **효율성 향상:** 이처럼 고성능 자원을 활용하면 인공지능 연구와 개발이 훨씬 더 빠르고 효율적으로 이루어진다. 예를 들어, GPU는 대규모 데이터를 동시에 처리할 수 있어, 딥러닝 모델의 학습 시간을 크게 줄여준다. 과거에는 며칠이 걸리던 작업이 이제는 몇 시간 만에 가능해진 것이다.

이처럼 클라우드 서비스와 GPU, TPU 같은 자원은 인공지능 기술의 발전을 효과적으로 지원하고 있으며, 다양한 산업 분야에서 빠른 기술 적용을 가능하게 하고 있다.

(4) 인공지능 모델 학습 및 평가 방법 이해

인공지능 모델은 사람처럼 데이터를 통해 학습하고, 그 학습 내용을 바탕으로 새로운 문제를 해결하는 능력을 갖추게 된다. 효과적인 인공지능 모델을 만들기 위해서는, 모델이 데이터를 얼마나 잘 학습하고 실제 환경에서도 제대로 작동하는지를 확인하는 과정이 필요하다. 이 과정은 일반적으로 학습, 평가, 성능 측정, 문제점 확인 및 개선의 단계로 나눌 수 있다.

예를 들어, 고양이와 강아지를 구별하는 인공지능 모델을 만든다고 할 때, 다양한 동물 사진을 학습시켜 두 동물을 구분할 수 있도록 훈련하고, 모델이 실제로 얼마나 정확하게 구별하는지를 평가해야 한다. 이후 모델이 실수하거나 오작동하는 부분이 있다면, 그 문제를 찾아내고 보완하는 절차가 필요하다.

- 모델 학습 과정

인공지능 모델을 만들기 위해서는 먼저 학습 데이터가 필요하다. 학습 데이터는 모델이 문제를 이해하고 해결 방법을 익히도록 돕는 자료이다. 예를 들어, 인공지능에 고양이와 강아지를 구별하도록 가르치려면 수백 장의 고양이와 강아지 사진을 준비한다. 모델은 이러한 이미지를 보며 두 동물의 차이를 학습하게 된다.

학습 과정에서는 손실 함수라는 기준을 사용해 모델이 예측한 값이 정답과 얼마나 차이 나는지 측정한다. 예를 들어, 모델이 고양이 사진을 강아지로 예측했다면, 손실 함수는 그 오차를 계산해 모델에 전달하고, 이를 바탕으로 모델은 점차 더 정확한 예측 방법을 배운다. 이 과정을 반복하면서 점점 성능이 향상된다.

• 모델 평가 방법

학습이 끝난 후에는 모델이 실제 환경에서도 잘 작동하는지 검증 데이터를 활용해 평가한다. 검증 데이터는 학습에 사용하지 않은 새로운 데이터로, 모델의 일반화 성능을 확인할 수 있게 한다. 예를 들어, 처음 보는 고양이나 강아지 사진을 보여주고 모델이 정확히 분류하는지를 살펴보는 것이다.

또한, 교차 검증이라는 방법을 통해 모델을 더 정교하게 평가할 수 있다. 이는 데이터를 여러 부분으로 나누어 각각 학습과 평가를 반복하는 방식으로, 다양한 데이터 환경에서도 안정적인 성능을 유지할 수 있도록 돕는다.

• 모델 성능 측정 지표

모델의 성능을 평가할 때는 정확도(Accuracy), 정밀도(Precision), 재현율(Recall) 등의 지표를 사용한다. 예를 들어, 고양이와 강아지를 구분하는 모델의 경우, 얼마나 많이 맞췄는지를 확인하는 지표가 '정확도'이다. 하지만 정확도만으로는 부족할 수 있기 때문에, 정밀도와 재현율도 함께 고려한다.

정밀도는 모델이 '강아지'라고 예측한 결과 중 실제 강아지인 비율을 뜻하고, 재현율은 실제 강아지 중 모델이 정확히 강아지로 예측한 비율을 말한다. 이처럼 여러 지표를 함께 분석하면 모델의 성능을 보다 입체적으로 파악할 수 있다.

• 모델 평가의 중요성 및 활용

모델을 평가하는 목적은 단순히 수치를 확인하는 데 있지 않다. 평가를 통해 모델이 실제 환경에서도 잘 작동하는지, 즉 일반화 능력을 갖추었는지를 확인할 수 있다. 예를 들어, 학습 데이터에서는 성능이 좋지만 새로운 데이터에서는 오류가 많다면 과적합이 발생한 것이다.

이러한 문제를 평가를 통해 발견하고, 데이터를 추가하거나 모델 구조를 조정해 개선할 수 있다. 이 과정을 거쳐 인공지능 모델은 더욱 유연하고 신뢰성 있는 시스템으로 발전하며, 다양한 상황에서 효과적으로 작동할 수 있게 된다.

4 산업별 인공지능 기술 적용 사례 이해

인공지능 기술이 각 산업에서 어떻게 활용되고 있는지를 이해하기 위해, 대표적인 산업별로 인공지능이 가져온 변화를 살펴보자. 인공지능은 의료, 금융, 제조, 농업, 에너지 등 다양한 분야에서 혁신을 이끌고 있으며, 각 분야에서 그 의미와 효과가 뚜렷하게 나타나고 있다.

(1) 의료 분야에서의 인공지능 적용

인공지능은 의료 데이터를 분석하여 질병을 예측하거나 진단을 보조하는 데 활용된다. 예를 들어, 인공지능 모델은 환자의 X선이나 MRI 등 의료 영상을 분석해 종양이나 심장 질환을 조기에 발견하는 데 기여한다. 이를 통해 진단의 정확도가 높아지고, 조기 치료가 가능해졌다. 또한, 방대한 환자 데이터를 학습한 인공지능은 건강 상태나 치료 효과를 예측함으로써 맞춤형 치료를 제공하며, 환자는 개인화된 치료를 받고 의료진은 치료 성과를 향상시킬 수 있다.

- AI breakthrough raises hopes for better cancer diagnosis

최근 하버드 의과대학 연구팀은 'Chief'라는 인공지능 모델을 개발하여 여러 암 유형을 정확하게 감지하고, 치료를 평가하며, 생존율을 예측하는 데 성공했다. 이 모델은 다양한 암 조직을 분석하여 약 94%의 정확도를 보였으며, 식도, 위, 대장, 전립선암의 경우 96%의 정확도를 기록했다. 이러한 발전은 암 진단과 치료에 혁신적인 변화를 가져올 것으로 기대된다.[2]

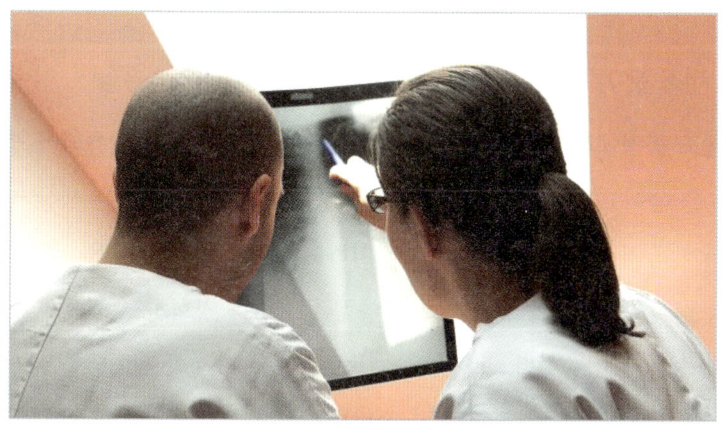

(2) 금융 분야에서의 인공지능 적용

인공지능은 금융 거래 데이터를 실시간으로 분석해 의심스러운 거래 패턴을 감지하고, 이를 통해 금융 사기를 예방한다. 예를 들어, 비정상적인 카드 사용 패턴을 인공지능이 탐지함으로써 은행이 사기 거래를 즉시 차단할 수 있도록 돕는다. 또한, 인공지능은 투자 시장의 변동성을

2 Financial Times, 2024. (https://www.ft.com/content/0a8f2c61-77f4-43ce-87d2-a7b421bbda85)

예측하거나 고객의 금융 행동을 분석해 맞춤형 금융 상품을 추천한다. 이를 통해 고객의 금융 경험이 향상되고, 투자 리스크를 줄이는 데에도 기여한다.

최근, IBM은 금융 분야의 사기 분석 및 탐지를 위해 자체 설계한 서버용 인공지능 칩 '텔럼2'와 인공지능 가속기 '스파이어'를 공개했다. 이러한 기술은 금융 거래에서 발생하는 사기 행위를 실시간으로 감지하고 방지하는 데 활용될 예정이다. 특히, 삼성 파운드리에서 생산되는 이 칩은 금융 산업의 보안 강화에 큰 기여를 할 것으로 예상된다.[3]

(3) 제조 분야에서의 인공지능 적용

제조 공정에서 인공지능은 불량품 감지와 품질 검사에 활용되어 생산 효율을 높이고 있다. 예를 들어, 인공지능 기반 비전 시스템은 생산 라인에서 제품의 결함을 실시간으로 감지하고, 자동으로 불량품을 선별하는 기능을 수행한다. 이러한 시스템은 품질 관리를 강화하고 생산성을 향상시키는 데 기여한다. 또한, 인공지능은 공장 기계의 데이터를 분석해 고장을 사전에 예측하고 필요한 정비를 유도함으로써 예기치 않은 정지 시간을 줄이고 기계의 수명을 연장하는 데 도움을 준다.

(4) 농업 분야에서의 인공지능 적용

인공지능은 드론이나 센서로부터 수집한 데이터를 분석하여 작물의 건강 상태를 실시간으로 모니터링하고, 수확 시기를 예측하는 데 활용된다. 예를 들어, 토양의 습도와 온도 데이터를 기반으로 최적의 수확

3 연합뉴스, 2024.08. (https://www.yna.co.kr/view/AKR20240827036200091)

시기를 제시함으로써 생산성을 높일 수 있다. 또한, 인공지능은 병해충 발생 가능성을 예측하여 농약 사용을 최소화하는 데 기여한다. 이를 통해 환경을 보호하고 작물의 품질도 개선된다.

농업 분야에서는 이러한 기술을 바탕으로 작물의 생육 상태를 지속적으로 점검하고 병해충 발생을 사전에 파악함으로써, 정밀한 농업 운영이 가능해지고 있다. 인공지능 기반의 농업 기술은 생산성 향상과 환경 보호라는 두 가지 목표를 동시에 실현할 수 있는 방안으로 주목받고 있다.

(5) 에너지 분야에서의 인공지능 적용

인공지능은 실시간으로 전력 수요를 예측하고 에너지를 효율적으로 분배하는 스마트 그리드 운영에 활용된다. 예를 들어, 전력 소비 데이터를 분석하여 피크 시간을 조절하고 에너지 낭비를 줄이는 데 기여한다. 또한, 날씨 데이터를 바탕으로 태양광이나 풍력 발전량을 예측함으로써 에너지 생산 계획을 최적화할 수 있다. 이를 통해 재생에너지를 안정적으로 공급할 수 있으며, 에너지 비용 절감에도 효과가 있다.

에너지 분야에서는 인공지능을 활용한 스마트 그리드 기술이 주목받고 있다. 인공지능은 실시간 전력 수요 예측과 에너지 분배 최적화를 통해 효율적인 에너지 관리를 가능하게 한다. 아울러 재생에너지 발전량 예측을 기반으로 한 에너지 생산 계획 수립에도 활용되어, 에너지 효율성을 높이고 비용 절감에 기여하고 있다.

이러한 세부 내용을 통해 인공지능이 각 산업에 도입되어 가져온 혁신과 그 효과를 이해할 수 있다. 인공지능 기술을 통해 각 분야에서 생산성과 효율성이 향상되고, 비용 절감과 자원 절약이 이루어지며, 궁극적으로 인간의 삶의 질을 높이는 데 기여한다.

5 인공지능 기술의 사회적 · 윤리적 영향 이해

인공지능 기술이 빠르게 발전함에 따라 사회에 미치는 영향과 윤리적 문제에 대한 관심도 함께 증가하고 있다. 인공지능은 의료, 교육, 금융 등 다양한 분야에서 사람들의 삶을 개선할 수 있는 가능성을 지니고 있지만, 동시에 새로운 사회적 문제를 야기할 수 있는 잠재력도 가지고 있다.

이번 절에서는 인공지능이 사회에 미치는 긍정적 · 부정적 영향을 살펴보고, 관련된 윤리적 쟁점을 이해하며, 장기적으로 인간과 사회에 어떤 변화를 가져올 수 있는지 평가해 보고자 한다.

(1) 인공지능 기술이 사회에 미치는 긍정적 영향

인공지능은 다양한 분야에서 작업의 자동화를 통해 효율성을 크게 높이고 있다. 예를 들어, 의료 분야에서는 인공지능이 질병을 신속하게 진단하고 치료 계획을 제안함으로써 환자의 건강과 삶의 질을 향상시키는 데 기여한다. 일상생활에서도 스마트 가전제품이나 맞춤형 추천 서비스가 사람들에게 높은 편의성을 제공하고 있다.

또한, 인공지능은 맞춤형 학습이나 지능형 튜터링 시스템 등을 통해 교육의 접근성을 개선하고, 학습자의 수준에 맞는 개별화된 교육 환경을 조성한다. 이를 통해 다양한 교육 기회를 확대하며, 특히 교육 소외 지역 학생들이 더 많은 학습 자원에 접근할 수 있도록 지원한다.

(2) 인공지능 기술로 인한 윤리적 문제

인공지능이 대규모의 개인 데이터를 활용하면서 개인정보 보호 문제가 중요한 윤리적 쟁점으로 부각되고 있다. 예를 들어, 개인의 위치 정보, 건강 기록, 인터넷 검색 기록 등을 무분별하게 수집하고 분석하는 경우 프라이버시 침해로 이어질 수 있다. 이에 따라, 데이터를 안전하게 처리하고 관련 법규를 준수하는 체계적인 관리가 필수적으로 요구된다.

인공지능 기술의 발전과 함께 개인정보 보호의 중요성도 더욱 강조되고 있다. 2023년 11월, 개인정보보호위원회는 인공지능을 활용한 정보처리 과정에서 개인이 불이익을 받았을 경우, 처리 결과에 대한 설명을 요구하고 인적 개입을 요청할 수 있도록 하는 내용의 '개인정보 보호법' 개정안을 발표했다. 이는 인공지능이 개인정보를 처리하는 과정에서 발생할 수 있는 프라이버시 침해를 예방하기 위한 제도적 조치이다.[4]

인공지능 모델은 학습에 사용된 데이터의 특성에 따라 편향될 수 있으며, 이는 차별적인 결과를 초래할 수 있다. 예를 들어, 고용이나 대출 승인에 활용되는 인공지능 모델이 특정 인종, 성별, 연령에 대해 편견을 보인다면, 이는 사회적 불평등을 더욱 심화시킬 수 있다. 따라서 인공지능 모델을 개발할 때 공정성을 확보하고 편향을 최소화하기 위한 노력이 필수적이다.

4 연합뉴스, 2023.11. (https://www.yna.co.kr/view/AKR20231122135700530)

인공지능 알고리즘의 편향성은 사회적 차별을 더욱 심화시킬 수 있다. 2023년 4월, 인공지능 이미지 인식에서 피부색에 따른 편향이 드러난 사례를 보도했다. 구글 비전 인공지능을 이용한 이미지 분석 결과, 동일한 여성의 사진임에도 피부색에 따라 '길거리 패션'과 '정식 의복'으로 다르게 인식된 사례가 있었다. 이는 인공지능이 학습한 데이터에 내재된 편향이 결과에 영향을 미친 것으로, 이러한 문제를 해결하기 위해서는 다차원적인 접근이 필요하다는 지적이 제기되었다.[5]

인공지능 시스템이 오작동하거나 오류를 일으킬 경우, 그에 대한 책임 소재가 불분명해지는 문제가 발생할 수 있다. 예를 들어, 자율주행차가 사고를 일으켰을 때 그 책임이 제조사, 개발자, 사용자 중 누구에게 있는지 명확하지 않은 경우가 있다. 이러한 문제를 해결하기 위해서는 법적·윤리적 기준을 명확히 정립하는 것이 중요하다.

2024년 3월, 한 전자신문은 챗봇 서비스의 일상화로 인해 인공지능 개발자와 운영사 간의 책임 소재가 불분명해지는 문제를 지적했다. 특히, 챗봇의 환각 현상으로 인해 민사상 피해가 발생했을 경우, 그 책임이 인공지능 개발사에 있는지 운영사에 있는지를 명확히 구분하기 어려운 상황이 발행할 수 있으며, 이에 대한 법적 기준 마련이 필요하다고 언급했다.[6]

(3) 인공지능 기술의 장기적 영향 평가

인공지능이 일상적인 업무를 자동화하면서 많은 직업이 사라질 가능성이 있으며, 이에 따라 일자리 감소와 같은 부작용이 예상된다. 특히

5 연합뉴스, 2023.04. (https://www.yna.co.kr/view/AKR20230407107300017)
6 etnews, 2024.03. (https://www.etnews.com/20240325000241)

단순하고 반복적인 작업은 인공지능으로 쉽게 대체될 수 있어, 실업 문제를 심화시킬 수 있다. 반면 인공지능 기술은 새로운 형태의 일자리를 창출하기도 하므로, 장기적인 관점에서 노동 시장 변화에 대한 대비가 필요하다.

또한, 인공지능이 의사 결정 과정에 개입하게 되면서 사회 전반에 새로운 변화가 나타날 수 있다. 예를 들어, 법률, 금융, 의료 등 분야에서 인공지능이 주요 결정을 내리게 될 경우, 인간의 판단보다 인공지능에 의존하는 상황이 생길 수 있다. 이는 인간 간의 관계나 소통 방식에도 영향을 줄 수 있으며, 이에 따라 인공지능 사용에 대한 윤리적 기준을 마련할 필요가 있다.

인공지능이 점점 더 고도화됨에 따라 인간과 인공지능의 역할에 대한 논의도 중요해지고 있다. 예를 들어, 창의적 작업이나 중요한 의사 결정에서 인공지능이 인간을 대체하게 되면, 인간의 고유한 역할이 축소될 가능성이 있다. 따라서 인간과 인공지능이 협력하는 관계를 정립하고, 인공지능이 인간의 역량을 보조하는 방향으로 발전하도록 유도하는 것이 중요하다.

이러한 내용을 통해 학생들은 인공지능 기술이 초래할 긍정적 · 부정적 영향과 함께 윤리적 문제를 종합적으로 이해하고, 인공지능이 인간과 사회에 미칠 장기적인 영향을 균형 있게 고려할 수 있다.

6 인공지능 기술의 한계와 발전 가능성 평가

인공지능 기술은 다양한 분야에서 혁신을 주도하고 있지만, 여전히 해결해야 할 많은 한계와 도전 과제를 안고 있다. 이 단원에서는 현재 인공지능이 직면한 주요 문제들을 살펴보고, 이를 극복하기 위한 연구와 노력을 통해 인공지능 기술의 미래 발전 가능성을 평가해 본다.

(1) 인공지능 기술의 현재 한계

- 데이터 품질 및 편향성 문제: 인공지능은 데이터를 기반으로 학습하기 때문에, 학습 데이터의 품질이 모델의 성능에 큰 영향을 미친다. 데이터가 불완전하거나 특정 집단에 편향되어 있을 경우, 인공지능도 부정확하거나 불공정한 결과를 낼 수 있다. 예를 들어, 특정 인종이나 성별에 대한 편향이 포함된 데이터로 학습된 모델은 차별적인 결정을 내릴 위험이 있다.
- 고비용의 계산 자원 필요성: 딥러닝을 포함한 고성능 인공지능 모델은 막대한 연산 자원과 에너지를 필요로 한다. GPU 등 고성능 장비가 필수적이며, 클라우드 자원을 활용하더라도 비용 부담이 크다. 이러한 자원 의존성은 인공지능 기술의 확산을 제한하는 요인이 될 수 있다.
- 해석 가능성과 투명성 부족: 특히 딥러닝 기반의 인공지능 모델은 내부 작동 원리를 파악하기 어려운 '블랙박스'로 작동하는 경우가 많다. 이로 인해 결과에 대한 설명이 어렵고, 신뢰성 확보에 장애가 된다. 예를 들어, 의료 인공지능이 질병을 진단했을 때 그 이유를 설명하지 못한다면 의료진과 환자 모두에게 불안 요인이 될 수 있다.

• **윤리적 및 법적 문제**: 인공지능이 인간의 삶과 사회 전반에 영향을 미치면서, 그에 따른 윤리적 쟁점과 책임 문제도 함께 제기되고 있다. 인공지능의 판단으로 인한 불이익이 발생했을 경우, 책임의 주체가 누구인지에 대한 명확한 기준이 필요하다.

(2) 인공지능 발전을 위한 과제와 해결 노력

• **데이터 편향 해결을 위한 연구**: 데이터의 다양성과 공정성을 확보하기 위한 연구가 활발히 진행되고 있다. 예를 들어, 다양한 배경과 특성을 반영한 학습 데이터를 구성하고, 데이터 수집 및 전처리 단계에서 편향 요소를 제거하려는 노력이 이어지고 있다.

• **효율적인 계산 자원 개발**: 고성능 모델의 계산 부담을 줄이기 위해, 경량화된 인공지능 모델 개발과 저전력 특화 하드웨어(TPU 등)의 연구가 확대되고 있다. 또한, 클라우드 자원 사용의 효율을 높이기 위한 최적화 기술도 함께 발전하고 있다.

• **해석 가능하고 투명한 인공지능 개발**: 인공지능의 판단 과정을 이해하고 설명할 수 있는 기술인 '설명 가능한 인공지능(Explainable AI, XAI)'의 중요성이 커지고 있다. 특히 의료, 금융 등 고신뢰성이 요구되는 분야에서 적용이 확대되고 있으며, 사용자 신뢰 확보에 기여하고 있다.

• **윤리적 · 법적 프레임워크 구축**: 각국 정부와 국제기구는 인공지능 기술의 윤리적 사용을 위한 지침을 마련하고 있다. 인공지능의 책임소재와 활용 가이드라인을 명확히 하여 기술의 남용을 방지하고, 사회적 수용성을 높이기 위한 법적 프레임워크를 구축하고 있다.

(3) 미래 발전 가능성 평가

- **인간과 인공지능의 협력적 역할 증대:** 인공지능은 인간을 완전히 대체하기보다는, 인간의 능력을 보완하고 확장하는 도구로 발전할 가능성이 크다. 예를 들어, 의료 분야에서는 인공지능이 진단을 지원하고, 인간 전문가가 최종 판단을 내리는 방식의 협력이 활성화될 수 있다.
- **더 다양한 분야에서의 인공지능 확장:** 의료, 금융, 제조업을 넘어 농업, 환경 보호, 재난 대응 등 새로운 영역에서도 인공지능의 적용이 확대되고 있다. 기술의 발전과 함께 다양한 산업에서 인공지능이 핵심 도구로 자리 잡을 가능성이 높다.
- **인공지능의 인간 중심적 발전:** 앞으로 인공지능은 인간의 삶의 질을 향상시키는 '인간 중심 인공지능'으로 발전할 필요가 있다. 인간의 복지를 고려한 기술 개발은 사회적 수용성과 신뢰를 높이고, 인공지능의 긍정적 영향력을 확대하는 데 기여할 수 있다.

이러한 세부 내용을 통해 학생들은 인공지능 기술의 현재 한계와 이에 대한 해결 방안을 이해하고, 인공지능이 인간과 사회에 더 긍정적인 영향을 미칠 수 있도록 발전 가능성을 평가할 수 있다.

참고문헌

- 전수진, 박주연, 김수환, 이제 시작이야! 컴퓨팅 사고력으로 인공지능까지 파이썬, 연두에디션, 2022.
- 김성애, 김한성, 박주연, 전수진, 모두를 위한 인공지능과 윤리, 삼양미디어, 2022.
- 매일경제, "기계학습 알고리즘 이정도였어"…물가 전망해보니 놀랍다, https://www.mk.co.kr/news/economy/10937632, 2024.02.06.
- Financial Times, https://www.ft.com/content/0a8f2c61-77f4-43ce-87d2-a7b421bbda85, 2024.
- 연합뉴스, 'IBM, '금융 사기 탐지' 서버용 인공지능 칩 공개…삼성 파운드리 생산', https://www.yna.co.kr/view/AKR20240827036200091, 2024.08.27.
- 연합뉴스, 'AI로 개인정보 처리시 불이익 받았다면…보호 조치 강화된다', https://www.yna.co.kr/view/AKR20231122135700530, 2023.11.22.
- 연합뉴스, '피부색 따라 달리 보는 AI 편향성 어떻게?…"보호변수로 통제를"', https://www.yna.co.kr/view/AKR20230407107300017, 2023.04.09.
- etnews, '챗봇 일상화…'정확성' · '책임소재' 리스크 대비해야', https://www.etnews.com/20240325000241, 2024.03.25.

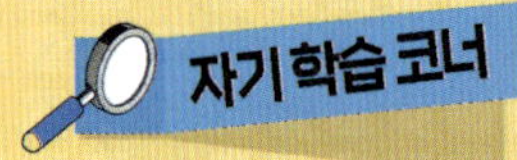

01 인공지능 기술이 발전하게 된 배경을 설명해 보자.

02 인공지능 기술이 다양한 산업에 미치는 긍정적/부정적 영향을 정리해 보자.

03 미래의 인류 사회에서 인공지능 기술은 어떤 역할을 하게 될지 설명해 보자.

10장
인공지능 활용법
AI
</>

인공지능 기술은 일상생활은 물론 다양한 전문 분야에서도 폭넓게 활용되며, 비전공자도 손쉽게 접근할 수 있는 응용 도구와 플랫폼을 통해 그 가능성이 꾸준히 확대되고 있다. 가상 비서, 챗봇, 추천 시스템과 같은 사례는 인공지능이 개인화된 서비스를 제공함으로써 삶의 편의성과 효율성을 높이는 방식을 잘 보여준다. 이러한 기술은 교육, 의료, 예술 등 여러 영역에서 창의적이고 혁신적인 방식으로 활용되고 있으며, 각 분야별 장단점과 효과를 분석하는 데 중요한 사례로 작용한다.

인공지능 기반 기술은 교육에서는 학습 맞춤화와 교사의 업무를 지원하는 도구로, 의료 분야에서는 진단 및 치료 보조 시스템으로, 예술 영역에서는 창작 활동의 새로운 가능성을 여는 도구로 활용되고 있다. 그러나 이러한 기술의 발전과 함께 한계와 윤리적 문제 역시 함께 고려해야 하며, 사회 전반에 미치는 영향과 향후 발전 가능성에 대한 평가가 필수적이다. 이를 통해 인공지능 기술이 현재의 문제 해결을 넘어, 인간 중심의 미래 사회를 형성하는 데 어떤 방식으로 기여할 수 있을지를 모색할 수 있다.

1 인공지능의 일상생활 속 활용

인공지능은 일상에서 점점 더 널리 활용되며, 다양한 방면에서 삶의 편의성과 효율성을 높이고 있다. 특히 가상 비서, 챗봇, 추천 시스템 등의 형태로 일상생활에 자연스럽게 스며들고 있으며, 개인 맞춤형 서비스 제공을 통해 사용자 경험을 향상시키고 있다. 이 절에서는 인공지능 기반의 일상 활용 사례를 살펴보고, 이러한 기술이 개인화된 서비스를 어떻게 실현하며 어떤 효과를 가져오는지를 이해해 보자.

(1) 가상 비서

가상 비서(Virtual Assistant)는 인공지능 기반 음성 인식 기술을 활용해 사용자의 질문에 응답하고 다양한 작업을 수행하는 서비스다. 대표적으로 애플의 Siri, 구글의 Google Assistant, 아마존의 Alexa 등이 있다. 사용자는 음성 명령만으로 날씨 확인, 알람 설정, 메시지 전송, 가전제품 제어 등의 작업을 손쉽게 처리할 수 있다.

이러한 서비스는 자연어 처리(NLP) 기술을 기반으로 사용자 발화를 인식하고, 의미를 파악한 후 해당 작업을 수행한다. 이를 통해 사용자는 별도의 조작 없이 편리하게 다양한 기능을 사용할 수 있으며, 스마트홈 환경에서도 유용하게 활용되고 있다.

(2) 챗봇

챗봇(Chatbot)은 웹사이트나 모바일 앱에서 실시간으로 고객 응대를 담당하며, 자주 묻는 질문에 대한 답변이나 기본적인 정보 제공을 자동화하는 인공지능 응용 시스템이다. 예를 들어, 은행 챗봇은 계좌 잔액 조회, 이체, 상담 연결 등의 서비스를 제공할 수 있다.

초기 챗봇은 미리 정의된 질문과 답변을 기반으로 작동했지만, 최근에는 기계 학습 기술을 활용하여 사용자의 의도와 맥락을 이해하는 고도화된 대화형 시스템이 개발되고 있다. 이러한 챗봇은 24시간 사용 가능하며, 대기 시간을 줄이고 기업의 고객 응대 효율을 높이는 데 기여하고 있다.

(3) 추천 시스템

추천 시스템(Recommendation System)은 사용자의 이전 행동 데이터를 분석해 개인의 취향에 맞는 콘텐츠나 상품을 추천하는 기술이다. 넷플릭스, 유튜브와 같은 스트리밍 플랫폼은 시청 기록을 바탕으로 유사 콘텐츠를 추천하고, 아마존과 같은 전자상거래 사이트는 검색 · 구매 이력을 활용해 관련 상품을 제안한다.

이 시스템에는 협업 필터링(Collaborative Filtering)과 콘텐츠 기반 필터링(Content-Based Filtering) 등 다양한 기술이 사용된다. 사용자는 관심 있는 항목에 빠르게 접근할 수 있고, 플랫폼은 사용자 만족도와 충성도를 높일 수 있다.

(4) 개인화된 서비스의 효과와 의미

가상 비서, 챗봇, 추천 시스템 등 인공지능 기술은 개인화된 서비스를 통해 사용자 중심의 경험을 가능하게 한다. 이를 통해 사용자는 필요에 부합하는 정보와 기능을 보다 빠르고 정확하게 제공받을 수 있으며, 선택의 폭이 넓어지고 서비스 만족도도 높아진다.

개인화된 서비스는 단순한 자동화 수준을 넘어서, 사용자 개개인의 선호와 패턴을 고려한 맞춤형 경험을 제공함으로써 일상생활의 효율성을 극대화하는 데 기여하고 있다.

2 전문 분야에서의 인공지능 응용

인공지능은 다양한 전문 분야에서도 중요한 역할을 수행하고 있다. 각 분야에서는 인공지능 기술을 활용하여 업무의 효율성을 높이거나, 새로운 접근 방식을 가능하게 함으로써 더 나은 서비스를 제공하고 있다. 이 절에서는 교육, 헬스케어, 예술 분야에서 인공지능이 어떻게 응용되고 있는지 살펴보고, 각 분야별 장단점과 그 효과에 대해 분석한다.

(1) 교육 분야에서의 인공지능 응용

인공지능은 학습자의 데이터를 분석해 개별 학습 수준과 속도에 맞춘 맞춤형 학습 자료를 제공한다. 예를 들어, 지능형 튜터링 시스템은 학습자의 강점과 약점을 파악하여 개인화된 학습 계획을 제시하고, 과제 채점과 같은 반복 업무를 자동화하여 교사가 보다 창의적이고 심화된 지도에 집중할 수 있도록 돕는다.

이러한 시스템은 학습 효과를 높이고 교사의 부담을 줄이며, 교육 자원이 부족한 지역에서도 교육 격차를 줄이는 데 기여한다. 다만, 데이터가 부족할 경우 분석의 정확도가 떨어질 수 있으며, 자동 채점이 창의적 사고나 서술형 응답을 정밀하게 평가하지 못하는 한계도 존재한다.

(2) 헬스케어 분야에서의 인공지능 응용

의료 분야에서는 인공지능이 방대한 의료 이미지를 분석하여 암, 폐 질환, 뇌 질환 등을 빠르고 정밀하게 진단하는 데 활용된다. 예를 들어, 방사선 영상에서 종양을 탐지하거나 MRI를 분석해 질병의 조기 발견을 지원하는 방식이다. 환자의 건강 데이터를 분석해 발병 가능성을 예측하고, 맞춤형 치료 계획을 수립하는 데에도 기여한다.

이러한 기술은 진단 정확도와 속도를 향상시키며, 환자의 건강 상태를 실시간으로 모니터링해 예방적 조치를 가능하게 한다. 그러나 진단 결과에 대한 전적인 의존은 위험할 수 있으며, 개인정보 유출과 같은 보안 문제도 함께 고려해야 한다. 인공지능 기반 의료 기술은 의료 서비스의 질 향상뿐 아니라, 의료 접근성이 낮은 지역에서도 일정 수준의 진단 서비스를 가능하게 한다.

(3) 예술 분야에서의 인공지능 응용

인공지능은 음악, 미술, 문학 등의 창작 과정에서 새로운 아이디어를 제시하거나 창작물을 직접 생성한다. 예를 들어, 딥러닝 기반 모델은 특정 화가의 화풍을 모방해 그림을 그리거나, 장르별로 음악을 작곡할 수 있다. 또한 사용자의 선호 데이터를 분석해 음악, 영상, 글 등 다양한 콘텐츠를 추천함으로써 개인화된 예술 경험을 제공한다.

이러한 기술은 예술 표현의 새로운 가능성을 열고, 인간과 인공지능의 협업을 통한 창의성 확장을 가능하게 한다. 그러나 인공지능이 인간의 감성을 완벽하게 구현하기 어렵다는 점, 그리고 창작물에 대한 저작권 문제와 같은 법적 쟁점이 존재한다.

결과적으로 인공지능은 예술의 영역을 넓히고, 맞춤형 창작 경험을 제공함으로써 예술적 접근 방식을 다양화하고 있다.

3 인공지능 도구와 플랫폼 소개

인공지능 기술은 많은 사람들이 쉽게 접근할 수 있도록 다양한 도구와 플랫폼을 통해 제공되고 있다. 이러한 도구를 활용하면 복잡한 인공지능 모델을 처음부터 직접 구축하지 않더라도, 기존의 기술을 손쉽게 프로젝트에 적용할 수 있다.

이 절에서는 누구나 활용할 수 있는 대표적인 인공지능 도구와 플랫폼을 소개하고, 각 도구의 주요 기능과 실제 활용 방법에 대해 살펴본다.

(1) 구글 티처블 머신

구글 티처블 머신(Google Teachable Machine)은 인공지능과 기계학습을 쉽게 체험할 수 있도록 설계된 웹 기반 도구이다. 프로그래밍 지식이 없는 사용자도 이미지, 소리, 자세와 같은 다양한 데이터를 직접 학습시켜 인공지능 모델을 만들 수 있다. 완성된 모델은 웹사이트, 애플리케이션, 다양한 프로젝트에 손쉽게 적용할 수 있도록 제공된다.

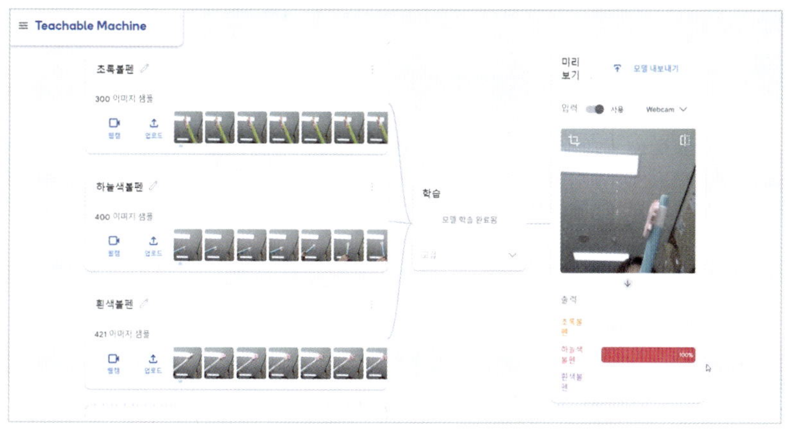

그림 10.1 구글 티처블 머신(Google Teachable Machine)

- 주요 사용법

1) 프로젝트 시작: 티처블 머신 홈페이지(https://teachablemachine.withgoogle.com/)에서 새 프로젝트를 시작한다.

2) 학습 데이터 수집: 카메라를 통해 이미지, 마이크를 통해 소리 등을 실시간으로 캡처하여 인공지능 모델 학습에 사용할 데이터를 수집한다.

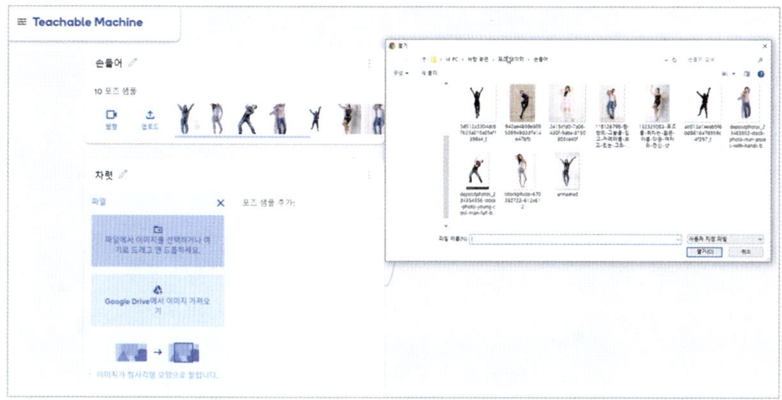

3) 모델 학습: 수집한 데이터를 기반으로 AI 모델을 학습시킵니다. 티처블 머신은 학습 속도가 빠르며 실시간으로 결과를 확인할 수 있다.

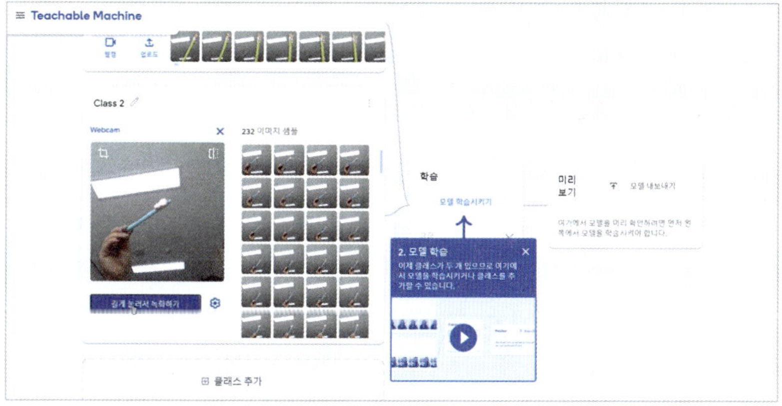

4) 모델 내보내기: 학습이 완료된 모델은 웹사이트, 애플리케이션 등에 쉽게 사용할 수 있도록 내보내기 기능을 제공한다.

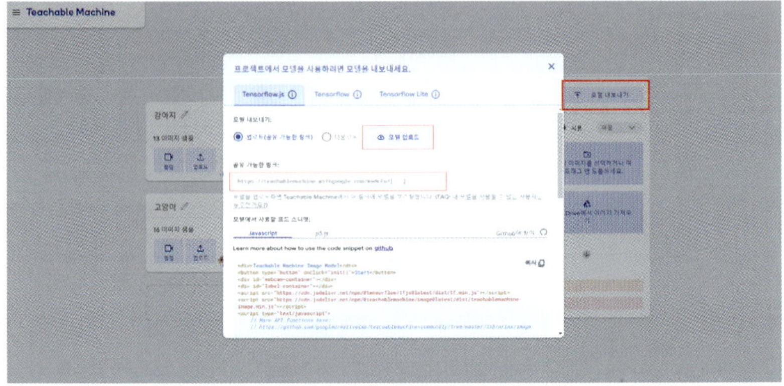

- 개발 사례

1) **이미지 인식 게임:** 아이들이 카메라를 통해 보여주는 물체를 인식하여 게임에서 활용할 수 있다.
2) **제스처 인식 교육 도구:** 교사가 티처블 머신을 사용해 학생들의 제스처를 인식하도록 학습시키고, 이를 통해 특정 동작에 맞춰 안내를 제공하는 교육 도구를 제작할 수 있다.
3) **소리 분류기:** 환경 소리(예: 박수 소리, 도어벨 소리 등)를 구별하는 모델을 만들어 스마트 가전이나 앱과 연동하는 사례도 가능하다.

(2) IBM 머신러닝 포 키즈

IBM 머신러닝 포 키즈(Machine Learning for Kids)는 어린이와 학생들이 기계학습 개념을 쉽게 배우고 직접 실습할 수 있도록 IBM이 제공하는 무료 웹 기반 도구이다. 주로 파이썬(Python)이나 스크래치(Scratch)와 같은 프로그래밍 환경에서 활용되며, 사용자가 직접 데이터셋을 만들고 간단한 인공지능 모델을 학습시켜 다양한 프로젝트에 적용할 수 있다.

• 주요 사용법

1) 프로젝트 생성: 머신러닝 포 키즈 홈페이지(https://machinelearningforkids.co.uk/)에서 새로운 프로젝트를 시작한다.

2) 데이터셋 생성: 프로젝트 주제에 따라 이미지, 텍스트, 소리 등의 데이터를 수집한다. 예를 들어, 텍스트 분류 프로젝트라면 각 텍스트에 레이블을 지정해 데이터를 준비할 수 있다.

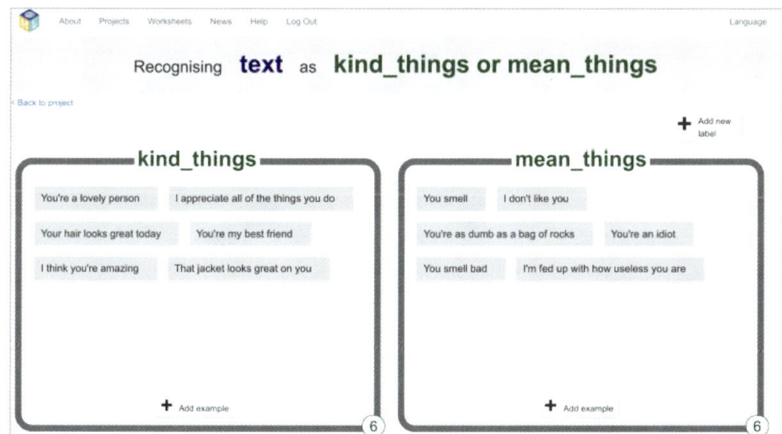

3) **모델 학습**: 데이터셋이 준비되면 AI 모델을 학습시킵니다. 머신러닝 포 키즈는 복잡한 설정 없이도 모델 학습을 자동화하여 쉽게 진행할 수 있다.

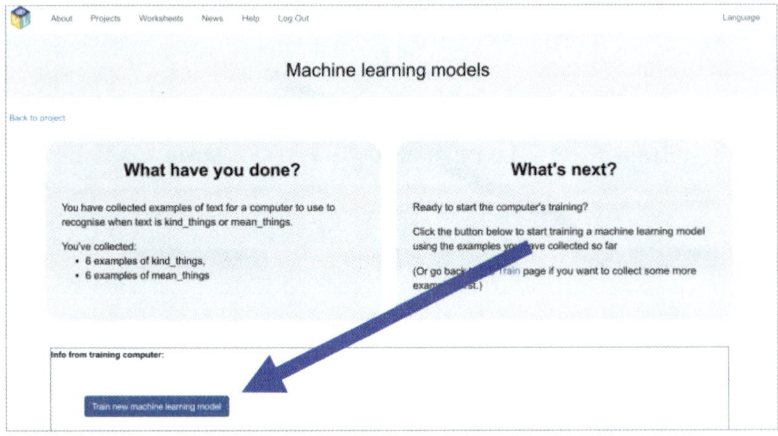

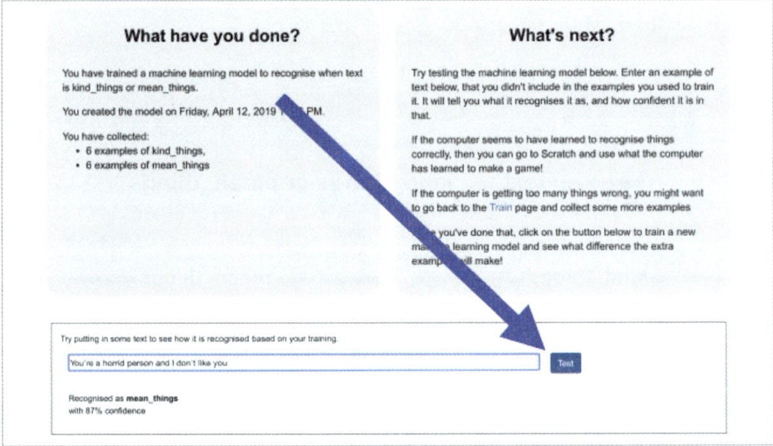

4) **프로그램과 통합**: 학습된 모델을 Scratch나 Python과 같은 프로그래밍 환경에서 불러와 프로젝트에 활용할 수 있다.

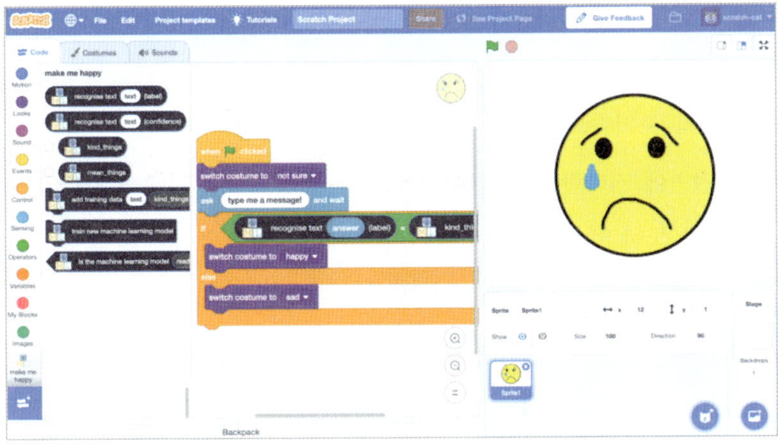

- 개발 사례

1) 감정 분석 챗봇: 머신러닝 포 키즈로 긍정/부정 감정을 분류하는 텍스트 분석 모델을 만들어 챗봇에 적용할 수 있다. 챗봇은 사용자의 감정을 분석해 적절한 답변을 제시할 수 있다.
2) 음식 추천 프로그램: 사용자가 좋아하는 음식 데이터를 바탕으로 다른 비슷한 음식을 추천하는 프로그램을 만들 수 있다.
3) 동물 분류 게임: 동물 사진 데이터를 학습하여 AI가 사진 속 동물을 구분하는 게임을 만들 수 있다. 게임에서 AI가 정답을 맞히는 과정을 통해 AI의 학습 원리를 쉽게 이해할 수 있다.

이 두 도구는 프로그래밍이나 머신러닝에 대한 전문적인 지식 없이도 쉽게 AI 모델을 만들고 다양한 프로젝트에 활용할 수 있도록 구성되어 있다. 티처블 머신과 머신러닝 포 키즈는 학습용 인공지능 도구로써 재미와 교육 효과를 모두 제공하여 학생들이 인공지능과 친숙해질 수 있는 기회를 제공한다.

4 인공지능 활용의 사회적 영향과 전망

인공지능 기술의 발전은 그 활용 범위의 확장과 함께 사회와 직업 구조 전반에 커다란 영향을 미치고 있다. 인공지능은 기존 일자리의 자동화를 유도하거나 새로운 산업을 창출하는 방식으로 경제 구조와 고용 양상에 변화를 가져오고 있으며, 동시에 다양한 사회 문제 해결에도 기여하고 있다. 이 단원에서는 인공지능이 사회에 미치는 파급 효과와 함께, 향후 발전 가능성을 전망해 보고자 한다.

(1) 인공지능이 사회 구조와 직업 변화에 미치는 영향

인공지능은 반복적이고 단순한 업무를 자동화하여 생산성을 높이고 비용을 절감하는 데 기여하고 있다. 예를 들어, 제조업의 조립 작업이나 품질 검사, 금융업의 고객 상담 업무는 인공지능을 통해 대체되는 추세다. 이러한 변화는 특정 직무의 일자리 감소를 초래할 수 있으며, 이에 따라 노동자들이 새로운 기술을 학습하고 변화에 적응해야 하는 과제도 함께 제기된다. 반면, 인공지능 개발, 데이터 관리, 시스템 운영 등 새로운 직종이 등장하면서 새로운 고용 기회가 창출되고 있다.

자동화가 확산되면서 고숙련 노동과 창의적 직무에 대한 수요는 증가하고 있으며, 이는 직업 교육과 재교육의 중요성을 더욱 부각시키고 있다. 특히 IT, 데이터 분석, 인공지능 관련 분야의 고용이 빠르게 증가하고 있으며, 인공지능 전문가, 데이터 과학자, 로봇 공학자 등의 역할이 각광받고 있다.

(2) 경제적 파급 효과

인공지능은 자동화와 최적화를 통해 생산성을 높이고, 비용 절감과 함께 기업의 경쟁력을 향상시키는 효과가 있다. 예를 들어, 물류와 유통 분야에서는 인공지능 기반 최적화 시스템이 도입되어 운영 비용이 줄고 배송 효율이 향상되고 있다. 이러한 흐름은 기업의 혁신을 가속화하고 국가 경제 성장에도 긍정적인 영향을 줄 것으로 전망된다. 특히 인공지능을 기반으로 한 서비스 산업이 빠르게 성장하면서 새로운 산업 분야가 등장하고 있다.

하지만 인공지능 기술에 대한 접근성과 도입 수준의 차이로 인해, 산업 간 또는 기업 규모 간의 격차가 확대될 수 있다. 또한 자동화로 인해 일부 직업군의 일자리가 감소하면서, 고숙련 노동자와 저숙련 노동자 간의 소득 격차가 심화될 우려도 존재한다. 따라서 인공지능 기술의 경제적 효과가 사회 전반에 공정하게 분배될 수 있도록 정책적 지원과 사회적 안전망이 필요하다.

(3) 인공지능의 사회적 확장성과 장기적 전망

인공지능은 의료, 복지, 재난 대응 등 다양한 영역에서 사회 문제 해결에 기여할 수 있다. 예를 들어, 원격 의료 기술을 활용하면 의료 접근성이 낮은 지역에서도 고품질의 진료를 제공할 수 있으며, 재난 예측 시스템을 통해 자연재해에 대한 선제적 대응이 가능해진다. 이러한 기술은 삶의 질을 높이고 사회적 복지를 확대하는 데 도움이 된다.

또한, 인공지능은 인간과 협력하는 방향으로 발전하고 있으며, 보조적 도구로서 인간의 역량을 강화하는 역할을 수행할 수 있다. 예를 들어, 의료 분야에서는 의사의 진단을 보조하고, 교육 분야에서는 교사의 수

업을 보완하는 방식으로 활용된다. 이러한 협력은 인간-기계의 상호보완적 관계를 통해 새로운 가치를 창출할 수 있다.

인공지능 기술이 사회 전반에 확산됨에 따라, 그 결정 과정의 윤리성과 투명성에 대한 요구도 높아지고 있다. 이에 따라 편향 문제를 줄이고, 설명 가능한 인공지능 기술을 개발하며, 법적 · 윤리적 책임을 명확히 하는 제도적 장치가 필요하다.

(4) 미래 전망 및 예측

인공지능은 의료, 에너지, 농업 등 다양한 분야에서 혁신을 주도하며, 환경 보호와 재해 대응, 식량 문제 해결 등에도 기여할 것으로 기대된다. 예를 들어, 에너지 산업에서는 소비 최적화를 통해 탄소 배출을 줄이고, 농업에서는 생산성을 높여 기후 변화에 효과적으로 대응할 수 있다.

이와 함께, 인공지능 관련 분야의 전문 인력 수요는 지속적으로 증가할 것으로 보이며, 데이터 분석, 로봇 공학, 인공지능 연구 등 고급 기술에 대한 수요는 더욱 확대될 전망이다. 이에 따라 고등교육 및 직업훈련 기관에서의 관련 교육 강화가 필요하다.

끝으로, 인공지능 기술이 가져올 변화에 대응하기 위해 사회적 수용성과 제도적 기반을 마련해야 한다. 기술의 긍정적 효과를 극대화하고 부작용을 최소화하기 위해, 인공지능에 대한 올바른 이해와 윤리적 · 법적 규제 정비가 병행되어야 한다.

참고문헌

- 전수진, 박주연, 김수환, 이제 시작이야! 컴퓨팅 사고력으로 인공지능까지 파이썬, 연두에디션, 2022.
- 김성애, 김한성, 박주연, 전수진, 모두를 위한 인공지능과 윤리, 삼양미디어, 2022.
- Teachable Machine, https://teachablemachine.withgoogle.com/
- Machine Learning for Kids, https://machinelearningforkids.co.uk/

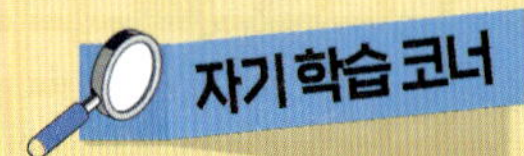

01 일상에서 AI를 사용하는 사례를 찾아보고, 그것이 나의 삶에 미친 영향을 분석해 보자.

02 교육, 헬스케어, 예술 분야에서 AI가 어떻게 활용되고 있는지 조사하고, 각 분야에서 AI 기술의 장단점을 정리해 보자.

03 미래에 AI 기술이 개인화 서비스와 전문 분야에서 어떤 변화를 이끌어낼지 예측하고, 이에 대한 나의 의견을 정리해 보자.

AI AND LIFE: exploring human impact

인공지능의 길라잡이

인간에서 기술까지

저　　자　박현식 · 고인석 · 김병철 · 김홍근
　　　　　안용학 · 전수진 · 한유미 · 채동우
발 행 인　김지영
발 행 처　자유아카데미
주　　소　경기도 파주시 회동길 37-42
　　　　　파주출판도시
전　　화　031-955-1321
팩　　스　031 955 1322
홈페이지　www.freeaca.com
전자우편　main@freeaca.com(대표)
　　　　　editor@freeaca.com(편집)
　　　　　crm@freeaca.com(영업)
등　　록　제406-2003-017호, 1980. 7. 12
제1판1쇄　2026년 2월 1일 발행

ISBN 979-11-5808-805-7 93000